VAWW-NET Japan（バウネット・ジャパン）編

日本軍性奴隷制を裁く
2000年女性国際戦犯法廷の記録
vol.1

戦犯裁判と性暴力

責任編集／内海愛子・高橋哲哉

緑風出版

刊行によせて

二〇世紀は戦争と暴力に満ちた世紀であった。しかし、最後の九〇年代に、戦時性暴力被害女性たちが沈黙を破って女性の人権と正義の回復を求め、二一世紀への希望を指し示した。中でも、アジアの日本軍性奴隷制（「慰安婦」制度）の被害女性たちが名乗り出て、その勇気が、同じ時期に性暴力の被害に苦しんでいた旧ユーゴなどの女性たちを励まし、歴史の新しいページを開いた。

日本軍性奴隷制被害女性たちは韓国を初め、フィリピン、台湾、中国、北朝鮮、インドネシア、マレーシアなどで相次いで声をあげ、加害国日本の政府に対して、真相究明、公式謝罪と国家賠償、そして加害者の処罰などを要求してきた。それに応えて日本でも女性を中心に全国各地に「慰安婦」支援運動が始まった。国連など国際社会も被害女性の要求を支持した。

しかし、日本政府は、当初否定していた日本軍の関与を、一九九三年にやっと認めたものの、戦後賠償問題はすでに解決ずみだと法的責任を否定し続けている。このため、被害者たちは日本政府に国家賠償を求めて日本の裁判所に提訴した。「慰安婦」訴訟は被害各国から八件起こされているが、これまでに出た四つの判決のうち、一件は原告の言い分を部分的に認めたものの、他の三件は原告の訴えを全面的に棄却し、日本国家の賠償責任を否定した。このように裁判による補償問題解決の難しさから、戦後補償立法運動も起こっているが、「自由主義史観」派などが勢力を強めるような政治的現実の中で、その実現の見通しは厳しい。

謝罪と賠償を求める被害者や国際世論の高まりを無視できなくなった日本政府は、九五年女性のためのアジア平和国民基金（国民基金）を設立して、政府からの補償の代わりに、民間から募金して被害者に支払うという仕組みを作った。しかし、これは国家が賠償金を支払わないための口実であると被害女性たちが強く反発し、戦後五〇年に「慰安婦」問題にけりをつけようとする日本政府の意図は阻まれた。

責任者処罰への潮流

もう一つの責任者処罰問題はほとんど手つかずだった。戦後の連合国による東京裁判で日本の戦犯二八人が裁かれ処罰されたが、日本独自には戦犯をだれ一人裁判にかけたことはなく、それどころか、A級戦犯を首相にし、戦犯を含む戦没者を靖国神社に英霊として祀り、戦犯を含めた旧軍人や遺族たちに巨額の恩給を支払ってきた。また、米国が冷戦下の占領政策から天皇を戦犯として裁かなかったために、その命令で動いた部下だった旧日本軍将兵たちも裁きを受けずにすむと考えることができた。とくに、「慰安所制度」が女性への暴力であり、犯罪であるなどとは考えもしなかった。一方日本とは対照的に、ドイツはナチ戦犯を一〇万人も捜査して六〇〇〇人を有罪にし、フランスやイギリスの裁判所も今なお裁判にかけ続けているのだ。

しかし、戦争中は「慰安婦」にされて心身を痛めつけられ、戦後はやっと生還した故国で貧困と孤独の歳月を過ごさなければならなかった被害女性たちが、勇気をもって名乗り出たのに日本政府から謝罪も補償も受けられず苦しんでいる。その一方で、加害者たちは裁きを受けることもなく平穏に生きている。このような理不尽な現実に年老いて死を意識した被害女性たちは、尊厳と正義の回復を求めて、責任者処罰を強く訴えるようになった。

国際的な潮流も、九〇年代になって、戦争犯罪や重大人権侵害についての不処罰を克服して、加害者の刑事責任を追及するようになっている。国連は旧ユーゴやルワンダ国際刑事法廷を開き、九八年には国際刑事裁判所設立のための規程が採択された。とくに、重要なことは、戦時性暴力は被害者が沈黙を強いられることから、東京裁判でもほとんど裁かれず、これまでは不処罰だったのに、旧ユーゴとルワンダ国際法廷では、集団強かんなどの責任者が有罪判決を受けるようになったことである。これは被害女性たちが沈黙を破り、支援女性たちが国際的な連帯で正義を求める運動をした成果といえる。

さらに、国連人権委員会差別防止・少数者保護小委員会のゲイ・マクドゥーガル特別報告者が九八年に提出した「武力紛争下の組織的強かん、性奴隷制および奴隷制類似慣行」報告書は、「戦時性暴力の不処罰の循環を断つ」ことを目的にし、日本軍性奴隷制について、被害者への補償だけでなく加害者の処罰が必要だと明記した。それは、九六年に国連人権委員会にラディカ・クマラスワミ特別報告者が提出した報告書よりもさらに明確に処罰を勧告したものだった。

しかし、責任者処罰は時効を盾にとる日本の裁判所に期待することはできないし、国際刑事裁判所が設立されても過去の戦争犯罪については管轄権がない。それでもなお、処罰を求める被害者たちの声に応えるにはどうしたらよいのか。一つの方法として、ベトナム戦争中に米国の戦争犯罪を裁くためにバートランド・ラッセルやジャン・ポール・サルトルらが開いたラッセル法廷を参考に、日本軍性奴隷制を裁く「女性国際戦犯法廷」を二〇世紀最後の月である二〇〇〇年一二月に加害国の首都東京で開くことになったのである。

「女性国際戦犯法廷」の開催へ向けて

この女性たちによる民間法廷は九八年春ソウルでのアジア女性連帯会議で「戦争と女性への暴力」日本ネットワーク（ＶＡＷＷ‐ＮＥＴ　Ｊａｐａｎ《バウネット・ジャパン》）が提案した。ＶＡＷＷ‐ＮＥＴ　Ｊａｐａｎ《バウネット・ジャパン》は九七年秋「慰安婦」問題だけでなく、現代の武力紛争下の性暴力の問題にも取り組む世界各国の女性たち四〇人が二〇カ国から参加して東京で開かれた「戦争と女性への暴力」国際会議の結果、九八年に結成されたもので、「慰安婦」問題、米軍基地の女性への暴力、現代の武力紛争下の女性への暴力の三つの分野で活動している。

「女性国際戦犯法廷」の目的は、「慰安婦」問題が日本の戦争責任の問題であるとともに、戦時性暴力は国際的に普遍的な女性の人権問題であることから、一つは日本軍性奴隷制が女性に対する犯罪であることを明らかにし加害者の責任を問うことによって、被害者の正義と尊厳の回復に資すること、もう一つは戦時性暴力不処罰に終止符を打ち、その再発を防ぐという二一世紀に向けた課題に挑戦することである。

「女性国際戦犯法廷」を開廷するために、加害国日本のＶＡＷＷ‐ＮＥＴ Ｊａｐａｎ《バウネット・ジャパン》、被害国六カ国（韓国、北朝鮮、中国、台湾、フィリピン、インドネシア）の支援団体、さらに、世界各地の武力紛争の問題に関わっている女性の人権活動家たちによる国際諮問委員会の三者からなる国際実行委員会が結成され、国境を越えて準備活動を進めている。

「女性国際戦犯法廷」憲章が各国の法律家たちの協力を得て作成され、この「法廷」は日本軍の性暴力について個人の刑事責任と国家の責任（天皇の責任を含む）、戦争中の犯罪行為だけでなく戦後の責任（日本以外の国家も含む）を対象にし、判決は法的強制力はないがジェンダー正義などに基づく道徳的権威を持つとしている。検察官は首席検事と各国検事をおき、裁判官は世界的に尊敬されている人々が務め、「法廷」の信頼性を高めることをめざしている。

「法廷」には、真相調査と記録という重要な役割があり、各国で、「法廷」に提出するための被害者証言や資料発掘などの調査研究活動、ビデオ記録、出版活動などが進められている。日本でもＶＡＷＷ‐ＮＥＴ Ｊａｐａｎ《バウネット・ジャパン》調査チームが各国の女性たちとともに協力して「慰安婦」の被害、加害について広く調査し、また、旧軍人聞き取り調査なども全国的に行なっている。

その結果、ここに『日本軍性奴隷制を裁く――二〇〇〇年女性国際戦犯法廷の記録』全五巻を刊行することになったのは、記録を歴史に残すという「法廷」の重要な目的の一つを果たすためである。侵略戦争と植民地支配の加害責任に焦点を当て、ジェンダーの視点に立ち、被害女性の立場を尊重し、国際的な視野を持って、この記録をまとめることにした。

日本軍性奴隷制という二〇世紀最悪ともいえる戦時性暴力犯罪を歴史の闇に埋もれさせてはならない、たとえ被害女性たちが地上から去ったあともその記憶を後世に伝えなければならない、そして、女性の人権の視点で歴史は書き変えられなければならない、そのような女性たちの思いをこめて、このシリーズは刊行される。

執筆者をはじめこの記録の刊行に協力していただいた多くの方々に、ＶＡＷＷ-ＮＥＴ Ｊａｐａｎ《バウネット・ジャパン》として感謝の意を表したい。「法廷」後の第六巻が刊行されるまで、読者の皆さまの支持を心よりお願いしたい。

二〇〇〇年四月

ＶＡＷＷ-ＮＥＴ Ｊａｐａｎ《バウネット・ジャパン》

「戦争と女性への暴力」日本ネットワーク代表

松井やより

はじめに

内海愛子

戦時性暴力は、戦争犯罪である。強かんや強制売春は、「戦争の法規又は慣例」に違反した「通例の戦争犯罪」である。では、戦時下で多発した女性への性暴力は、戦争裁判でどのように裁かれたのだろうか。戦争犯罪を裁いた国際法廷は、ニュルンベルク裁判と東京裁判がよく知られている。ドイツナチスの戦争犯罪を裁いたニュルンベルク裁判や日本軍の戦争犯罪を裁いた東京裁判について、これまで多くの研究が積み重ねられてきた。しかし、戦時性暴力がどう裁かれたのかという検証は、ほとんどなされてこなかった。研究者の側に、こうした問題意識が欠如していたのである。一つの例をあげよう。一九八九年に東京裁判研究会が『東京裁判ハンドブック』（青木書店）を刊行した。わたしも研究会の一員としてその編集にたずさわった。ハンドブックには、東京裁判やBC級裁判など一六〇項目をとりあげて解説をしている。だが、その中に「性暴力」の項目はない。アジアや植民地の問題は取り上げているが、性暴力は「南京虐殺」の項目でわずかにふれているにすぎない。東京裁判は勝者の裁きだ、連合国の戦争犯罪が不問に付されている、植民地問題が裁かれていない、天皇や財閥が裁かれていない、毒ガス・細菌戦など日本軍の戦争法規違反が取り上げられなかったなど、これまで論議されてきた問題点を整理し解説をしているにもかかわらず、性暴力はとりあげられていない。私を含めた編者たちに、その視点が欠落していたというほかはない。

二〇〇〇年一二月に「日本軍性奴隷制を裁く女性国際戦犯法廷」が開かれる。この法廷は、女性たちが性暴力の視点から戦争犯罪を問い直そうという試みである。もちろん権力を背景にした実行力をもつ裁判ではない。象徴的なものであるが、これまでの戦争裁判研究に欠落していた「ジェンダーの視点」から戦時性暴力を裁くものである。

第1巻では、これまでの公開されている資料から、戦争裁判が戦時性暴力をどう裁いてきたのか、東京裁判やニュルンベルク裁判だけでなく現在の戦争裁判までをとりあげて明らかにしようとした。戦争裁判を、戦時性暴力の視点から描き出そうとしたはじめての試みである。

第I部で、清水正義論文がマクドゥーガル報告書のなかでも論じられている「人道に対する罪」の概念がいつ頃からどのようにして成立したのか、わかりやすく解説している。清水の結論は、『慰安婦』制度という性奴隷制は、日本軍の関与による組織的系統的な性暴力、性労働の強制であり、その意味においてこれは『人道に対する罪』がそもそも標的の対象にした犯罪行為であった」と、明快である。

「人道に対する罪」は、「歴史的大規模犯罪群」とも呼ぶべきナチの犯罪を裁くために生まれてきた。その犯罪を裁いたニュルンベルク国際軍事裁判は、戦時性暴力をどのように裁いたのか。第2章芝健介論文は、つい最近まで本格的な学問的なとりくみがなされてこなかったと指摘する。東京裁判も似かよった状況であることはすでにふれたとおりである。だが、ニュルンベルク裁判は、ナチ体制による女性への巨大な犯罪の追及を決してネグレクトしたわけではないと指摘、第一次世界大戦にまでさかのぼって「人種差別イデオロギー」と性差別のなかで、重層的に展開する性暴力の追及を丹念に追っている。

東京裁判の中の性暴力を取りあげた第3章の内海論文は、連合国側が日本軍による戦時性暴力を調査していたと、その一部を紹介している。裁判では、強かん・強制売春などが占領地における「日本軍の残虐行為」の一部として取りあげられている。とくに南京とフィリピンの侵略の立証段階では、証人が出廷し証拠が提出されており、それを紹介している。

第Ⅱ部は、戦争被害を被った国ぐにが、どのように戦争犯罪を裁いたのか、国別の裁判のなかでの性暴力をまとめた論考である。

第4章の林博史論文は、イギリス軍による戦争裁判の全体像をふまえて性暴力についてわかりやすくまとめている。イギリス裁判は、捕虜虐待だけでなく住民被害を積極的に調査して裁いている。その過程で性暴力への調査もかなり行なわれていたようだ。林論文は、イギリス公文書館に所蔵されている資料を駆使しビルマのケースのほかいくつかの事例を紹介している。性暴力が戦争犯罪であるとの認識のもとで、イギリスはかなり調査を行なっていたが、独立した訴因として裁かなかったと林論文はその限界を指摘している。

戦争裁判のなかでも中華人民共和国による裁判はユニークなものである。裁くのではなく「改造」すなわち、犯罪を犯したことを認めさせて人間が変わることに賭けた裁判である。第5章新井利男論文は、この中国裁判をとりあげている。連合国戦争犯罪委員会の調査でも、多くの強かんが取り上げられているように、中国での日本軍のすさまじいまでの性暴力は、どのような裁判でも裁ききれるものではなかっただろう。実行犯と犯罪を放置し黙認した上官の責任を問うていけば、裁判はいつ終了するともしれない。性暴力にかぎらず裁かれるべき戦争犯罪があまりにも多い。新井論文では、中国が性暴力をふくむ戦争犯罪をどう裁いたのかをまとめている。

アドルフ・アイヒマン——ユダヤ人の強制収容所への綿密な輸送計画を立てた有能なる官僚、彼の裁判の記録をまとめた映画「スペシャリスト」は日本でも公開された。克明にメモをとり冷静に反論を繰り返すアイヒマンは、大量の人間を輸送するという職務を忠実に実行した。目的が何であるのか、それは問題ではない。一分の狂いもなく輸送を完了することがかれの任務なのだ。その男に、戦争犯罪を犯したという罪の意識は無い。イスラエルは、地球の反対側に潜んでいたアイヒマンを探し出し、裁判にかけ、絞首刑にした。第6章の臼杵陽論文は、イスラエル現代史のなかにアイヒマン裁判を位置づけ「政治家ベングリオンの末期を飾る」一大ページェントだった指摘する。ホロコーストの犠牲者という記憶にジェンダーの視点から光りをあてたとき、何が見えてくるのか。ハンナ・アーレントの論説を通して、「ホロコースト神話」の問題点にも切り込んでいる。

ナチに占領されたフランスは、一九八〇年代後半になってクラウス・バルビーなど「人道に対する罪」で三つの裁判が行なわれた。第7章渡辺和行論文は、性暴力などの戦争犯罪と直接関わった戦闘員がどのように裁かれたのか、戦争の記憶と関わらせながら戦争裁判を詳述している。興味深いのはフランス国籍アルザス兵の裁判である。アルザスは戦中にドイツに併合されて改姓や徴兵が行なわれた地域であるが、武装親衛隊に属したかれらは共犯としてフランスによって裁かれたのである。仏独のはざまに生きたかれらの裁判は、日本人として裁かれた朝鮮人・台湾人戦犯の問題と重なりあう。渡辺論文はまた、拷問などの性暴力が時には男女の別なくセクシュアリティという性的指向の次元でとらえる必要があるという。

イスラエルのアイヒマン裁判もフランスのバルビー裁判も、国家権力による法的根拠をもつ裁判であった。だが、これとは全く異質な裁判がラッセル法廷である。第8章古田元夫論文が、ベトナム戦争と法廷の関係を描いている。二〇〇〇年法廷にもっとも近い法廷の形がこのラッセル法廷である。ラッセル法廷でもジェンダーの問題にそれほどの関心が向けられていなかったという。女性の解放が民族の開放と「等価」とされており、ジェンダーの問題は「全体性」の「部分的問題」と認識されていたからである。

第Ⅲ部は、現代の戦争・武力紛争のなかで、性暴力がどのように裁かれてきたのか、旧ユーゴスラビアと南アフリカとラテンアメリカを例にとりあげている。旧ユーゴーをとりあげた川口博論文によると、「民族浄化」は女性への暴力の手段として広範に行なわれており、いまだ全容がつかめていないという。この「民族浄化」という性暴力は、ハーグ国際刑事法廷でとりあげられた。法廷規定で、歴史上初めて強かんが「人道に対する罪」の独立した訴因となったのである。その法廷がどのように構成されているのか、いくつかの裁判事例がとりあげられており、理解しやすい。

南アフリカのアパルトヘイトは悪名高い。そのなかでも人種差別にとどまらず性差別を受けて社会の底辺に置かれた女たちはどのような「人権侵害」をうけてきたのか。「真実和解委員会」に「重大な人権侵害」を申し立てた六割近くが女性からのものだった。永原陽子論文は、女たちが委員会でその被害を「語る」ことは人間としての尊厳を回復する第一歩であったとその意義を指摘している。だが、「政治的目的」に結びついた「重大な人権侵害」の加害者は、自ら関与したできごとについてすべて告白すれば免責される。この委員会は、法的に罰するという点では妥協的だが、性暴力にかかわるさまざまレベルの事実を広く明らかにして、「被害」を補償の対象とする道を開いたのである。裁くという視点から、女性への人権侵害を見てきたが永原論文は、委員会は法的処罰にかかわる別な道を開いたと指摘している。

ラテンアメリカにおける人権侵害も深刻である。独裁政権による誘拐・拉致・拷問・虐殺がどう追及されてきたのか。大串和雄論文によると、中南米各国での内戦・独裁政権下で性暴力がきわめて広範に行なわれている。人権団体の報告書にもこの事実が指摘されているが、性暴力の責任をとりあげて追及するという動きはあまり強くない。女性への性暴力だけでなくあらゆる人権侵害の責任がほとんど追及されていないという。人権侵害の責任追及の道のりはまだまだ遠いと、大串論文は結論づけている。法廷処罰だけでなく「和解」と免責の別な道もまだ遠い。

南アフリカやラテンアメリカのようなケースもあるが、ハーグ国際刑事法廷は、歴史上初めて強かんが「人道に対する罪」の独立した訴因となった。さらに、一九九八年七月には、国際刑事裁判所規程がローマ全権外交会議で感動のうちに成立した。国際社会の協力なしには機能し得ない国際刑事裁判所というシステムが成立するには長い道のりがあった。東澤靖論文は、戦争と暴力の二〇世紀が最後の遺産として残したこの裁判所は、国家や政治勢力の背後に隠れてしまいがちな個人、被害者あるいは加害者としての具体的な顔をもつ個人に、国際人道法と正義を適用しようとするものであるとその意義を高く評価する。だが、日本政府はこの裁判所規程に署名すらしていない。

性暴力は被害者の心に深い傷を残す。日本軍の組織的な性奴隷制がどれだけ被害者の心を傷つけトラウマとなっているのか、いくら強調してもしすぎることはない。集団強かんや強制売春も同じである。こうした国家・軍による暴力がどのように裁かれたのか、戦争裁判で不十分ながらも取りあげられてきた。だが、正義の実現には遠い。過去の不正義に現在の人権侵害が重なる。女たちの正義の実現を望む強い思いが、「国際戦犯法廷」を実現させようとしている。今、裁くとはどういうことか、高橋哲哉は、一問一答の形をとって法廷の意義をわかりやすく述べている。ラッセル法廷のように、いかなる権力とも無縁な民間の法廷だからこそ、普遍的な正義の追及のチャンスにかえうるのだという。

法廷での正義の追及はもちろん、私たちは戦時性奴隷制を「記憶する義務と記録する責任」を負っている。

最後に、VAWW-NET Japan《バウネット・ジャパン》は、法廷の記録として五巻からなる図書の刊行を計画している。出版事情の困難な中でこの出版を引き受けてくださった緑風出版の高須次郎さんには心から感謝している。緑風出版は、これまでも地味だが有意義な多くの書を世に出してこられた。本シリーズも高須さんの出版人としての心意気に支えられて出版にこぎつけることができた。それにしても世界を舞台に活躍する多くの執筆者に根気強く連絡をとり続け、編集の労をとってくださった吉田朋子さんには感謝の言葉もない。装幀を担当してくださった高橋優子さん、ありがとうございました。

二〇〇〇年四月

日本軍性奴隷制を裁く――二〇〇〇年女性国際戦犯法廷の記録 第1巻

戦犯裁判と性暴力

目次

カバー写真提供＝新井利男

第Ⅰ部

戦犯裁判の原点

ニュルンベルクで始まった国際軍事裁判（提供＝毎日新聞社）

第1章 「人道に対する罪」の成立

清水正義

一、はじめに

第二次世界大戦末期、ドイツの敗色濃厚な一九四五年三月二八日、イギリス下院で答弁に立った外相イーデンは、兵士がヒトラーを発見したら射殺すべきか逮捕すべきかと問われて、「その決断は現場の兵士に任せます」と答弁している。(1)議場は笑いと喝采に包まれたというが、おそらくイーデンは苦し紛れに答弁したに違いない。なぜなら、この時期にはまだ、ヒトラーを逮捕したとしても、その後に彼をどう扱うかという具体的な方針をイギリス政府は持ち合わせていなかったからである。

第二次世界大戦後のドイツ主要戦争犯罪人を裁いた国際軍事裁判、いわゆるニュルンベルク裁判の開催にあたり連合国、とりわけイギリス、アメリカが不確実な展望しか持ち合わせていなかったことは、この裁判の性格と歴史的意義を解明するうえで是非とも確認しておくべき点である。ニュルンベルク裁判史についてのもっとも信頼に足る研究書の冒頭で、著者ブラッドレイ・スミスは「ニュルンベルク裁判について充分練りあげられたプランはついにできなかったこと、このことを英米側資料ははっきりと示している。主要戦争犯罪人に対する裁判を連合国は決定したが、その裁判がどういうものになるか、指導的政治家、検察団は分かっていなかった。ニュルンベルク裁判への道は不確実さと妥協とで塗り固められていたのだ」と断言している。(2)

ここでスミスの指摘する「不確実さと妥協」とは、裁判の形式的手続的側面にとどまらず、そもそもこの種の国際裁判という史上無類の試みを敢えて行なうべきかどうかという、裁判の是非そのものをめぐる「不確実さと妥協」を含むものと解釈してよい。もとより、自国捕虜への虐待を含む無数の戦争犯罪、占領地住民に対する苛酷な仕打ち、強制収容所への移送と殺害など、ナチス・ドイツによる戦時重罪行為は大戦中からすでに明白であり、これらを引き起こした責任者に対し何らかの形で報復することは、連合国のすべての政治軍事指導者にとって自明なことであった。しかしその一方、ヒトラーを筆頭とするナチス指導部を連合国の国際裁判という手段によって断罪することが適切かどうか、そこに法律的、政治的問題はないか、裁判をやったとしても演説のうまいヒトラーの独演場になってしまうのではないか、どうせヒトラーは殺されねばならないのなら裁判は茶番に過ぎないのではないか、などなど、裁判方式に対する懸念は尽きなかった。これらをめぐり戦争の最後の一年間、連合国内部で五里霧中の模索が繰り返されたのであり、驚くべきことに、ナチス主要戦犯の処罰方針につき連合国内にともあれ一致点が生まれたのは、すでにヒトラーが自殺し、ドイツの敗北が決定的になった一九四五年五月初頭の段階になってからのことであった。

このような裁判の是非をめぐる不確実性は「人道に対する罪」の成立にあたっても本質的な意義を持っている。なぜなら、ヒトラーらドイツ主要戦争犯罪人は伝統的な意味での戦時国際法規違反者（戦争犯罪人）と呼ぶには、その罪業はあまりに深刻で、単に戦争犯罪というより歴史的大規模犯罪群とでも呼ばなければならないようなものであった。そのヒトラーらを裁くためにどのような法的根拠が与えられるべきか。これが「人道に対する罪」の生まれた最大の理由である。以下、小稿では「人道に対する罪」が成立した過程をあとづけることで、この罪の性格、射程、標的対象を示唆する。

二、国際軍事裁判所憲章第六条C項「人道に対する罪」

ドイツがすでに敗北し、日本が断末魔の苦しみに呻吟していた一九四五年八月八日、英米仏ソ四カ国の代表がロンドンでの二カ月に及ぶ交渉の末、ドイツ主要戦争犯罪人を裁く国際軍事裁判所（後のいわゆるニュルンベルク裁判だが、このときはまだ裁判所の場所は確定していない）の設置のためのヨーロッパ枢軸国主要戦争犯罪人訴追処罰協定と、それに付属する国際軍事裁判所憲章を取り決めている。この裁判所憲章は東京裁判の根拠法となった極東国際軍事裁判所憲章の雛形となったものだが、とくに裁判所の管轄（どういう罪を審理の対象とするか）についての憲章第六条の規定は重要である。そこには、A「平和に対する罪」、B「戦争犯罪」、C「人道に対する罪」の三種の戦争犯罪、およびこれらの戦争犯罪の企画実行に加わった共同謀議罪が国際軍事裁判所の管轄に属する犯罪行為とされている。ここでは「人道に対する罪」の意義を明らかにするために、B「戦争犯罪」との相違を中心に説明する。まず、B項とC項とを訳出する。

B　戦争犯罪。すなわち、戦争の法規または慣例の違反。この違反には、占領地に所属する、もしくは占領地内にいる民間人の殺害、虐待、または奴隷労働もしくはその他の目的のための強制連行、戦争捕虜もしくは海上における人民の殺害もしくは虐待、人質の殺害、公私の財産の掠奪、都市町村の恣意的破壊、または軍事的必要によって正当化されない荒廃化が含まれるが、これに限定されない。

C　人道に対する罪。すなわち、犯行地の国内法に違反すると否とを問わず、本裁判所の管轄に属する罪の遂行として、あるいはそれに関連して、戦前もしくは戦時中に行なわれた、すべての民間人に対する殺人、絶滅、奴隷化、強制連行及びその他の非人道的行為、または政治的、人種的、ないし宗教的理由に基づく迫害行為。(3)（傍線は筆者）

さて、C項「人道に対する罪」は憲章の定義からして複雑で解りにくい。この罪は民間人に対する殺人などの非人道的行為や種々の迫害行為を内容とするが、はたしてこれはB項「戦争犯罪」とどう違うのであろうか。その点を考えるために、便宜的に、C項を犯罪行為の実体を表わした部分（二重傍線部）と但し書きの部分（一重傍線部）とに分けてみる。

まず犯罪行為の実体的部分をみれば、C項の「すべての民間人に対する殺人、絶滅、奴隷化、強制連行及びその他の非人道的行為」という規定は、B項の「民間人の殺害、虐待、または奴隷労働もしくはその他の目的のための強制連行」という規定とかなり重複する。その限り「人道に対する罪」と「戦争犯罪」とは行為の実体としてそれほど異なるものではない。ただB項では「占領地に所属する、もしくは占領地内の民間人」というふうに、占領地住民に対する犯罪行為と被害対象者を明確に限定しているのに対して、C項においては何らそのような限定はなく、「すべての民間人に対する」残虐行為が対象となる。従って、「人道に対する罪」の場合には被害対象者が占領地住民に限定されず、ドイツの自国民をも含むのである。というよりもむしろ、「人道に対する罪」が念頭に置く犯罪行為の対象は主として自国民であったといった方が近い。「政治的、人種的、宗教的理由に基づく迫害行為」という、明らかにナチス・ドイツのユダヤ人迫害を念頭に置く表現がC項にあり、B項にないのはこれを暗示している。

次に、但し書き中の「犯行地の国内法に違反すると否とを問わず」とは、「当該犯罪行為が犯行当時にその犯行地の国内法に抵触する可能性があるが、仮にそうでないとしても」という意味に受けとることができ、このことはこの罪が国内法に照らしても大いに犯罪行為となりうることを暗示している。実をいえば、この部分の原形は「違反すると否とを問わず」ではなく「犯行地の国内法に違反するもの」というふうに、明確に国内法違反に該当するものを対象にしていた。(4) その場合、ここでの「犯行地」とはドイツを指す。ここでもまた、「人道に対する罪」はドイツ国内で行なわれた犯罪行為を裁くものとして想定されていた。言いかえれば、「人道に対する罪」が第一に標的の対象としたのは、ドイツ国内における犯罪行為、もしくはドイツ人によるドイツ人に対する犯罪行為であって、戦時中のドイツ人による連合国国民ないし占領地住民に対する犯罪行為、つまり通例の戦争犯罪行為ではなかった。それが、当初「国内法に違反するもの」と対象を明示していたものを「国内法に違反すると否とを問わず」と表現を変えた理由は、これらのナチス犯罪行為がナチス法体系下のドイツにおいて実定法上犯罪とみなされないかもしれないことを考慮したためである。

ところで、そもそも国際軍事裁判所は第二次世界大戦中のドイツの戦争犯罪または戦時国際法規違反について裁く場であり、国内法違反に問われる犯罪行為であるならばそれは当該国において裁けばよいはずである。にもかかわらず、あえてこのような行為についても裁こうとするのは、従来の司法概念の枠にとらわれずにナチス・ドイツの犯罪行為を断罪しようとの連合国の意思を物語っている。その文脈から解釈すれば、「本裁判所の管轄に属する罪の遂行として、あるいはそれに関連してなされた」というもうひとつの但し書きの意味は、この行為は本来当該国の国内法廷において裁かれるべきものであるが、敢えて国際軍事裁判所においてこれらの行為を裁くのは、それが「本裁判所の管轄に属する罪の遂行として、あるいはそれに関連してなされ」ている、つまり侵略戦争の一環として種々の犯罪行為がなされているからだということを確認するという点にある。同時に、「戦前もしくは戦時中の」とは、戦争犯罪は通常、戦争中に生じるものであるが、前記のような国内法違反にも問い得る犯罪行為は、第二次世界大戦勃発のはるか以前からナチスによって遂行されていた点を確認したものに他ならない。

以上を要するに、「人道に対する罪」の対象とする犯罪行為とは、実体面から見れば、「殺人、絶滅、奴隷化、強制連行及びその他の非人道的行為、または政治的、人種的、宗教的理由に基づく迫害行為」であり、犯罪行為の時期と対象者（被害者）の面で見れば、第一に、ナチス・ドイツによる一九三三年から三九年までのドイツ国内におけるドイツ人に対する、第二に、一九三九年の大戦勃発以後のドイツ人、連合国民間人ないし占領地住民に対する犯罪行為ということになる。狭義の戦争犯罪にとどまらず、六百万人に及ぶ大量のユダヤ人虐殺をはじめとするナチス指導部の国内外での暴力犯罪総体を裁くための罪概念が「人道に対する罪」であったのである。[5]

その際、重要なことは、C項「人道に対する罪」が「本裁判所の管轄に属する罪……に関連して」というふうに、侵略戦争や通常の「戦争犯罪」との関連を要件としているのは、この罪を国際軍事裁判所の管轄に含めるための法技術上の要請からであって、本来この種の殺人、暴行その他の国内法で裁き得る犯罪行為は戦争との関連を必要としないものであるという点である。事実、「人道に対する罪」はニュルンベルク裁判以後のドイツ国内の反ナチス裁判の法的根拠となっており、[6]戦争犯罪ではなく国内刑法犯罪として、戦後ドイツにおける「司法による過去の克服」の中心的役割を果たしている。戦後西ドイツの反ナチス裁判は、ナチス犯罪がいかに戦争犯罪でないかを繰り返し確認しているが、それはナチス犯罪が政治の延長としての戦争の、そのまた延長としての戦争犯罪ではなく、明瞭な輪郭を持つ集団迫害・虐殺犯罪（ジェノサイド）であることを明確にするためである。

三、「人道に対する罪」の成立

「人道に対する罪」の淵源は一九〇七年のハーグ陸戦規則（陸戦ノ法規慣例ニ関スル条約）に求められる。この規則は、捕虜に対する非人道的扱いの禁止、毒ガスその他の殺傷能力の高い危険兵器の禁止、占領軍と占領地住民との関係などを定めたものであり、現在でも有効な戦時国際法規の基本法である。その前文は「一層完備シタル戦争法規ニ関スル法典ノ制定セラルルニ至ル迄ハ、締約国ハ、其ノ採用シタル条規ニ含マレサル場合ニ於イテモ、人民及交戦者カ依然文明国ノ間ニ存立スル慣習、人道ノ法則及公共良心ノ要求ヨリ生スル国際法ノ原則ノ保護及支配ノ下ニ立ツコトヲ確認スルヲ以テ適当ト認ム」と定めており、戦時国際法規の明文上の規定がない場合でも、軍人、民間人を問わず、一定の人道的原則の保護下に置かれることを明記している。[7] この中の「文明国ノ間ニ存立スル慣習、人道ノ法則及公共良心ノ要求ヨリ生スル国際法ノ原則……」というくだりを援用することで、後の「人道に対する罪」が考案されるのである。「人道に対する罪」とは第二次世界大戦後にはじめて定式化された罪概念であるが、しかしその萌芽はすでに今世紀初頭に取り決められていたといえる。

二〇世紀初頭の第一次世界大戦は世界史上最初の総力戦として、人的物的に多大な損害を出した。戦後のヴェルサイユ講和条約第二三一条は「ドイツによって強いられた戦争の結果……」という文面で、この戦争はドイツが引き起こしたものであることを間接的にせよ明記した。そして第二二七条でドイツ帝国皇帝ヴィルヘルム二世を「国際道義と条約の神聖さに対する最高の罪を犯した」罪で公に訴追したのである。これは、戦争の後に敗戦国の責任者個人を裁判によって処罰しようとした最初の例である。現実にはヴィルヘルム二世は敗戦直前にオランダに亡命しており、オランダ政府が亡命者庇護を理由に前皇帝の身柄引き渡しに応じなかったことから、この世紀の裁判は行なわれずじまいに終わった。その際、ドイツの戦争責任を追及するに際して用いられた言葉のひとつが「人道に対する罪」であった。すなわちこの戦争は「およそ文明国民が故意に犯した罪としては最大の、人道と諸民族の自由に対する罪であった」と。おそらく「人道に対する罪」という用法が使われたもっとも初期の例であるが、ここに見られるように「人道に対する罪」という考え方は、戦争というもっとも憎むべき残虐な政策を敢えて採用し、その結果、人々に多大な被害を与えたものといった意味合いで使われていたのである。その意味で、この罪は、後の「平和に対する罪」と密接な関係を持っていた。いずれにせよ、ヴィルヘルム二世の訴追は実現せず、「人道に対する罪」という考え方も、第一次世界大戦のときはほとんど見るべき発展もなく、次の戦争の発生まで待た

なければならなくなった。(8)

「人道に対する罪」が現在使われるような意味で成立したのは第二次世界大戦のときである。ナチスの残虐行為は大戦前から知られていたが、一九三九年のポーランド侵攻以後、その暴虐はとりわけポーランド、ソ連といった東方の占領地住民のうえに襲いかかっていた。ナチスのこのような暴虐を裁くべきであるという声は当然のことながら占領地住民からまずあがった。一九四二年一月にロンドンに本部をおいていた占領地諸国の亡命政権代表が集まり、セントジェームズ宮殿で決議をあげた。九カ国宣言と言われるこの声明は、ナチスの犯罪を「組織された司法の手段を通じて処罰する」ことをはじめて明言した点で画期的な意味を持つ。ところが、このような認識は連合国の指導者の側にはなかった。もちろん、ヒトラーをはじめとするナチス幹部の責任を追及するということ自体は連合国にも明瞭であったが、裁判によってヒトラーらを裁くかどうかは連合国の中に統一した見解も政策もなかったのである。一九四三年一〇月にモスクワで英米ソ三国の外相会議が開かれ、そこで戦争犯罪人の処置について取り決めがなされているが、そこでは、ナチス幹部の処遇については「連合国の共同の決定に基づく……」とされているだけで、裁判を行なうという方針は確立していない。(9)

後のニュルンベルク裁判の開廷にいたる過程で重要な役割を果たしたのは、当時、ドイツの戦争犯罪について実態調査と報告を任務として設立された連合国戦争犯罪委員会である。この委員会は一九四三年、ロンドンに設立され、議長にイギリス人のセシル・ハーストが選出された。加盟国はヨーロッパ諸国、アメリカ、中国など一七カ国。ソ連は不参加であったが、ポーランド、チェコスロヴァキア、オランダ、ベルギー、その他ドイツの占領下に置かれた諸国の代表者は参加していた。委員会は当初、もともとの任務にそって、ドイツ軍の戦争犯罪行為の実態を調査報告していたが、そのうちにひとつの矛盾につきあたった。ドイツ軍の戦争犯罪というのは個々の逸脱行為ではなく全体としてある計画のもとに行なわれている組織犯罪であるということ、従って個々の事件の事実調査、責任者の訴追だけでは事の真相に迫れないこと、しかもナチスの犯罪は戦争が開始されてはじめて行なわれたものではなく、そもそも戦争開始以前から、ドイツ国内やオーストリアなど併合地域において行なわれたものが、戦争によって外延的に拡大したものに他ならず、そうだとすれば、それを裁くには戦争という枠を出なければならないことである。[10]

一九四四年三月に行なわれた第一三回会議でフランス代表は「戦争犯罪人のリストを作成するのは一九一八年ならよい考えだった。犯罪が個人の責任を負える範囲内に収まっていたからだ。一九四四年の今日、何十万人もの人々が殺され、何百万人もがテロにあっているとき、犯罪は集団的性格を持つものであり、個々人のリストなど役に立たなくなる。仮にすべての証拠が集められたとしてもドイツの有罪はそれらの犯罪の総計としてはかられるものではない」とコメントしている。[11] 戦争犯罪委員会の議長ハーストが五月三一日付でイギリス外相に宛てた書簡でも「公衆が深く憂慮している敵の虐殺行為のひとつのカテゴリーは、それは厳密に言えば戦争犯罪の定義には当てはまらないのですが、敵領土内で行われている人種的、政治的、ないし宗教的理由による虐殺であること

は疑いな」い、としている。(12)

九月三〇日、戦争犯罪委員会は後のニュルンベルク裁判の原型とも言える連合国戦争犯罪法廷設立協約草案を発表している。その第一八条は連合国法廷の管轄に含まれる戦争犯罪を列挙しており、そこでは通例の戦争犯罪にあたる条項の他、「文明諸国民間に定立された慣習、人道の法則及び公衆の良心の命じるところに発する諸国民の法の諸原理」「文明諸国民によって一般に認められた刑法の諸原理」といった言い回しがあり、これらは先に挙げたハーグ陸戦規則前文を念頭におく規定であり、これが後の「人道に対する罪」の原型となったのである。(13)

一方アメリカでは、陸軍省内部にドイツ戦争犯罪に関する専門委員会が設置され、そこで「欧州戦争犯罪人裁判」なる文書が成立していた。この文書では、ドイツの戦争犯罪を一大犯罪計画と見て、それに参画したものは、個々の犯罪事実の如何に関わらず、一気に一網打尽にしてしまうという共同謀議説を打ち出した。(14)また、一九四五年四月三〇日陸軍省内で作成された覚書によれば、(1)ナチス犯罪は個人的なものでなく計画的なものであり、(2)犯罪計画にそってこれらの犯罪が行なわれ、(3)犯罪遂行のためにSS、ゲシュタポなどの組織を形成し、(4)戦時中の連合国民に対するものだけでなく、戦前戦中の枢軸国のマイノリティに対する虐殺も考慮する、とされている。すなわち覚書は、ナチス犯罪を戦争の中で犯された戦時国際法規違反に限定せず、「一九三三年以後の」ナチスの計画的犯罪体系総体を、犯行者個人に加えナチス諸組織の責任を含めて断罪しようとしており、それらのナチスの計画的犯罪の犠牲者には連合国の国民のみならず、ドイツ国民の中のマイノリティ、つまりはユダヤ系ドイツ人をはじめとするドイツ国民中のナチス体制犠牲者も含むものと捉えているのである。[15] アメリカ大統領ルーズヴェルトもこの方針を了承していたが、それ以上に、この方向に拍車をかけたのはルーズヴェルト死去後に大統領に昇格したトルーマンである。アメリカ政府のこのような政策に対してイギリス政府は当初、慎重な姿勢をとっていたが、一九四五年四〜五月のサンフランシスコでの国際連合設立のための会議の席上、急遽英米ソの外相会議がもたれ、戦後のナチス幹部のための国際裁判が開かれるべきこと、そのための専門機関が設置されることが取り決められた。そして、それに基づいて、ドイツ主要戦争犯罪人の裁判のための取り決めが話し合われ、その結果、前述のように一九四五年八月八日、国際軍事裁判所憲章（ニュルンベルク裁判憲章）が取り決められ、その中に、「平和に対する罪」「戦争犯罪」と並んで「人道に対する罪」が定式化されたのである。

四、「人道に対する罪」の展開

少なくとも東京裁判と比べれば、ニュルンベルク裁判は「人道に対する罪」を重要視した。そのことは、判決および量刑を考慮すれば明らかである。ニュルンベルク裁判において死刑を宣告されたもののうち、「人道に対する罪」を有罪の訴因とされていないものはない。この罪で有罪とされたことが死刑宣告の有力な理由とされたのである。ただしニュルンベルク裁判では、戦争犯罪委員会が構想し、国際軍事裁判所憲章でもそれが前提とされ、かつまた検察の起訴状においても採用されていた「戦争開始以前にドイツ国内で行われた犯罪行為」については、裁判所の管轄ではないとして、結局、これを裁くことは見送られた。国際軍事裁判所が戦争中の犯罪行為を裁く裁判所であったことを考えれば、これはある意味では当然なのであるが、「人道に対する罪」の射程距離を考えれば、これは一種の後退とも言える。「人道に対する罪」はむしろその後、ドイツをはじめとする諸国の国内法的手続きによって内容を豊富にされていく。

占領下のドイツでは、管理理事会法律第一〇号によって「人道に対する罪」が拡張されて適用された。すなわち法律第一〇号は、「人道に対する罪」がニュルンベルク裁判のときに戦争中の犯罪行為との関連を要件としていたのに対し、その要件をとりはずし、ナチスが行なった非人道的行為であるならば、戦争開始以前のものも含め、一切を「人道に対する罪」として一括りで裁けるようにしたのであった。この法律により、占領下のドイツ司法当局はナチス犯罪者の訴追、裁判を行ない、一九四九年の占領解除までの四年間で計四四一九人のナチス犯罪人を有罪と認定した。これは、その後五〇年を経た現在までのナチス犯罪人裁判有罪者数の七割弱にあたる。いかにこの時期にナチス犯罪人の追及が行なわれたかが分かる。

ところで「人道に対する罪」は、その後、一九四六年の国連総会において「ニュルンベルク裁判所憲章によって認められた諸原則」を確認する決議が、また一九四八年の国連総会において集団殺害を国際犯罪とする「ジェノサイド条約」がそれぞれ採択され、さらに一九五〇年には国連国際法委員会において「平和に対する罪」「戦争犯罪」「人道に対する罪」の三種の罪がいわゆる「ニュルンベルク諸原則」として国際法上の犯罪と確認されている。そして一九六八年の国連総会では、戦争犯罪及び人道に対する罪への時効不適用に関する条約が採択されている。[16] こうした国連を中心とする「人道に対する罪」の国際法上の定着の一方で、ベトナム戦争などでの戦争犯罪がうやむやにされたりした結果、ニュルンベルク諸原則に対する醒めた見方があることも否定できない。九〇年代に入り、例えばボスニア紛争時のセルビア人勢力軍事指導者カラジッチや、セルビア大統領であったミロシェビッチを国際法廷において裁こうという動きがある。両名ともに、ボスニア紛争時の残虐行為の責任を問われている。その際「人道に対する罪」が重要な法的根拠として意味を持つであろう。

いわゆる「従軍慰安婦」問題について、これが「人道に対する罪」にあたると明言した司法判断は今のところない。一方、一九九八年に発表された国連人権委員会マクドゥーガル報告は、武力紛争に伴う性暴力を「奴隷制、人道に対する罪、ジェノサイド、ジュネーブ諸条約の重大な違反行為、戦争犯罪、または拷問の国際犯罪」と位置づけ、その責任者の処罰と被害者の救済を訴えている。[17] この報告では、「慰安婦」制度が集団的組織的迫害であること（ジェンダーに対する罪）、また性奴隷制の一類型であること、さらに「人道に対する罪」規定の中の「非人道的行為」にあたることをあげている。本稿のように「人道に対する罪」の成立過程をみると、この罪が何よりも個々の戦争犯罪には還元できない組織的系統的な一連の非人道的行為を断罪するためのものであったことが分かる。「慰安婦」制度という性奴隷制は、日本軍の関与による組織的系統的な性暴力、性労働の強制であり、その意味においてこれは「人道に対する罪」がそもそも標的の対象とした犯罪行為であったと言わなければならない。

註

（1）Joe J. Heydecker and Johannes Leeb, *The Nuremberg Trial. A History of Nazi Germany as Revealed Through the Testimony at Nuremberg* (Westport, Connecticut, 1975, originally published in German in 1958), p.13.

（2）Bradley F.Smith, *Der Jahrhundert-Prozess. Die Motive der Richter von Nürnberg. Anatomie einer Urteilsfindung* (Frankfurt a.M., 1977), p.11.

（3）*Der Prozess gegen die Hauptkriegsverbrecher vor dem Internationalen Militärgerichtshof. Nürnberg, 14. November 1945 - 1.Oktober 1946*, 42 Bde. (Nürnberg, 1947), Bd. 1, pp.7-18.

（4）この部分の原型は、一九四五年中にアメリカ政府内部で作成された国際軍事裁判所設置のための「執行協定」案であり、その第六条で主要戦争犯罪人の犯罪行為を列挙（戦時国際法違反、侵略戦争の開始、遂行など五項目）した後、第七条において「この宣言はまた、上に列挙したもの以外に、枢軸国、その衛星国、または連合国のいずれかの国内法に違反してなされた虐殺及び犯罪を含む他の法規違反についても、本協定の下で被告を非難し裁く権限を含むものである」としていた。ただし筆者はイギリス外務省に送付されたコピーを参照した（"An Executive Agreement", *FO 371/51020/U3591*）。

(5)「人道に対する罪」は「殺人タイプ」の犯罪と「迫害」の二種のタイプから成るとする見解がある（藤田久一『戦争犯罪とは何か』岩波新書、一九九五年、一一二頁）。しかし、この罪の文案検討過程で、例えばイギリス政府の案では「政治的、人種的もしくは宗教的理由に基づく虐殺、迫害、強制連行」とされている。「各種非人道的行為」と「政治的、人種的、宗教的迫害」とは截然と区別されていたわけではない（Cf., "Trials of major war criminals. British redraft of Agreement Art. 12", *FO 371/51029/U5253*）。

(6) 西ドイツにおける反ナチス裁判の法的根拠については、*Justiz und NS-Verbrechen. Sammlung deutscher Strafurteile wegen Nationalsozialistischer Tötungsverbrechen 1945-1966* (Amsterdam, 1968), Bd.I, p.XIff.; Ulrich Klug, "Die antinormative Kraft des Faktischen. Oder: Die Anwendung der Nürnberger Prinzipien in bundesdeutschen Strafprozessen", in: Martin Hirsch/Norman Paech/Gerhard Stuby (Hrsg.), *Politik als Verbrechen. 40 Jahre >Nürnberger Prozesse<* (Hamburg, 1986), pp.181-186, 参照。

(7) 小田滋、石本泰雄編『解説条約集』三省堂、一九八九年、五一三頁。

(8) ヴェルサイユ条約文面は、United States, Department of State, *Treaty of Versailles and After. Annotations of the Text of the Treaty* (Washington 1947), にあり、また「人道に対する罪」に関する言及は、一九一九年六月一六日付「ヴェルサイユ講和条約に関するドイツ代表団の意見書に対する同盟・連合諸国の回答並びに最後通告」にある（*Ibid.*, p.44.）。

(9) セントジェームズ宣言、モスクワ宣言などについての解説は、とりあえず、拙稿「ニュルンベルク裁判の成立と『人道に対する罪』」『現代史研究』第四四号、一九九八年、三～四頁を参照されたい。

(10) 連合国戦争犯罪委員会の発足、活動については、Egon Schwelb, "The United Nations War Crimes Commission", *British Yearbook of International Law* (1946), 363-376, に簡潔な紹介がある。さらに、拙稿「先

駆的だが不発に終わった連合国戦争犯罪委員会の活動　一九四四年」『東京女学館短期大学紀要』第二〇編、一九九八年、一二三～一二六頁も参照されたい。

（11）連合国戦争犯罪委員会議事録より引用（"Minutes of Thirteenth Meeting held on 21 March 1944", *UNWCC Minutes.*)。

（12）この手紙はイギリス大法官文書内にある（"A letter from Cecil J.B. Hurst to the Secretary of State for Foreign Affairs", *LCO 2/2976.*)。

（13）連合国戦争犯罪委員会文書より引用（"Draft Convention for the Establishment of a United Nations War Crimes Court", *UNWCC Commission Documents.*)。

（14）報告書の内容解説は、Smith,*op.cit.*, PP.39-40, にある。

（15）この覚書は、"Memorandum of Proposals for the Prosecution and Punishment of Certain War Criminals and Other Offenders", *FO 371/51021/U3688*,を参照。

（16）藤田、一三三～一三五頁。

（17）ＶＡＷＷ-ＮＥＴ Ｊａｐａｎ編訳『戦時・性暴力をどう裁くか――国連マクドゥーガル報告全訳』凱風社、一九九八年、一二九頁。

第2章　戦時性暴力とニュルンベルク国際軍事裁判

芝　健介

一、はじめに

ニュルンベルク裁判は、第二次世界大戦における性暴力犯罪をどの程度明らかにし、追及しえたのだろうか。こうした問題自体、戦後半世紀近く忘れられていたさまざまな犠牲者の運命がようやく思い起こされるようになってはじめて意識され俎上にのせられるようになった問題といえよう。またボスニアやルワンダでの「民族浄化」戦争の中で、戦争遂行の一環として女性に対する犯罪行為が組織的に行なわれるという新しい現実に直面して、はたして犯罪が贖われうるのかという現下の被害者側の切実な衝迫から、こうした歴史的問題が再度クローズアップされざるをえないのであろう。

問題の評価は実際どうなのか。一方では「ニュルンベルク裁判に提出されたドイツの記録文書は、恐怖をあおるためにドイツ人征服者が（ポーランド、ユダヤ、ロシアの女性たちを）組織的に強姦したことを立証している」[1]というイングリート・シュミット＝ハルツバッハの指摘のように、この問題で裁判の意義を高く買いながらそれを早速方向づけるような評価が出てきている。他方では、戦争犯罪をめぐる国際裁判における性犯罪追及とその可能性如何について最近包括的な研究を公にしたアスキン女史のように、ニュルンベルクでの史上初の国際軍事裁判では「女性に対する犯罪を全くネグレクトした」[2]戦犯追及がおこなわれた、と断じて全く対極的な評価を行なう研究者もいる。プラスマイナスいずれにしても、問題追究がこれからという以前の段階ですでに一定の固定的な評価が下された感がしないでもない。

たしかなのは、戦時性暴力について、つい最近まで本格的な学問的とりくみがなされてこなかったことである。第二次世界大戦中、ドイツの軍人による強姦がどれほどのスケールのものであったのか、という問題ひとつとってみても、とても十分に把握されてきたとはいい難い、深刻で困難な調査状況が現在にいたるまで存在している、というのが偽らざるところではないか。従来の戦争史、軍事史に上記のような問題視角はまずほとんど欠落していたし、あったとしても戦時風俗史ないし風俗犯罪史的な暗いエピソードというレベル以上の扱いを受けたのは稀であったといわざるをえない。したがって、「ジェンダーと戦争」という新視角からする、先の二人の女性研究者の貴重な指摘そのものは、重く受け止められねばならないが、両者とも包括的な判断・結論づけにやや急で、問題のいますこし具体的で慎重な吟味が必要なのではないか。ニュルンベルク裁判の力量・役割について、それが有する意義はどのようなものなのか、逆に、その限界について、それではどういう問題がはらまれていたのか、当時の訴追資料状況も含め、十分に検討されているようには必ずしも思われない。小稿では、第二次大戦におけるナチ・ドイツ側の戦時性暴力犯罪の実態についてどこまで明らかにされてきたのか、いまいちどこれまでの史料調査・研究の射程について最低限の概観と確認を行ないながら、あらためて問題を考え直してみたい。

二、バルバロッサ作戦（対ソ戦）における性暴力

ドイツ「民族共同体」を何より「人種国家」として編成し世界戦争を引き起こしながら膨張していった第三帝国の総力戦体制下において、「国民損壊分子」を厳罰に処さねばならぬ秩序政策の観点からすれば、例えば連合国の空襲に対処すべく敷いた灯火管制下の暗闇を悪用してレイプの罪を犯した者の最高刑は死刑となっていた。[3] ドイツ国内へ強制連行され奴隷労働を強いられていた人びとが性犯罪の廉で拘束されたケースについては「民族共同体の維持・浄化」という立場から処置は特に峻厳を極め、一九四一年三月ポーランド人労働者が一九歳のドイツ人女性に「猥褻」行為を行なったとされた一事件において、ドルトムント郊外の公開の場で容疑者がポーランド人二名によって絞首刑に処せられたのは、象徴的事例であったといいうる。[4]

当時のドイツ刑法一七七条は、強かん（Vergewaltigung）を「①身体あるいは生命に当面の危険を

伴う暴力あるいは脅しにより、女性に対して当人または第三者と婚姻外の同衾を強要する者は、二年以上の自由刑をもって罰される。②強要程度がより軽い場合は、六カ月から五年までの自由刑とする。③加害者の過失により犠牲者を死に至らしめた場合、五年以上の自由刑とする」と規定していたが、ドイツ軍法は、「強姦」を含めて軍事犯罪ではないとされる、「風俗壊乱の犯罪行為」いわゆる「風俗犯罪」については、ドイツ刑法をそのまま軍の成員にも適用しうるとしており[5]、一九四一年九月四日の「改正刑法」は「民族共同体防衛あるいは正義の贖いが要求される場合」風俗犯にも最高刑として死刑を導入した。もっとも、第二次世界大戦中、ドイツ兵による占領地での婦女暴行罪は、兵士が置かれている特別状況に鑑み、基本的には上記②相当とし、しかもより軽微の懲役（一日から五年未満）扱いにされ[6]、極言すれば、ほとんど問題にされなかった[7]というのが実情といってもよかろう。

ナチの人種イデオロギーからすれば、異質な人種との接触、わけても「ユダヤ人」やスラヴ人との交わりは厳禁されていたが、ビルギト・ベック女史の最近の研究報告[8]でも再確認されたように、西部戦線よりも東部戦線の方が性犯罪についての軍法会議への訴追は消極的で、強かん兵士は「大目に見られる」のをあてにすることができたというのが実態であった。対ソ連攻撃を開始する四〇日前の一九四一年五月一三日、（後のニュルンベルク裁判でようやく注目されることになった）「バルバロッサ作戦（ナチ・ドイツの対ソ作戦コード名―筆者注）地域における軍法会議実施及びドイツ軍部隊への特別措置に関する指令[9]」が発せられ、ソ連住民に対するドイツ軍兵士の犯罪行為は、軍紀の維持ないし部隊の保安が問題にならない限り、追及されないことになったのである。一方で「敵民間人の犯罪行為は、当分の間軍法会議及び即決裁判の権限外である。ゲリラは戦闘中・逃亡中の如何を問わず部隊によって容赦なく射殺される。ドイツ軍兵員軍属に対する敵民間人の他のあらゆる攻勢も即刻その場で殲滅にいたるまで徹底的に圧服される。即刻このような措置がとられなかったり可能でなかったりした場合、疑いのある分子は直ちに将校の前に引き出される。この者たちの射殺は将校の決定による。（ドイツ軍部隊が）陰険なあるいは質の悪い攻撃に遭遇した村では、将校命令で間髪をおかず住民集団に対する実力措置がとられる……」ことになっていたが、これに対して「敵民間人に対するドイツ軍兵員軍属の犯罪行為の取り扱いについては、犯罪追及義務は存在しない。犯行が同時に軍事犯罪ないし軍法違反を構成する場合もまた然り」と規定されていたのである。

このような類を見ない犯罪的指令に基づいたドイツ軍の東部作戦が占領各地でいかなる「戦果」を帰結することになったのか、その一端を示せば、ベラルーシでの第七〇七歩兵師団による対パルチザン戦においては一九四一年一〇月一一日から一一月一〇日までの一カ月間に一〇九四〇名の捕虜を捕獲しそのうち一〇四三一名を射殺しているのに対して、みずからの部隊の方は戦死二名、負傷五名の損害しか出していない。[10]当時のドイツ第六軍司令官ライヒェナウ陸軍元帥は、同年一〇月一〇日命令を発し、今回のドイツ軍による「ユダヤ・ボルシェヴィキ体制打倒の遠征の本質的目標は、この体制の権力装置を解体し、ヨーロッパ文化圏におけるそのアジア的影響力を抹殺することにある」、したがって戦争の「歴史的任務は、これを最後に、ドイツ国民をアジア的ユダヤ的危険から永遠に解放することにある」とし「経験に照らせば、わが軍の背後における撹乱蜂起の火つけ役は決まってユダヤ人」だから「ロシアにおけるドイツ国防軍の活動の安全を保障する」ためには「狡猾で残忍なこの異人種を容赦無く根絶しなければならない」としていたのである。四一年八月二五日、二六日、九月一日に行なわれた「匪賊掃蕩」作戦でセドューヴァはじめ四つの地域の「処刑」者数が、二名の共産主義者以外はユダヤ人男性三一六二名、女性・子ども六三九七名という内訳であったのをみると、「匪賊補助者」「匪賊容疑者」（圧倒的に女性・子ども）を始めから殺害する目的であったことは、「匪賊」の数と比べものにならないほど膨大な女性・子どもの犠牲者の数からして明瞭であろう。[11] そして実際、女性の場合には、殺される前に強かんされたり、[12] 乳房などを切断されたり、[13] むごたらしい扱いを受けた犠牲者については枚挙のいとまがない。[14]

　四年後の一九四五年、戦局・立場は逆転する。「解放軍」として到来したソ連軍部隊兵士によって、ベルリンだけでこの年の春から秋にかけて少なくとも一一万人のドイツ人女性・少女が強かんされ（ドイツ全土では二〇〇万人と見積もられている）、その四〇パーセントは繰り返し被害に遇い、一〇パーセントは死にまで至らしめられた。その全容は『一九四五年・ベルリン解放の真実——戦争・強姦・子ども』（現代書館、一九九六年）に詳しいが、戦後現在に至るまで、このソ連軍の犯罪行為のみが強調される一方で（この犯罪の加害者が全然追及されなかったことの問題性自体どんなに強調しても強調しすぎることはなかろうが）、ドイツ軍による、対ポーランド戦・対ソ連戦・ホロコーストにおける上記のような犯罪行為がそれに先行し、それをはるかに上回る膨大な数の犠牲者、ことにポーランド、ユダヤ、ロシアの女性たちが、遭遇させられることになった運命がいかほど酷薄なものであったのかについては閑却されている。その点、甚だバランスを欠いた歴史認識・事実認知失衡問題状況が存在するといわざるをえない。

残虐行為がことに際立っていた東部戦線においても、兵士による性犯罪行為があまりにも行き過ぎと判断された場合には、軍法担当者もさすがに見逃すわけにはいかず野戦法廷を開いて処罰をおこなった（決定的に重要なのは軍紀の維持と軍の威信としている）事例が見られるのであるが、一九四一年第七戦車師団の一上等兵がロシア人女性に対しておかした婦女暴行事件では、この兵士の処罰を緩和させる理由として、普段は全くまっとうな人間でしかも罪を認めているということの他に、ドイツ人婦女子の女性としての名誉あるいは尊厳を重視するがゆえにこの犯罪を重大視しているドイツ刑法は、被害者が、女性の名誉・尊厳が全くかかわりない民族の一員である場合には適用されないとしているのが目を惹く。[15] 女性の名誉・尊厳にもドイツ人とロシア人には違いがあり、ロシア人女性に対してそのような価値は露骨に否定されているのである。劣等人種スラヴ人というナチの人種イデオロギーが判決に影響していることは明らかであるが、量刑（この場合は八カ月の刑）にどれだけ作用したのかはいまひとつ明確ではない。こうした占領地女性に対する貶視差別視が、西部戦線での軍法会議におけるフランス人女性を被害者とする裁判ではそれほどひどい形では見られなかったことも事実であった。

一九四〇年の対フランス戦時リールのドイツ軍第二五一師団野戦軍法会議は、一砲兵に対して既婚のフランス人女性を強姦した罪で四年の懲役刑を言い渡している。量刑に関しては、この兵士が「敵国内でドイツ軍の威信を傷つけたこと、……また、このところかかる類の犯罪が頻繁に繰り返されたことを勘案すれば、兵士への威嚇効果からも相当の刑を科さざるをえなかった[16]」との理由づけがなされている点が、注目される。軍の名誉もさることながら、行過ぎた犯罪が敵住民に与える影響も西部戦線の場合には憂慮されていた。したがって、ドイツ軍によって、戦争遂行の有力な武器として強かんが組織的に行なわれていた、という先のシュミット＝ハルツバッハの指摘は、少なくとも西部戦線にはあてはまらないことが明らかであろう。

いずれにしても性犯罪行為と加害者の犯意、また犠牲になった女性には、ジェンダー格差ないし性支配、ドイツ軍征服者と被占領地住民との支配従属関係、東部戦線の場合はさらに「アーリア」と「劣等人種」といった露骨な人種差別イデオロギーにもとづく重層的な権力関係が刻みつけられていたといえよう。

三、第一次世界大戦における性暴力犯罪の追及

ドイツ軍兵士によるフランス人女性に対する性暴力の問題は、すでに四半世紀前の第一次世界大戦初期から西部戦線及び「銃後」で実はきわめてセンセーショナルに扱われ一大問題になっていた。一九一四年八月ベルギーの中立を侵犯して雪崩れの如く侵入したドイツ軍部隊兵士によって行なわ

れた婦女暴行については、いくつかの被害者親告・告発がなされたが、問題が大戦はじめから反ドイツ・ナショナリズムを煽る恰好の宣伝材料としてまた徹底的に利用されたことも忘れてはならない。強かんが、事実、略奪・殺人とともに行なわれたケースにも無論事欠かなかったが、伝えられ喧伝されたドイツ軍による残虐行為の中でももっとも忌まわしい事例のひとつは、レイプに抵抗した女性の手を切断したというものであった（一九一四年八月一四日、フランス第四三軽歩兵連隊兵士報告）[17]。このイメージは宣伝によって次々に増殖され、撤退したドイツ兵が残していった背嚢の中から、ズロース、コルセットとともに指輪をつけた女性の切断された手が出てきた（一五年三月二五日オギュスティーヌ・G・L証言）、将来の兵士にならないように子どもの手が切断された（一五年五月二日、マリー・B、ヴューヴ・Mの証言、これは上述した件のリールでの）などの証言を引き出しながら、残虐なドイツ軍は婦女子の手を切断するというイメージが独り歩きすることにもなったのである[18]。侵入者ドイツ軍、「野蛮な」ドイツ人に対する住民の反感憤激を「動員」すべく、対敵宣伝の煽動効果を高めるためにも、性暴力犯罪の数例がこの第一次大戦のフランスの場合国家設置戦争犯罪委員会によって早速身の毛のよだつようなディテイルへと粉飾され拡大されたといえなくもない。そのことによってむしろ被害者個々人の真の被害状況や運命自体は顧みられることなく、プロパガンダのためにかえって道具化され、結局開戦最初の数カ月間にベルギー及びフランスでレイプ犯罪が実際にどれほど行なわれたのか、徹底して闡明《せんめい》されることはなかった、というのが実態であった[19]。

第一次世界大戦後の「戦争にかかわる諸責任を調査する」連合国委員会作成一九一九年三月二九

日報告書に見られる各種戦争犯罪計三六カテゴリーの中で、強かん、強制売春目的の婦女子誘拐は、それぞれ五番目、六番目にリスト・アップされている。[20] ところが、ドイツの戦争責任を規定したヴェルサイユ条約の条項とはことなってドイツ皇帝の追及は結局行なわれず、ドイツ人自らによるライプツィヒ国事法廷での戦争犯罪裁判においても俘虜の虐待・殺害、海戦法規違反（Uボートの無制限潜水艦作戦による連合国被害）に対する追及は行なわれたものの、性犯罪自体が具体的に追及されるにはいたらなかった。イギリスの戦時プロパガンダも、ドイツ帝国軍がベルギーの中立を侵犯したという事実のみならず、ドイツ軍兵士がベルギーの婦女子に対する暴行を重ねたということを喧伝強調していたが、第一次大戦の戦後処理状況の中で国際軍事裁判法廷設置が提起され戦争犯罪カテゴリーも種々吟味されリストアップされながら、結局実際の戦争犯罪追及は上記のような形でしかなされなかった。[21]

四、ニュルンベルク国際軍事裁判の問題点

第一次世界大戦に続いて第二次大戦で再び敗北したドイツに対する戦犯追及を目的とした「連合国戦争犯罪委員会」の一九四三年一二月二日の会議において第一次大戦後検討された戦争犯罪のカテゴリーが再吟味されたが、活動の基礎として採択された三三カテゴリーの内「強姦」は再びやはり第五番目に採り上げられている。[22] ところが、一九四五年八月八日、ヨーロッパ枢軸国の主要戦争

犯罪人を裁く国際軍事裁判のために定められた裁判憲章第六条b項「戦争犯罪」として各種列挙されている犯罪の中に、「強姦」を含め性犯罪にかかわるものは出てこないし、a項「平和に対する罪」、c項「人道に対する罪」の中にも見当たらないのである。もっとも、ニュルンベルク国際軍事裁判のあと、同じニュルンベルクで一九四六年一〇月から引き続いておこなわれた継続裁判のもとになった法「連合国管理理事会法第一〇号」の、(上記a・b・c項の犯罪構成要件をあらためて規定した)第二条のc項「人道に対する罪」には、rape (Vergewaltigung)「強姦」が再登場している。翻って、c項「人道に対する罪」の国際軍事裁判憲章と管理理事会法一〇号との連続性を勘案すれば、前者の憲章の「人道に対する罪」の中の「虐殺・殲滅・奴隷化・強制移送」に続く「その他の非人道的犯罪」には当然強かんも含まれていると考えてよいであろう。[23]

小論第二節の記述のところで、ニュルンベルク裁判に提出された看過しえない東部戦争関係ドキュメントについてはすでにいくつか引用をこころみたのであるが、実際の法廷の審理においても、ソ連代表の訴追に、ドイツ兵士の性暴力犯罪の酷さに関する言及が少なからず含まれていたことはいうまでもない。「無数の卑劣な暴力行為・凄まじい悪行、……分けてもファシスト・ドイツ軍将校兵士によって行なわれた女性たちに対する悪行によってソ連住民全体・赤軍の間にまきおこされた人民の怒りと憤激は際限のないものである」という外務人民委員モロトフの一九四二年一月六日の覚書[24]を引きながら、ソ連の首席検察官スミルノフは無辜の民間人に対しておこなわれた犯罪、なかでも女性たちに対しておこなわれた幾多の強かんと強制売春の酷さを告発している。もっとも、ドイツ軍将校「慰安所」の中ではきわめてよく知られていたスモレンスクのそれについては触れられているものの、上記犯罪がいつから行なわれ、どの部隊がそれにコミットしていたのかは具体的に明示されてはいない。二カ月間続いたドイツ軍のケルチ占領中に行なわれた犯罪に関するケルチ調査特別国家委員会は、「多くの女性・少女がゲシュタポの指令にもとづき残虐な方法で強姦され、その後ただちに殺害された」と述べている[25]が、上記モロトフの「ファシスト・ドイツ軍将校兵士」という表現に典型的なごとく、犯罪をおかした部隊兵士が国防軍所属なのか親衛隊隊員なのか警察の成員なのか、わからないケースがほとんどで、ニュルンベルク国際軍事裁判と並行して、ベラルーシのミンスクで四六年一月から開かれた対ドイツ人戦犯裁判において、一七歳のひとりの少女を殺害した第八親衛隊（SS）騎兵師団『髑髏』所属ハインツ・ヨアヒム・フィッシャー伍長の犯行が明確化されたような事例[26]は、むしろ珍しかったといえよう。ニュルンベルク裁判に提示された前記のような、ソ連女性たちに対する性暴力犯罪については、目撃証人の証言は存在しても、被害女性自身による証言はまずなかったというのが実情である。繰り返しになるが、強かん後殺害された場合がかなり多かったことも大きな一因であるが、生き残っても、親告罪という性格がやはり少なからず影響し、被害女性の具体的状況を解明するというところまではとてもいけなかったというべきであろう。[27]ニュルンベルク国際軍事裁判の裁判官も検察官もまた反対尋問を行なう弁護人もすべて男性であったことがやはり考慮されてしかるべきであろうが、強かんによって被害者が被った肉体的心的傷またショックがどんなに惨いものであるか、思いをいたすべくもなかったといわざるをえない。

もっとも、ジェンダーと戦争という観点からする性暴力犯罪の徹底的洗い出しに多くの欠損瑕疵が認められざるをえないにしても、例えば「この戦い（対パルチザン撲滅戦）においては、勝利のために（敵住民の）女性・子どもに対してもあらゆる手段を無制約に用いることこそ正しく、それは義務でさえある。どんな容赦もドイツ国民に対する犯罪である」というドイツ国防軍統合司令部長官カイテル元帥の一九四二年一二月一六日の命令と実際については、組織的な虐殺犯罪行為を実証していたのであり、こういったジェノサイド犯罪を究明したニュルンベルク裁判の重要な意義そのものは、けっして貶斥されてはならないであろう。

戦時性暴力をめぐる人道に対する罪の犯罪構成という観点から、さらに裁判を見なおしていった場合、どのような歴史的意義と制約が指摘できるだろうか。強制連行外国人労働者、とりわけ戦時下ポーランドやソ連から強制連行されてきた人びとや捕虜のケースについては部分的にやはり第二節で検討したが、そもそもドイツ人女性との性交そのものが禁じられており、最初のポーランド人犠牲者はザクセン・オルベルンハウで一九四〇年七月処刑されている。[28] こういったケースでは、ドイツ人女性の方も社会的に誹謗され、場合によっては強制収容所送りになった。[29] ドイツ人女性の名誉を自ら傷つけただけでなく、ドイツ人男性の名誉を汚したとされたからである。逆にドイツ人男性が外国人女性と親しくなった場合には、ほとんど処罰を恐れる必要はなかった。一方外国人女性の場合には、ドイツ人男性から関係を強要され暴力で強制された場合でも、強制収容所に入れられたのであった[30]。

しかも強制連行外国人女性やユダヤ系女性の場合には、軍の「慰安所」においてだけでなく、親衛隊用の「慰安」施設[31]、またさらには外国人強制連行労働者専用のそれ[32]において、性奴隷として働かされた女性たちも多かった。これに加えて、ニュルンベルク継続裁判で問題にされた強制中絶や強制不妊手術措置[33]まで視野におさめて見れば、「民族共同体」内外の「敵」、わけても女性に対して加えられた戦時下の性暴力の諸様相には、ナチ体制がおかした「人道に対する罪」の、標的にした人間集団全体に対する犯罪の組織的性格がくっきりと浮き彫りにされてくるのは明らかではなかろうか。

五、おわりに

以上の小考察から、なるほど戦争遂行の武器としての組織的強かんを立証しているというには明らかに無理があり、また戦時性暴力犯罪追及そのものにおいても被害女性、犠牲者一人ひとりへの配慮という点でさまざまな欠陥・限界をもっていたとしても、ニュルンベルク国際軍事裁判が、ナチ体制による女性に対する巨大な犯罪の追及をけっしてネグレクトしたわけではなかったことについては、いくぶんなりと明らかにしえたように思われる。また、当今ようやく意識されるようになった「軍、ジェンダー、ジェンダー関係、総力戦」という脈絡において、ナチ体制の犯罪行為を洞見し追及断罪してはいなくても、裁判は、前線・「銃後」双方の「逸脱」に対する措置がジェンダー間で扱いを異にしていた現実、すなわち、女性がより厳しい性モラル・性規範下におかれており、人種法適用の対象としても男性よりはるかに厳格な扱いを受けざるをえず、またそれだけもろにナチ体制の犯罪行為にさらされるという総力戦の歴史的現実の酷薄な諸断面を、ニュルンベルク裁判は、わけても「人道に対する罪」の追及と裁きの中にドキュメント化していたという点についても、ある程度示しえたのではないかと思われる。

ジェンダーに分かたれた人間に対するトータルな破壊と殺害の行為、ジェンダーを有する人間の人間性に対する攻撃・殲滅への指向が、長い非人間化のプロセスを経て可能になるとすれば、二〇世紀前半のドイツの人びとの歴史を貫流し刻印している、戦争と暴力と大量死の経験も無視できない重大な問題であるが、史上初のこの国際軍事裁判からも二一世紀に向かって今後なお学びとりうるものは少なくないのではなかろうか。

もとより、戦時性暴力の取り扱いをめぐるニュルンベルク裁判の意義と限界といっても、一二のニュルンベルク継続裁判まで含めた総体的な分析をおこなってはじめて全体的評価づけも可能になるといえる。本稿もその意味で国際軍事裁判に関する文字通りの小考にとどまっていることを最後におことわりしておきたい。

註

（1）ヘルケ・ザンダー、バーバラ・ヨール編著、寺崎あき子・伊藤明子訳『ベルリン・解放の真実――戦争・強姦・子ども』現代書館、一九九六年、三七頁。

（2）Kelly Dawn Askin, *War Crimes against Women. Prosecution in International War Crimes Tribunals*, the Hague 1997, S. 97.

（3）芝　健介『ヒトラーのニュルンベルク』吉川弘文館、二〇〇〇年。

（4）Richard J. Evans, *Rituals of Retribution. Capital Punishment of Germany, 1600-1987*, Harmondsworth 1997, S. 727.

（5）*Militärstrafgesetzbuch. nebst Kriegssonderstrafrechtsverordnung*, Berlin 1944(6. Aufl.). S. 1.

（6）Bundesarchiv-Militärarchiv, NSD 41/39.

（7）第二次世界大戦初戦の対ポーランド戦においては、ドイツ軍によるユダヤ系ポーランド人に対する虐待・強姦・略奪犯罪をめぐる軍法会議が開かれたこともあったが、マンシュタイン将軍（のち元帥）の場合、「そんなことにいったいいつまで時間を費やしているのか」と、軍法会議を牽制する趣旨のことを述べている。H. Krausnick/H.-H. Wilhelm, *Die Truppe des Weltanschauungskrieges*, Stuttgart 1981, S. 77.

（8）Birgit Beck, “Vergewaltigungen durch deutsche Soldaten im zweiten Weltkrieg” (als Vortrag der Tagung “Geschlechter-Kriege. Militär, Krieg und Geschlechterverhältnisse1914-1949” am 16. Oktober 1999 an der Technischen Universität Berlin). Cf. “Tagungsbericht” von Stefanie Schüler-Springorum (www.kgw.tu-berlin.de/zifg/events/tagalt.html); Andrea Roedig, “Frauen kochen, Männer schiessen” in: *Tagesspiegel* v. 19. Oktober 1999. 併せて参照、ザンダー／ヨール編、前掲書、八一頁。

(9) *Der Prozeß gegen die Hauptkriegsverbrecher vor dem Internationalen Militärgerichtshof Nürnberg vom 14. November 1945 - 1. Oktober 1946*. Amtlicher Text in deutscher Sprache, 42 Bde., Nürrnberg 1947-1949[以下、この裁判公刊史料は以下ではIMGと略記], XXXIV, S. 249-255, Dokumente 050-C, "Erlaß über die Ausbüng der Kriegsgerichtsbarkeit im Gebiet 'Barbarossa' und über besonderer Maßnahmen der Truppe", 13. 5. 1941, gez. vom Chef des OKW, Wilhelm Keitel.

以上の指令とそれに基づく犯罪行為が戦後はじめて世界の公知になったのはニュルンベルク国際軍事裁判を通じてであった。ニュルンベルク国際軍事裁判とそれに引き続いておこなわれたニュルンベルク継続裁判については、以下の芝の論稿三編、「ニュルンベルク裁判の構造と展開」アジア民衆法廷準備会編『問い直す東京裁判』緑風出版、一九九五年、「東京裁判とニュルンベルク裁判」五十嵐武士・北岡伸一編『争論・東京裁判とは何だったのか』築地書館、一九九七年、「何が裁かれ何が裁かれなかったのか」『講座世界歴史　二五　戦争と平和』岩波書店、一九九七年、参照。

(10) *IMG*, XXXVII, S. 374; Jürgen Förster, "Die Sicherung des Lebensraums", in: *Das Deutsche Reich und der Zweite Weltkrieg, Bd. 4: Der Angriff auf die Sowjetunion*, Stuttgart 1983, S. 1054ff.

(11) 芝健介『武装SS』講談社、一九九五年、一一〜一四頁。

(12) ザンダー/ヨール、前掲訳書、三七頁におけるイングリート・シュミット=ハルツバッハの指摘、参照。

(13) Günter Schwarberg, *Die Morderwaschmaschine*, Göttingen 1990, S. 9ff.

(14) ニュルンベルク裁判でも性暴力犯罪そのものが独立してあつかわれている事例は後述する*IMG*, Bd. VIIを除き、フランスやポーランドでの犯罪がいくつかとりあげられているにすぎない(II, VI)が、虐殺に帰結した残虐行為に強姦は多数含まれていたといわざるをえない。

（15）Bundesarchiv-Zentralnachweisstelle Kornelimünster, Bestand S. S 269, S. 22f.
コルネリミュンスターのこの文書館所蔵の軍法会議記録については、ビルギト・ベック女史から教えていただいた。記して感謝したい。

（16）Ibid., S. 226, S. 13f.

（17）Ruth Harris, "The 'Child of the Barbarian'; Rape, Race and Nationalism in France during the First World War", *Past and Present*, Nr. 141 (November 1993), S. 188.

（18）Ibid., S. 184-186; 池田徳眞『プロパガンダ戦史』中公新書、一九八一年、六二頁以下。

（19）西部戦線では、第二次大戦時よりもむしろ第一次大戦時のドイツ軍下のフランス住民の被占領状況の方が苛烈であったことを鋭く示唆するものとして、参照、平瀬徹也「第二次大戦と民衆」『歴史評論』四八四号（一九九〇年八月）。

（20）*Violations of the Laws and Customs of War, Reports of Majority and Dissenting Reports of the American and Japanese Members of the Commission on Responsibilities, Conference of Paris*, 1919, Pamphlet No. 32 (The United Nations War Crimes Commission, *History of the United Nations War Crimes Commission and the Development of the Laws of War*, London 1948［この史料は以下ではHUNWCCと略記］, S. 33-34.

（21）ライプツィヒで開廷されたこの戦犯裁判が、第二次世界大戦後のニュルンベルク裁判に与えた影響については、参照、芝前掲論文「何が裁かれ何が裁かれなかったのか」八〇頁。

（22）*HUNWCC*, S. 477.

（23）「人道に対する罪」の成立そのものについて、また国際軍事裁判憲章と管理理事会法第一〇号におけるこの犯罪カテゴリーの取り扱い方の異同についても、詳細は、本書、清水正義教授の論考を参照。またニュルンベルク国際軍事裁判とニュルンベルク継続裁判の実際の裁きそのものの比較については、注9の拙稿、参照。

(24) *IMG*, Bd. VII, S. 499.

(25) Ibid., S. 543.

(26) Manfred Messerschmidt, "Der Minsker Prozeß", in: Hannes Heer/Klaus Naumann (Hg.), *Vernichtungskrieg. Verbrechen der Wehrmacht 1941-1944*, Hamburg 1995, S. 560f.

(27) 第一次大戦後とことなり、今回はフランスでの性暴力犯罪のいくつかも裁判ではとりあげられたが、やはり生き残り被害者本人が出廷することはなく、虐殺ケースのような本格的な追及もなかった。

(28) Ulrich Herbert, *Fremdarbeiter*, Bonn 1986 (2.Aufl.), S. 381.

(29) *IMG*, Bd. XXXI, S. 500ff.

(30) Herbert, a.a.O., S. 128. 強制収容所における性暴力については、参照、クリスタ・パウル著、イエミン恵子・池永記代美・梶村道子・ノリス恵美・浜田和子訳『ナチズムと強制売春』明石書店、一九九六年。

(31) ポーランドやフランスのSS専用慰安所については、親衛隊全国指導者兼ドイツ警察長官ヒムラーと、親衛隊大将フリードリヒ＝ヴィルヘルム・クリューガーとの間、また親衛隊・警察全国医師会会長兼赤十字ドイツ代表で親衛隊中将・大学教授エルンスト＝ローベルト・グラーヴィッツ博士との書簡のやりとりの中でも露骨に言及されている。Cf. Helmut Heiber (Hg.), *Reichsführer!..... Briefe an und von Himmler*, München 1970, S. 156f, 161f, 220 u. 224f.

(32) 関係資料は、国際軍事裁判にも提出されたが、より詳しい本格的な問題の追及は、国際軍事裁判後の継続裁判、とりわけイー・ゲー・ファルベン・ケース等、奴隷労働を利用した企業裁判においてなされたといえる。Cf. Bericht v. Oktober 1942, NI 2550, Fall VI (I.G.Farben), Anklage-Dokumentenbuch 68; Herbert, a.a.O., S. 203ff, 218 u. 293.

(33) Gisela Bock, *Zwangssterilisation im Nationalsozialismus*, Opladen 1986, S. 438ff.

第3章　戦時性暴力と東京裁判

内海愛子

一、日本軍と軍紀

戦争には性暴力がついてまわる。しかし、帰還し、家庭にもどった兵士たちが、その体験を公の席で証言することは少ない。人を殺すことは、戦争だから、戦場だったからと説明できても、強かんには正当化の理由はない。兵士たちの間で隠語などを使ってひそやかに語られてきた性暴力や「慰安婦」の実態が、戦後五〇年をへた今、少しずつ明らかにされてきた。

一九九九年一二月一二日、早稲田大学国際会議場でＶＡＷＷ－ＮＥＴ Ｊａｐａｎ（バウネット・ジャパン、「戦争と女性への暴力」日本ネットワーク）主催の国際シンポジウムが開催された。その前日、中国で戦った元兵士が戦場における性暴力の加害体験を赤裸々に語った。(1)

慰安所は一回一円五〇銭だった。一等兵が月に八円八〇銭、そのうち五円は天引きされるから三円八〇銭しか残らない。カネがない兵隊は慰安所なんかにはいけなかった。そのかわりに中国人の女を捕まえてきては強かんした。慰安所は、兵長とか古年兵はともかく、初年兵などが行けるようなところではなかった。カネの問題もあるけど二等兵が慰安所へいくなど生意気だというんで……。ほとんど古年兵が行った。私らがたとえ、行けたとしても時間は十分足らず。交代交代で……。ほとんど裸の姿で兵隊が列をつくって待っている、それは皆さんの前では口にできないようなすさまじい光景だった。慰安所にも行けない兵隊たちは、強かんした。強かんしても上官や部隊長は軍法会議にはほとんどかけない。自分の成績が悪くなるからね。これを知っていたので、われわれは夜になると出かけていた。わたしも八人で輪かんしたことがあった。八人目になるともう女性は昏睡状態だったね。

一九四三年、中国山西省で部隊を巡回する朝鮮人「慰安婦」の護衛にあたっていた元兵士の話は、戦地における慰安所と強かんの構図を示していた。朝鮮人女性を主体とした「慰安所」の管理された組織的性暴力、その外側にむき出しの暴力による大規模な中国人女性への強かんがあった。中国における戦時性暴力は、「慰安所」と強かんがセットになって広がっていたのである。その「慰安所」も軍が管理する常設のもの、彼が護衛の任にあたった「巡回慰安婦」の到着を待って臨時に開設されたもの、民間業者によるものなどがあった。

この証言者と似かよった体験を記述した日記がある。樋口三代吉の日記は、一九三八年(昭和十三)年四月揚子江崇明島で、警備の任についていた日を次のように記している。[2]

四月十一日の六

今日あたりから崇明にも廟鎮にもP屋が出来るはず。「おい、きれいなクーニャンが十五人ばかり、大隊本部に入ってったよ」と報告しに来た者がいたが、兵隊も金を出す段になると、行き渋るだろう。

四月十一日の七

人を殺そうと思えばいくらでもその機会はある。クーニャンを犯そうと欲すれば、いくらでもその機会は与えられる。内地では絶対に禁止されている極端な快楽が、戦地では半ば公然と、しかもただで許されているのだ。上も下も、荒んだ気持ちの鬱を専らここで晴らしている感がある。

(略)

四月十二日の一

兵隊は半ばヤケになっている。今度戦闘があったらバリバリやってやる。その代わり、いまより徹底的に強盗もやる。強姦もやる。殺人もやる。火付けもやる。どうせ命も捨てる人間、という気持ちが非常に強い。兵隊は戦争にあきあきしているが、頭の悪い、自己の功名心にのみ燃えている師団長級の者は、一戦でも余計に頑張って、自分の功績を増やそうと思っているらしい。

中国戦線の兵士たちの間で、掠奪・強かんが特別なことではなかったことが伺われる。日本軍の陸軍刑法（明治四一年四月九日　法律第四六号）には、殺人、掠奪・強姦を処罰する規定があった。掠奪は一年以上の罪であり、この時「婦女を強姦したるときは無期又は七年以上の懲役に処す」とある（第九章第八六条「掠奪の罪」）。しかし、強かんのみの場合は、陸軍刑法ではなく、一般刑法による強姦罪が適用された。しかも、これは親告罪、すなわち被害者の告訴がなければ処分できないものであった。

だが、これらの法規では処罰しきれないほど、軍紀に違反する犯罪が多発していた。一九四〇年（昭和一五年）の「法務部長等会同席ニ於ケル陸軍大臣口演要旨抜萃」のなかには、「軍に於ける犯罪は依然減少しあらず就中上官暴行、抗命、逃亡等の軍紀犯牘職強姦盗犯等破廉恥罪多発しあるは遺憾に堪へず是等事件処理の適否は軍紀に及ぼす影響蓋し大なるものあり」と言及している。[3]

陸軍省法務局長だった大山文雄が、極東国際軍事裁判所（International Miritary Tribunal for the Far East, IMTFEと略、以下、東京裁判と称す）の国際検事団（International Prosecution Section, IPSと略）に「軍法会議処刑人員表」を提出している。同表によると、陸軍刑法と刑法による軍法会議・軍律会議による処罰は次の表3-1のようになっている。[4]

先の証言や樋口日記から考えても、軍法会議での処罰率は極めて低い。数字の裏には、上官が報告しないという事実が考えられる。掠奪、強かんの多発、それを黙認する上官、その黙認のなかでのまた掠奪、強かん——その悪循環のなかで悪質軍紀犯が多発したといえるだろう

二、陸軍刑法の改正

悪質な軍紀違反に対処するために、一九四二（昭和一七）年二月二〇日に、陸軍刑法が改正された。改正にあたった法務局は「陸軍刑法中改正法律案質疑応答資料」を作成している。その「応答」の中に、こうした改正が「軍紀厳正世界に冠たる帝国軍の規律を疑はしめ内外に亘り悪宣伝に利用せらるる虞なきや」との設問がある。これに対して次のような回答を用意している。(5)

支那事変勃発以来軍は相次ぐ動員編成に依り其の包容する人員激増し性格、能力、体力等に於て種々雑多な者を迎へ中には素質低劣の者、教育不十分なる者を免れず遺憾ながら抗命、上官暴行殺傷強姦等の罪を犯す者も相当の数に上っているのであります。

陸軍刑法を改正せざるを得ない状況が起こっていたのである。なお、この問答の頁にだけは「秘密会要求」とある。

表3-1　軍法会議処刑人員表

年	根拠法	陸軍刑法		刑　法	処刑者の合計
	罪名 陸軍兵力	掠奪（強姦・傷人致死）	掠　奪	強姦・同致傷	
38年	95万	7人	193人	150人	2107人
39年	113万	15人	177人	154人	2913人
40年	124万	4人	138人	128人	3119人
41年	135万	2人	90人	63人	3204人

注）1938年は「支那事変」発生（1937・7・7）から同年12月まで、兵力は第一復員局保管文書「陸軍兵力概見表」。なお、1935年は38万人、36年40万人、37年45万人。

法改正によって「第九章第八六条『掠奪の罪』は「掠奪及び強姦の罪」へと改正され、「戦地又は帝国軍の占領地に於て婦女を強姦したる者は無期又は一年以上の懲役に処す」（八八条の二）の条文が付け加えられた。しかも、非親告罪と変わっている。被害者だけでなく、その目撃者などが犯罪事実を告発することが可能となった。法務局は、「八八条の二」を新設した理由として「戦地又は占領地に於ける強姦は国内に於けるものと著しく其の事情を異にして之が頻発は軍の威信を害すること大である」。そのため「強姦を非親告罪として必罰し得る如くすると共に刑の範囲を広め罪刑の適正を期せむとした」と説明している。[6]

陸軍は、強かんの多発事態を把握していた。その対策として行なわれたのが陸軍刑法の改正である。だが、悪質な軍紀違反は、すでに南方の占領各地でも多発していた。上海、台北、サイゴンをへて、昭南（日本軍占領後のシンガポールの呼称）、バタビア（のちに日本軍はジャカルタと改名）、スラバヤ、マニラを視察して帰った大山文雄は、占領から半年あまりの間での南方における犯罪発生状況を次の表3-2のように報告している。[7]

軍法会議での処理人数は少ないが、その中でも「最も多発せるは強姦にして掠奪之に亜ぎ軍用物棄毀第三位を占」めていた。大山は、「戦地に於ける強姦、掠奪は軍紀上又作戦遂行上嫌忌すべき所にして之が防止に付ては各軍司令官に於て特に留意せられあるも戦場の特殊心理、徴発と掠奪との混淆等に依り多発したるものと認めらる」と分析している。

これらの犯罪の要因の一つとして、大山は「支那事変経験者中に発生し易く既往の悪影響を受けあるもの少からざること」を指摘している。「支那事変」における軍紀の乱れが、南方での軍紀に影響を及ぼしていたとの分析である。

東京裁判の判決文中にも、「戦争に参加した軍人を一々調べたら皆殺人、強盗、強姦の犯人許りだろう」、「約半年に亘る戦闘中に覚えたのは強姦と強盗位のものだ」など中国戦線の帰還兵の証言が引用されている[8]。日本軍の軍紀の乱れは中央の統制がきかないところまできていたが、陸軍刑法の改正後も、強かんで処罰された者は極めて少ない[9]。

日清・日露戦争で、日本は戦時国際法を意識し、捕虜を優遇したといわれる。だが、国際法の遵守を唱い、捕虜を優遇した日本は、一方で住民虐殺をおこしていた[10]。規模とその件数こそ後の中国侵略段階に比べて小さいが、住民虐殺はすでに日清戦争から始まっていた。日本が、「陸戦の法規慣例に関する条約」(ハーグ条約)を批准したのは、一九一一(明治四四)年一一月六日である。同条約の第四六条には、「家の名誉及び権利、個人の生命、私有財産並びに宗教およびその信仰及その遵行はこれを尊重すべし」とある。また、第四七条「掠奪はこれを厳禁す」と定められている。直

表3-2　南方占領地における軍法会議処理人数

軍法会議	期　　間	処　理	未　決	合　計
総軍	昭和16.12. 1～17. 6.30	41人	1人	42人
14軍	16.12.27～17. 7.21	119	133	252
15軍	16.12. 1～17. 7.15	44	15	59
16軍	17. 2. 4～17. 7.14	73	12	85
25軍	16. 7. 8～17. 7.10	192	14	206

接、強かんを厳禁した文言はないが、先の四六条が、間接的にこれを禁止した条文と読むことができる。

ハーグ条約を批准していたのにも関わらず、中国を侵略した日本軍の軍紀は乱れ、戦争法規に違反する行為が飛躍的に増加したのである。これが、大山の指摘にもあるように太平洋戦争の段階にも悪影響を及ぼし、占領地で捕虜や非戦闘員への犯罪が多発したのである。連合国は、戦争の終結をまたずにこうした日本軍の戦争犯罪の調査を開始していた。

三、戦争裁判への道

一九四五年八月一四日、日本は連合国に「ポツダム宣言」の受諾を通告し、アジア太平洋戦争は終わった。日本の無条件降伏である。連合国の降伏条件の一つに、戦争犯罪人の処罰がある。

「（前略）吾等の俘虜を虐待せる者を含む一切の戦争犯罪人に対しては厳重なる処罰を加えらるべし（後略）」（第十項）

ナチス・ドイツの戦争犯罪について、連合国は戦争が終結する前から検討していた。一九四二年一一月一三日、ロンドンでヨーロッパの亡命政権九カ国の代表が参加する「歴史的な会議」が開かれた。ここで採択された「セント・ジェームス宮殿における宣言」では、占領地において一般市民に行なった暴行は、政治犯罪であること、裁判によってこれらの犯罪者を処罰することを主要な戦争目的のなかに入れること、国際連帯の精神においてこれらの犯罪に責任がある者については、その国籍がいずれであっても、捜索し裁判に付して、判決を下すこと、その判決を執行することが決定された。中華民国政府もこの原則を受諾している。(11)

一九四三年一〇月三〇日には、「ルーズベルト大統領、チャーチル首相及びスターリン首相により署名された残虐行為に関する声明書」いわゆる「モスクワ宣言」が発表されている。この宣言が、念頭に置いていたのはナチスの残虐行為であった。これら三国は、戦争犯罪とくにナチスの戦争犯罪についての調査と国家指導者の法による処罰について検討を重ねてきた。同年一一月一日に新聞発表された「残虐行為に関する声明」には、ドイツ軍の将兵およびナチ党員は処罰されるべきである、戦争犯罪を犯した者をその現場に送って、その国民によって裁判をされるべきであると述べられており、ナチの残虐行為に厳しい姿勢で望むことが声明されている。従来の戦争犯罪を処罰することと、国家指導者の責任追及の原則が、三者の間で合意されたのである。

声明に先だって、一九四三年一〇月二〇日にロンドンで開かれた連合国の外交団会議では、連合国戦争犯罪委員会（The United Nations War Crimes Commission　UNWCCと略）の設置が合意されている。中国、オーストラリア、アメリカ、ニュージーランド、インドなど十七カ国によって構成されたUNWCCは、一九四四年一月に第一回の会合を開いた。だが、この段階では組織や手続についての細則はつくられていなかった。

同年五月、中国大使の提案で中国の重慶に極東小委員会が設置された。一一月二九日、重慶で開かれた分科会では、戦争犯罪の証拠資料の収集、各国戦争犯罪人名簿の調整などが決められており、日本人戦犯リストの作成も始まった。捜査・起訴などの執行権はもたなかったが、先の元兵士たちの証言にあるような、掠奪や強かんなどの戦争犯罪の調査を行なっていた。実行犯だけでなく、その犯罪を黙認していた部隊の指揮者など、軍上層部も戦犯容疑者としてリストアップされている。戦争犯罪の調査は、太平洋戦争段階からではなく、中国侵略の段階からが対象となっている。

「ポツダム宣言」に戦争犯罪人処罰の条項が設けられた背景には、ナチスの戦争犯罪を処罰しようとしたこうした連合国間の動きがあった。日本の降伏が目前の一九四五年八月八日には、米英仏ソの四国は、「欧州枢軸諸国の重要戦争犯罪人の訴追及び処罰に関する協定」(ロンドン協定)を締結している。協定は、「特定の地理的制限を有しない犯罪を犯した戦争犯罪人の裁判のため、ドイツ管理理事会と協議の上、ここに国際軍事裁判所を設立する」(第一条)と定めている。詳細は付属の条例で定められ、次の行為に個人責任が成立すると定めている。[12]

・「平和に対する罪」——侵略戦争の計画、準備、開始、遂行に対する犯罪
・「戦争犯罪」——一般人民の殺人、虐待など戦争法規または慣例に違反した通例の戦争犯罪
・「人道に対する罪」——一般市民に対する殲滅、奴隷化など非人道的行為の罪

これらの戦争犯罪概念のうち「平和に対する罪」と「人道に対する罪」は「事後法」ではあるが、

ナチの戦争犯罪が「通例の戦争犯罪」では裁ききれないことから、新たに設けられたものであった。東京裁判にも、この二つの犯罪概念が導入され、ニュルンベルク裁判と同じく三つの罪が適用されたのである。だが、日本に対して、連合国とくにアメリカがどのような姿勢で臨むのか、ドイツと似たような取り扱いが予想されたものの戦争裁判、戦争犯罪の規定などの詳細は決まっていなかった。

連合国軍総司令部は、日本占領直後から戦犯逮捕の活動をはじめ、九月には、東条英機ら重大戦争犯罪人と捕虜虐待の容疑者が逮捕された。「降伏後における米国の初期の対日方針」（九月二二日発表）では、戦争犯罪人が逮捕され、裁判で有罪になった時には処罰されることが明らかにされている。日本軍の戦争法規違反などの行為が、国際裁判で裁かれることになったのである。[13]

四、連合国戦争犯罪委員会の戦犯調査

一九四五年八月、連合国戦争犯罪委員会極東・太平洋小委員会（The United Nations War Crimes Commission Far Eastern and Pacific Sub-Commission）は、戦争犯罪の性格を詳しく説明する文書を作成した。そこには、日本軍の残虐行為は慎重に計画され、組織的に行なわれたものであるとある。その文書は厳しいものであった。[14]

一般住民たちは、無情にも拷問にかけられ、冷酷にも殺害され、虐殺された。強姦、拷問、掠奪ほかの蛮行が起こった。戦争の法規および慣例があるにもかかわらず、そして日本人自身がその遵守を保証したにもかかわらず、連合国の捕虜や国民は、自分たちを皆殺しにしようとする野蛮な処遇や恐るべき非道行為を組織的に受けたのである。

これらの犯罪的計画の立案または実行に参加した者は、行なわれた各犯罪について例外なく責任を負うこと、またお互いの行動について責任を負うという規則も記されている。そのため、戦場の司令官だけでなく、東京も残虐行為の責任があったというのが、連合国の理解である。

「戦犯と重要証人リスト」(List of Criminals and Material Witnesses) が作成された。表紙には、ここにリストアップされた戦犯と重要証人のリストにもとづいて、連合軍はただちにこれらの人物を逮捕あるいは拘留をしなければならないと記されている。これらの人物は、起訴をするのに十分な証拠がある、あるいは証拠が集められると、小委員会が確信した人物である。一人一人の人物について、リスト作成の時点で手元にある証拠によって、A-1・A-2・Bに分類されている。(15)

A-1　実際に戦争犯罪を犯した者として、起訴できるだけの十分な証拠がある人物の場合

A-2　戦争犯罪を助長したり容認したり、あるいは戦争犯罪に対して責任があることを何らかの方法で証明できる人物で、UNWCCが、戦争犯罪に関係していたとして起訴できる十分な証拠がある将兵・軍属の場合

B　A-1・A-2にはなっていないが、戦争の終結後に当局が重要証人として尋問を行なう必要のある敵国人あるいは敵軍の将兵・軍属の場合

リストには、名前・階級・部隊・戦争犯罪・戦争犯罪が行なわれた日時と場所・戦争犯罪関与の分類が記載されている。「戦犯と証人リスト」のなかから、強かんに関わったとされる者をリストNo.1からまとめたのが表3-3（次々頁にNo.1、No.2、5、6は巻末資料3-iを参照）である。

UNWCC極東小委員会による「戦犯と重要証人リスト」

・リストNo.1＝一九四五年八月作成。リストに掲載されている戦犯容疑者数は一二七人。このなかで、「レイプ」との項目があった者は二一人である。リストには、一九三八年から四四年までの間、中国でレイプを行なった二一人の名前がある。二一人のうちA-1は一二人、A-2が六人、Bが三人である。このうちレイプのみはカテゴリーBの一人である。他は掠奪などほかの戦争犯罪との組み合わせで容疑事実が固められている。後宮淳南支那方面軍軍司令官がリストにあげられているように、師団長・司令官など軍上層部の責任が重視されていたことがわかる。

・リストNo.2（以下のリストは巻末資料参照）は、一九四五年九月付で発表されている。一二九人の名前があり、三五人にレイプの戦争犯罪容疑がある。A-1は二七人、A-2二五人、B三人である。

・リストNo.3は、一九四五年九月付である。リストには「主要な地位にいた者」八九人があげら

れている。個々人について、戦犯として起訴するために拘留理由を明らかに出来る十分な証拠がある者となっている。リストNo.1に名前があがっている後宮淳の名前も見えるが、一人一人の人物の戦争犯罪の内容の記載はない。

・リストNo.4は一九四五年九月付である。「主要な地位にいた者」の四一人の第二のリストである。No.3と同じく戦争犯罪の内容の記載はない。

・リストNo.5は一九四五年一〇月付で発表されている。未遂二件を入れて三五人がレイプ容疑者として挙がっている。A‐1が一五人、A‐2が六人、Bが一五人である(一人でA‐2とBの二つの分類がついている容疑者がいるが別個に計算している)。阿南惟幾や寺内寿一の名前もリストアップされており、指揮者の責任を追及しようとした連合国側の方針が見てとれる。

・リストNo.6は一九四五年一〇月付で発表されている(SEAC Theatre、容疑者リストNo.12にも同じNo.6が収録されている)。二二〇名の名前と一一人の人物不詳、計二三一人のリストである。一三一人のうち四三人がレイプおよびその未遂である。A‐1が三八人、A‐2が四人、Bが一人である。板垣征四郎などの名前があげられている。

・リストNo.7=一九四五年一〇月付。二〇一人の名前、一七人の人物不詳、計二一八人分のリストだが、レイプに関係した者の名前はない。ソ連軍捕虜、イギリス軍捕虜や抑留者への虐待、殺人が戦犯容疑の中心になっている。市民への虐待などはあるが、レイプの容疑者はいない。

中国での調査から太平洋戦争における調査に移ると、戦争犯罪調査の中心が、レイプや掠奪か

46.	MATUI, Takuro	第6師団長（注・第5師団長の誤り）	B
	（松井太久郎）	殺人・大虐殺・レイプ・強制労働	
		1938年5月15、18日 1940年6月23日 宿県 安徽省	
47.	MASAMURA	Pei Yuan守備隊の上級曹長	A-1
	（増村）	殺人・強制労働・レイプ・拷問・押収	
		1942年6月1日、10月1日、1943年5月8、19日 瑞昌、江西省	
61.	NAKAJIMA, Konchogo	第16師団長	A-2
	（中島今朝吾	レイプ、wantonの破壊と財産の荒廃	
	注・なかじまけさごのこと）	1937年11月　Nu. Ching, 江西省	
64.	NAKAMURA	不明	A-1
	（中村）	殺人・大虐殺・レイプ・強制労働	
		1938年5月16、18日、1940年6月23日 宿県 安徽省	
67.	NAKAYAMA, Jun	第14独立混成旅団長	A-1
	（中山淳）	殺人・大虐殺・拷問・レイプ・収容・強制労働・捕虜虐待	
	注・なかやままことのこと）	1942年7月8日、9月4、17日、12月14、15日、1月8、23日、3月7日、4月6日、9月6日、12月3、17日 Sing Tze, 江西省	
72.	OGA, Shigeru	第34師団長	A-2
	（大賀茂）	殺人・大虐殺・拷問・レイプ・掠奪・財産の荒廃・破壊	
		1942年8月7日 Yu Kan, 江西省	
74.	OKADA, Ishisuke	Matui Yoichi中尉指揮下の分隊長	A-1
	（岡田石右）	殺人・レイプ・財産破壊	
		1942年9月12日 Yin Cheng, 湖北省	
75.	OKAMOTO	日本の武装した兵士	A-1
	（岡本）	殺人・レイプ・財産破壊	
		1942年7月19日 Ku Ling, 江西省	
79.	ONO	不明	A-1
	（小野）	殺人・大虐殺・レイプ・強制労働	
		1938年5月16、18日、1940年6月23日 宿県 安徽省	
97.	TAKASHIMA	第6師団	A-1
	（高島）	殺人・大虐殺・レイプ・強制労働	
		1938年5月16日、18日、1940年6月23日 宿県 安徽省	
105.	TAZAKA	第34師団歩兵小隊長	A-1
	（田坂）	殺人・大虐殺・拷問・レイプ・掠奪・財産破壊	
		1942年8月4－7日 Yu-Ken, 江西省	
116.	YAMAMOTO, Mitup	第三師団長	A-2
	（山本三男	誘拐・殺人・大虐殺・掠奪・レイプ・強制労働・Wantonの荒廃と破壊	
	注・pはoの誤りと思われる）	1944年7月1、28日 Lo Kow, Li Lin, Siang Hsiang, Shao Yang, 湖南省	

表1-3　UNWCC極東小委員会による「戦犯と重要証人リスト」 No.1

＊1945年8月作成。日本名の漢字表記は資料に記載されたもの。

番号	名前（漢字）	ランク／戦争犯罪の内容／犯罪が犯された時期・場所	容疑の種類
5.	ATOMIYA, Jun（後宮淳 注・うしろくじゅんのこと）	南支那方面軍司令官	B
		殺人、レイプ、拷問・掠奪・財産破壊・宗教建物の破壊・漁船の破壊	
		1941年4月4日、4月28日　福州 1941年7月11日、4月22日、5月8日、7月15日、6月9日、6月12日、9月27日、4月24日、4月19日　福州 1941年4月10日　Shi Er Chiao	
11.	HAN, Takeo（伴建雄）	第34師団長	A-1
		大虐殺・拷問・レイプ・強制労働	
		1943年9月　Lin Li　湖南省	
16.	HIRAI（平井）	不明	A-1
		大虐殺・レイプ・強制労働	
		1938年5月16、18日、1940年6月23日　宿県 安徽省	
22.	IKEDA, Tatsu（池田竜）	池田竜支隊長	B
		レイプ	
		1939年2月　Muang Pi　湖北省	
30.	ITO, Kiyotake（伊藤清建）	第18師団114大隊長	A-2
		殺人・拷問・レイプ	
		1940年12月13日　Bias Bay, 広東省	
33.	KANAWARI, Takeshi（金栃武）	歩兵中隊長	A-1
		レイプ・殺人	
		1942年6月14日　奉新県　江西省	
34.	KANDA, Masamoto（神田正種 注・かんだまさたねのこと）	第6師団長	A-2
		殺人・大虐殺・拷問・レイプ・誘拐・強制労働・掠奪・詐欺・財産の破壊・病院の爆撃	
		1942年5月11日、6月5、6、11、12、20、30日、7月3、11、14、15日、1943年6月19日　九江地区、Lin Chuan、南城県、江西県、貨容、湖南省	
37.	KAWADA（川田）	川田部隊の守備隊長	A-2
		殺人・レイプ	
		1939年7月2日 廣西省、1939年9月 浜江、廣西省	
42.	MATSUDA（松田）	日本の警察官	A-1
		殺人・レイプ・財産押収	
		1942年7月10日　庫陵、江西省	

ら捕虜虐待の容疑へとうつっている。

レイプに関係したと思われる者一四四人の名前が挙げられているこれらのリストを見ると、中国における強かんの実行犯、部隊の責任者・軍上層部の責任が調査されていたことがわかる。執行権はもたないものの連合軍戦争犯罪委員会は、長年にわたる中国での日本軍の戦争犯罪行為を調査していた。敗戦後の中国（中華民国）裁判では、強かん四九人、売春強制三人、婦女誘拐一人が裁かれているが、極東・太平洋小委員会の調査結果との関係は今後の研究をまちたい。(16)

五、東京裁判で問われたこと

連合国軍最高司令官マッカーサー元帥（Douglas MacArthur）は、一九四五年一二月までに東条英機ら一〇〇人を越す戦犯容疑者の逮捕を指令する一方、国際裁判への準備を進めていた。先の「ロンドン協定」にもとづきドイツと同じように国際軍事裁判所を設立して、指導者の個人責任を問おうとしたのである。

一九四六年一月一九日、マッカーサー元帥は極東国際軍事裁判所設立に関する「特別宣言」を出した。日本の戦犯の処罰は、連合国軍最高司令官の命令として行なわれるものであり、この点、アメリカ、イギリス、フランス、ソ連の四国の協定によるニュルンベルク裁判とは異なっていた。しかし日本は、戦争犯罪人処罰の条項を含む「ポツダム宣言」を受諾しており、それは「連合国の裁判に付されることの承諾を意味していた」のであり、裁判の法的根拠は「日本と連合国との国際法上の合意」によるものであった[17]。東京裁判は、連合国十一カ国が日本の重大戦争犯罪人を裁いており、「ロンドン協定」による「通例の戦争犯罪」、「平和に対する罪」、「人道に対する罪」の三つの罪が審議の対象となった。

一二月八日には、国際検察局が設置された。検察官は十一カ国から構成され、一九四七年には四八七人を数えているが、アメリカ人が圧倒的多数であった。IPSは、「侵略戦争を計画し準備し開始しかつこれを実行」した「犯罪的軍閥」に支配されていた時期（一九二八年一月一日から一九四五年九月二日）を、起訴の対象としたことから、被告人二八人は東条を中心とした陸軍軍人が大多数を占めている。

一九四六年四月二九日、キーナン（Joseph B. Keenan）首席検察官は、裁判所に起訴状を提出している。起訴状で、キーナンは、「文明に対して宣戦を布告」した被告たちの責任を追及した。検察の起訴は、侵略戦争を計画し、準備し、開始しかつこれを実行した者の責任、この追及に主眼が置かれた。民間人への虐待は、侵略の実態の証明、および責任追及の過程で取り上げられ、性暴力もこの過程で証言されている。提出された検察側の書証は、一号から二二八二号にまでのぼった。

起訴の訴因は五五項目、これが三類に分かれていた（巻末資料3-ii参照）。一類は検察側が最も重視していた「平和に対する罪」である。この中が、侵略戦争の共同謀議、侵略戦争の計画準備、侵略戦争の開始、侵略戦争の遂行に別れている。第二類「殺人罪」、第三類「通例の戦争犯罪及び人道に対する罪」である。これら三類すべてに、「共同謀議」が適用されている。

「共同謀議」というのは、「違法な行為、あるいはそれ自体適法な行為を違法な方法で行なおうという二人以上の者の合意」と定義される英米法独特な法理論である。検察は、一九二八年一月一日から一九四五年九月二日までの約十七年八カ月の日本の政策を、「共同謀議論」で説明しようとしたのである。

性暴力との関連では、第二類「殺人」と第三類「通例の戦争犯罪および人道に対する罪」の訴因五三・五四・五五が問題となる。この第三類では「通例の戦争犯罪」と「人道に対する罪」が区別されていない。また、この訴因の起訴は、一九四一年一二月七日から四五年九月二日までの期間であるが、中国に関しては一九三一年九月一八日以降が対象となっている。

訴因五三は、作戦地の軍司令官、陸軍省職員、捕虜と軍抑留所の管理者、憲兵などに、連合国捕虜や軍抑留者に対して戦争法規違反行為を行なうことを命令、許可する共同謀議である。だが、この訴因は、判決では認定されていない。

訴因五四は、訴因五三での違反行為の実行の命令、許可などである。

訴因五五は、訴因五四の違反行為に対する職務上の法的な防止義務を故意または過失によって無視したとの、不作為責任による戦争法規違反である。途中で免訴になった大川周明と白鳥敏夫をのぞく二六人の被告全員にこの訴因がついている。

二年余におよぶ審理で、法廷で受理された書証は供述書を含めると四四三六通、約九〇〇〇万語、出廷証人は四一九人におよんだ。日本の侵略戦争の「共同謀議」の立証に、膨大なエネルギーが費やされたのである。しかし、裁判の柱のひとつである「人道に対する罪」の概念は、途中でぼやけ、判決では「通例の戦争犯罪および人道に対する罪」と一括された。

「ユナイティッド・プレス」(UP)の記者として東京裁判を取材し続けたA・C・ブラックマン(Arnold C. Brackman)によると、証言では捕虜の虐待が多く取り上げられ、斬首が強調された。また、数え切れないほどの集団強かんの報告も取り上げられた。「斬首より悪らつな集団強姦などというものが存在するのであろうか。私が聴いたIMTFE提出証拠によれば、その答えは明らかにイエスであろう」と述べている。かれは集団レイプのもっとも痛ましい例として、一九四五年二月九日にフィリピンのマニラで起きたベイ・ビュウ・ホテルでの集団強かん事件をあげている。[18]

法廷での審理の流れのなかで性暴力が、どのように立証されたのか、法廷の日誌を追いながら南京事件とフィリピン占領の場合を見ておこう。

六、法廷での証言

検察の主張

一九四六年五月三日に裁判が開始し、六月四日に、検察側の立証段階が始まった。国家の名において犯罪を行なった人間の個人責任が取りあげられていく。IPSの起訴状は次のような構成となっている。

1. 日本の憲法法律（六月一三日～）
2. 戦争に対する与論の醸成・宣伝（六月一七日～）
3. 満州部門（七月一日～）
4. 中国における侵略の立証が開始（八月六日～）。マイナー・サール・ベーツ博士（Miner Searle Bates）などの南京事件の立証が行なわれ、八月一六日・一七日には法廷でマギー牧師（John G. Magee）の生々しい証言が行なわれた。八月二九日～三〇日は、日本軍の残虐行為の立証である。
5. 麻薬および阿片問題（九月三日～）
6. 中国・満州にたいする経済侵略（九月六日～）
7. 独伊との共同謀議（九月一九日～）
8. ソ連との関係（一〇月七日～）
9. アメリカおよびイギリスとの関係（一一月一日～）
10. オランダとの関係（一二月三日～）
11. 南方諸地域の経済的開発のための立案（一二月五日～）
12. 日本軍の蘭領印度占領（一二月六日～）

13. フィリピンにおけるBC級戦犯行為（一二月一〇日）占領直後の強かん・殺人の証言が続いた。[19]
14. 日本軍の残虐行為――戦争法規に慣例に対する違反の立証（一九四六年一二月一六日〜）[20]
検察側の立証段階で性暴力に関する証言は、南京占領、フィリピン占領での日本軍残虐行為の立証過程に集中しており、蘭領印度・仏印占領段階でも一部取り上げられている。

南京段階

一九四六年八月から始まった南京段階では、外科医ロバート・O・ウイルソン医師（Robert O. Wilson）が二人の中国人女性が強かんされ、またされようとしていたこと、一五歳になる少女が強かんされ約二カ月後に梅毒の腫れ物の症状が出ていたと証言した。[21]

南京大学を卒業し、イリノイ大学文学博士の許伝音鉄道省官吏は、女性にたいする日本兵の行動はさらに悪いものであり、「文明の世界に於ては到底夢想だに出来ないような程度のものでありました、日本兵はそうして女が非常に好きで、信ずべからざる程の女に対する嗜好を示して居りました」と証言した。また、許証人は、テーブルの上に一四歳と一七歳の女性が強かんされた後の血が流れていたのを見たとも証言している。[22]

続いて、尚徳義、伍長徳、陳福寶が日本兵による殺戮を証言した。「被告側に最大のダメージを与えた検察側の証人の一人」は、南京大学の教授であったベーツ博士である。[23]

かれは、オックスフォード、イェール、ハーバードの各大学で学位を取得しているアメリカ人であり、証人としての信憑性も高いと見なされていたであろう。ベーツ博士は、日本兵が強かんしている現場を五回にわたり通りあわせ、兵士たちを女から引き離した。ほとんど毎日、毎晩日本兵は団体で町の中や、安全地帯内を歩き回った。一五人から二〇人の団体をつくった兵隊が、強かんの相手を求めて歩き回り民家にも侵入した。南京大学での強かんには将校も参加しており、夜昼なく行なわれた。南京神学院では中国人女性が日本兵一七人によって輪かんされたのをベーツの友人が見ている。大学の構内だけでも九歳から七六歳までの女性が強かんされている。クリスマスには、大学構内の建物で、強かん、女性の拉致事件が一〇回も繰り返されたことも報告している。この南京大学が日本領事館の近くにあったとベーツ証人が述べると、傍聴人らのあいだから「あえぎ声が上がった」という。日本軍上層部も領事館もこの事態に気づいていたのである[24]。

ベーツ証言によると安全地帯の委員会および彼の調査でも、南京大学構内にいた三万人の避難民の中で、数百の強かんの事件が記録された。その正確で詳細な報告は、全部日本将校に渡された。占領後一月して国際委員会委員長ラーベ氏（John H. D. Rabe）およびその同僚は、ドイツ官憲に対して、「少なくとも二万人の強姦事件があったことを信じて居る」と報告した。ベーツ博士もその少し前に、もっとずっと控え目に見積もって、また、安全地帯の報告のみによって、「強姦事件は八千と見積もった」と証言している。こうした具体的な証言だけでなく、これらの報告が日本領事館に送られ、領事館は東京にそれを送付していたと証言したことが注目を集めた。ベーツは、南京駐在アメリカ大使が受け取った駐日アメリカ大使ジョセフ・グルー（Joseph C. Grew）からの電報を見ていた。南京から送られた報告に対して、グルー大使と外務省官吏のあいだで会談が行なわれ、「相当詳細に亘って言及して居った」。しかも、この官吏の中に外務大臣だった広田弘毅が含まれていたと証言した。この証言に広田は「発作的にまっすぐ座り直した」のをブラックマンは目にしている。

八月一五日には、アメリカ聖公会の宣教師マギーが証言台にのぼり、日本軍による強かん・殺りくの生々しい証言を行なっている。マギー牧師は、強かんがいたるところで行なわれ、多くの女・子どもが殺されたこと、女性が抵抗したり拒絶すれば殺されたこと、牧師はそうした写真や映画を撮ったことを証言した。拉致され強かんされた女性を助けたこと、住宅街で女性が強かんされ、まだ日本兵が残っているので、ドアーを叩き怒鳴ったこと、ある一件の家で一〇歳から一一歳の少女が強かんされたこと、またある家では日本兵の強かん現場を目撃して兵士を追い出したこと、を証言した。マギー牧師は、男子の連行を止めることは出来たが、強かんはどうしようもなかったと証言した。止めようもない日本兵による強かん、輪かんが——しかもそれを安全地帯委員会委員長と一緒に目撃した日本の将校はただ、兵士に「ビンタ」を与えただけだった。[25]

二九日には、ニューヨークのＹＭＣＡの国際委員会の書記のジョージ・Ａ・フイッチ（George A. Fitch）、金陵大学の舎監陳瑞芳の供述書、Ｊ・Ｈ・マックラム（James M. McCallum）の日記が提出されている。

「私は今迄に一度も斯の様な残忍を聞いたことも、読んだこともありません、強姦—強姦—又強姦

――私共は一夜に少くとも一〇〇〇件を算へ日中も多くの事件があるのです」そして神学校や金陵大学など「数十の場所に於て毎夜強姦強奪、射殺、銃殺事件等が起ります」(一九三七年一二月一九日)[26]。

一九二四〜四二年までINS中国特派員・「デリー・テレグラフ」特派員だったジョン・ゲッテ(John Goette)は、イギリスやアメリカの宣教師から日本軍による中国人女性の強かん事件が多数あったと聴いたこと、また、日本軍がその土地の中国官憲にたいして、「部隊の使用の為に婦人を提供せよと云うことは通例行なわれて居る所でありました」と証言した[27]。

この検察の証言を聞いたブラックマンは、「南京事件は、あらゆる戦争に共通する偶発的事件という類いのものではなかった。それは意図的であった。それは政策であった。東京の指導者たちはそれを知っていたのである」と断定している。そして、重光葵が座りながら頭を抱えていたという。南京事件と何の関係もなかった重光だが、「多くの日本人と同じく、深く恥じいったために、顔を隠したのである」とブラックマンは観察していた[28]。

第二復員省の職員として法廷係の任務について、東京裁判の審理の大部分を傍聴した冨士信夫は、法廷でくりかえされる証言を聴いてこう記している。「イヤホーンを通じて、次々と耳の奥底に響いてくる『これでもか、これでもか』というような、各種証人の、ここに記述するのを憚るような内容を含む証言は、正にこの世ながらの地獄絵図の感があり、終りには、イヤホーンを外してしまいたい気持ちになった」。

冨士はマギー牧師の証言が、目撃証言はたった一人の事件だけで、ほとんどが伝聞証言で証拠価値が少ないと書いているが、それにもかかわらず、占領した日本軍のなかに「チャンコロ」と蔑称してきた中国人に対する権力・優越感情があったことや中国人の排日・侮日にたいする報復感情の爆発があった、人間の性欲本能そのものの露呈もあったであろうと書いている。その上で、「三十数万人の一般人の虐殺、二万人に及ぶ婦女子の強姦というような大不祥事を惹き起すほど、南京攻略戦に参加した日本軍人の軍紀風紀は弛緩していたのであろうか。私には、そのような事はとうてい信じられない」と、立証事実をどのように受けとめるべきなのか、苦悶している。[29]

フィリピン段階

フィリピンにおける戦争法規違反の立証は一二月一〇日から四日間にわたって行なわれた。冨士の「再び耳痛い毎日が続いた」。冨士にはフィリピンのペドロ・ロペス検察官（Pedro Lopez）の態度は、傲慢としかいいようがないように見え、「対日憎悪感をむき出し」にしていたと見えた。[30] ブラックマンは、ロペスをただ、黒髪でさっぱりした服装だったとしか書いていない。だが、「法廷は、屍衣の内側のように冷えびえとした重苦しい雰囲気におおわれていた」という。[31]

一〇日、ロペス検察官による一万四六一八頁の「一般C級犯罪及び比律賓に於けるB級C級犯罪に対する比律賓陪席検事の冒頭陳述」（書類番号第六九一三号）の朗読が始まった。そこでは「日本人の残虐行為は個々人の犯した偶然的な非行ではなく全太平洋及亜細亜地域一般に行はれた事、集団的虐殺、虐待、陵辱及び私有財産のほしいまま、なる破壊に用いられた遺口、方法は全部徹底的に同型のものであった事」などが立証されようとした。[32]

陳述は、記者席で傍聴していたブラックマンが「つくづくうんざりする」ほど詳細になされた。そのなかに、先の「ベイ・ヴュウ」ホテルその他三軒のホテルにおける強かんに関する陳述も含まれている。これらのホテルで日本人は、「マレイト」社交界で名を知られた多数の若い娘たちへの強かんをもって最高潮に達した野蛮な乱交を続けた。提出された「昭和二〇年二月マニラ独逸人倶楽部における虐殺に関する法務部報告書」には、「婦人の中には強姦された者もあり、幼児は抱かれたまま銃剣で刺された。婦人達を強姦した後、日本兵はその頭髪に「ガソリン」を注いでそれに点火した。婦人の或者は日本兵にその乳房を切り取られた」ことが報告されている。[33] イロイロでは、一九四三年九月二二日、二人の若い娘が両手を後に縛られ、裸にされて強かんされた。バターンのハルモサのパンシックでは、男たちは立ち退きを命じられ、残った少女が強かんされ、のちに子どもを産んだ。そして、「バターン死の行軍」での捕虜虐待、市民の虐殺をふくむ数々の日本軍の「戦争法規違反」の証言が続いていくうちに、「中国段階と同じように、統計の数値が人々の感覚を鈍らせた」と、ブラックマンは書いている。[34]

南京段階とおなじように「これでもか、これでもか」と出される、虐殺、強かんの立証を傍聴席で聞いていた冨士には「まことに厭な四日間だった」。「しかし、これで終わったのではない。この後さらに大東亜各地で行なわれたという日本軍の不法行為の立証が延々二十三日間続き、耳痛い、胸を締め付けられるような気持で、法廷係としての日々を過ごさなければならなかった」とその心情を書いている。この二三日間の戦争法規に慣例に対する違反の立証の段階では、蘭領印度などでの強かんなどの立証も一部含むが、中心は捕虜や抑留者への虐待・拷問の立証が多くなっていった。(35)

弁護側の主張

検察側の立証段階に続いて、弁護側の陳述が始まった。一九四七年二月二四日には、清瀬一郎の冒頭陳述が行なわれた。清瀬による弁護側冒頭陳述は、「一般問題」「満州及び満州国に関する事項」から「太平洋戦争に関する事項」「個人ケースまたは個人弁護」など六段階に分けられ、「日本が独伊と共同して世界を征服する」などという考えがまったくなかったこと、太平洋戦争も自衛の行動であることが強調された。弁護側の立証段階で受理された書証は二二八三号から三九一五号までである。検察側に比べてその数が少ないのは、却下された書証が多かったことによる。

(1) 一般段階(一九四七年二月二五日～)
1. 基本的文書の提出
2. 国際法の現状
3. 共同謀議の不存在
4. 日本国民経済
5. 日本国内事情　教育・宣伝・防共
(2) 満州段階(一九四七年三月一八日～)

1. 奉天事件以前
2. 奉天事件、第一次上海事変、及びこれに付随する問題
3. 満州の特殊性および満州国の誕生
4. 満州国の国内的諸問題

（3）日華事変段階（一九四七年四月二二日〜）

1. 支那事変、盧溝橋事件と日本の不拡大方針
2. 中国共産党の活動と排日運動、通州事件
3. 事変中止への波及、第二次上海事変
4. 南京攻略と平和への日本の努力——南京入城後の日本軍の不法行為について陳述、
5. 漢口攻略とその後——陸軍刑法改正について
6. 中国新政権　汪兆銘の訪日

（4）ソ連段階（一九四七年五月一六日〜）ノモンハン事件

（5）太平洋段階（一九四七年六月一二日〜）

1. 三国同盟部門
2. 一般的準備部門
3. 外交部門
4. 軍事部門　①太平洋戦争における海軍の役割（一九四七年八月一一日〜）、②太平洋戦争に

おける陸軍（一九四七年八月二六日〜）

5．俘虜部門　俘虜と一般抑留者

冨士によると弁護側は検察側の「南京大虐殺事件」について「真向からこれを否定」するなどの立証を行なった[36]。南京事件への反証については、南京占領時に松井石根軍司令官の下で中支那方面軍参謀だった中山寧人少将、大使館参事官日高信六、中支那方面軍法務部長塚本浩治などが証人として出廷した。陸軍省法務局長大山文雄中将も出廷して先にふれた陸軍刑法を改正した経緯を説明している。

日高信六参事官は、日本軍によって行なわれたという「種々の行為に関して在留外国人から総領事館宛申入れがありました。是等の大多数は伝聞でありましたが総領事館では一々調査をする暇も無かった為一応其の儘之を東京外務省に報告」したこと、中国軍が退却にあたり軍服から平服に着替え、その相当数が「安全地帯」にいたことなどを証言した。フランク・S・タヴナー検察官（Frank S. Tavenner）は、この日高口供書が検察が出した南京での強かん事件の書証と「あまりにかけ離れております」と指摘している[37]。

日高とことなり法務部長であった塚本は、南京入城後の日本兵による不法事件を取り調べたことを記憶している。処理した事件では将校は四人か五人、その他は「兵卒による散発的な事件が大部分だった」。その「罪種は主として掠奪、強姦であり、傷害、窃盗は少くそれに基因する致死は極めて少かった」と記憶していた。ディヴィット・サトン検察官（David Sutton）の反対尋問にも、南京入城後に「掠奪、強姦、その他各種の犯罪」が起こったことを証言した。塚本証言が強調していたのは、松井石根司令官が入城式の当日、「各部将校を集め不法事件の発生を語り軍紀風紀の維持を厳守する様申渡された」こと、すなわち被告松井石根が軍紀の維持を考えていたことである。[38]

五月六日には、軍中央部が日本軍の行動を憂慮していた証拠として、陸軍刑法改正（一七・二・二〇）が取り上げられ、大山の宣誓口供書が読み上げられた。強姦罪を非親告罪とすることで取締を一層厳重にすることが述べられていた。日本軍がいかに兵士の軍紀の維持に意を用いたのかを主張しようとしたのである。コミンズ・カー検察官（Arthur S. Commyns-Carr）の反対尋問に答えて、大山は「戦地に強姦の罪が相当ある」ことがわかっており、中央として「厳重に処分すべきことを要求された」と述べている。しかも、これらの事件がほとんど中国特に南京で起こったものではないかとの質問に対して「そうとはかぎりません」。中国でもまた、南京に限らず「他の地においてもたびたび処分された例」があると証言した。大山は、南京事件があったからというような具体的な動機ではなく、非親告罪にしなければならないほど広範に強かん事件が起こっていたことを証言したのである。[39]

南京占領時に松井石根軍司令官の下で中支那方面軍参謀だった中山寧人少将は、南京事件を四に分類して考える必要があると述べた。一つは市民に対する虐殺事件——「これは絶対にそういうことはないと信じています」。第二は俘虜虐殺——誤り伝えられたこと（安全地帯に武器を携行して、中国兵を捜査、逮捕、軍法会議にかけて処罰したこと）のほかにはない。第三の外国権益、特に財産にたいする侵害は一部にあった。第四は「婦女子に対するところの不法行為、及び掠奪はこれは小規模にはあったと、私も考えて、はなはだ遺憾に考えております[40]」。

こうした弁護側の証言が続いた。ブラックマンの目には、弁護側の反証は「お粗末であった」し、「説得力の弱いものであった」という。そればかりでなく、重要証人たち、主として元日本軍将校たちの振る舞いが弁護側の戦術に「ダメージを与えてしまった」と映っていた。弁護側は、何日も何週間も何カ月もの反証を通じて「自殺行為にひとしいハラキリをしていた」というのが、法廷記者の感想であった[41]。

弁護人個人段階が、一九四七年九月一〇日から開始した。だが、一一月一〇日にウエッブ裁判長(William F. Webb)が突然帰国、クレーマー(Myrom C. Cramer)が代理裁判長をつとめた。ウエッブが帰任したのは一九四七年一二月一五日である。一九四八年一月一三日に入ると検察側反証および弁護側再反証段階が始まり、二月一一日には検察側最終論告が行なわれ、弁護側最終弁論は三月二日に行なわれた。弁護側最終弁論に対する検察側最終意見陳述が、四月一五日から一六日にかけて行なわれて、結審した。判決は、一一月四日から一二日まで朗読が行なわれた。通例の戦争犯罪の部分は一一日に朗読された。一二日、刑の宣告が申し渡され、東京裁判はすべて終了した。

判　決

判決文は七〇万字をこす膨大なものである。本判決は、次のような構成になっている。

A部
第一章　本裁判所の設立及び審理
第二章　法
第三章　日本の負担した義務及び取得した権利
B部
第四章　軍部による日本の支配と戦争準備
第五章　日本の中国に対する侵略
第六章　ソヴエット連邦に対する日本の侵略
第七章　太平洋戦争
第八章　通例の戦争犯罪（残虐行為）
C部
第九章　起訴状の訴因についての認定
第十章　判決
付属書

膨大な判決のなかで、強かんなど戦争法規違反を扱ったのが、B部第八章「通例の戦争犯罪」（残虐行為）である。その冒頭で判決は次のように述べている。[42]

本裁判所に提出された残虐行為及びその他の通例の戦争犯罪に関する証拠は、中国における戦争開始から一九四五年八月の日本の降伏まで、拷問、殺人、強姦及びその他の最も非人道的な野蛮な性質の残忍行為が、日本の陸海軍によって思うままに行なわれたことを立証している。数カ月の期間にわたって、本裁判所は証人から口頭や宣誓口供書による証言を聴いた。これらの証人は、すべての戦争地域で行なわれた残虐行為について、詳細に証言した。それは非常に大きな規模で行なわれたが、すべての戦争地域でまったく共通の方法で行なわれたから、結論はただ一つしかあり得ない。すなわち、残虐行為は、日本政府またはその個々の官吏及び軍隊の指導者によって、秘密に命令されたか、故意に許されたかということである。

南京事件については、「多くの強姦事件があった」ことを認定している。「幼い少女と老女さえも、全市で多数に強姦された。そして、これらの強姦に関連して、変態的と嗜虐的行為の事例が多数あった。多数の婦女は、強姦された後に殺され、その死体は切断された。占領の最初の一か月の間に、約二万の強姦事件が市内に発生した」と言及している。こうした日本軍の行為は、一時的に手に負えなくなった軍隊の行為であるとして、「免責」できない。「強姦、放火及び殺人は、南京が攻略されてから少なくとも六週間、そして松井と武藤（章）が入城してから少くとも四週間にわたって、引続き大規模に行なわれたのである」と認定し、戦争法規違反について被告の「個人責任」が問われた。(43)

南京だけでなく戦争が広東と漢口に拡大すると、そこでも強かんが行なわれた。一九三七年一二月京漢線の刑台県に進駐した憲兵隊が中国遊撃隊の容疑者を殺し、これより前の一〇月に「河北省の東王家村落に現われ、殺人、強姦及び放火を行い、住民二十四名を殺害し、同村の家屋の三分の二を焼き払った」。長沙を占領した後は、殺人、強姦、放火及びその他数々の残虐行為をほしいままに行なった。桂林を占領している間、強かんと掠奪のようなあらゆる種類の残虐行為を犯した。そして工場を設立するとの口実で女子工員を募集したが、彼女たちに「日本軍隊のために醜業を強制した」と認定した。

こうした行為が、帰還兵の口から広がるのを防ぐために、陸軍次官の名で特別に訓示を与えるよう命令が出された。参謀次長を通じて伝えられたこの通達には、好ましくない行為として、次のようなものが引用されていた。

ある中隊長による非公式な「強姦に関する訓示」に次のような事例が述べられている。「余り問題が起らぬように金をやるか、用を済ました後は分らぬ様に殺して置く様にしろ」、「戦争に参加した軍人を一々調べたら皆殺人、強盗、強姦の犯人許りだろう」、「〇〇で親子四人を捕え、娘は女郎同様に弄んでいたが、親が余り娘を返せと言うので、親は殺し、残る娘は部隊出発まで相変らず弄んで出発間際に殺して了った」、「約半年に亘る戦闘中に覚えたのは強姦と強盗位のものだ」(44)。

ジャワのチェップーでの強かん、フィリピンのマニラにおける強かん・放火、マニラの「ドイツクラブ」では強かん後に髪にガソリンをかけ火をつけたこと、乳首を斬り取ったことも判決の中で言及されている。
裁判を傍聴し続けてきた冨士は、こうした事実認定について、検察側が提出した膨大な量の証拠をもとに「検察側の主張そのものをそのまま取り入れた感じで」説きすすめていたと述べている。[45]とりわけ南京事件は、マギー証言が伝聞証言であり証拠価値が少ないと考えていた冨士にとって、検察の主張をそのまま認めたような判決には納得がいかなかった。冨士はその著作で、小数意見のインドのパル判事（Radhabinod Pal）が、検察による南京事件の全部を受け入れるのは「いささか困難である。そこにはある程度の誇張とたぶんある程度の歪曲があった」と指摘していることをとりあげている。だが、そのパル判事も「証拠にたいして悪くいうことのできることがらをすべて考慮に入れても、南京における日本兵の行動は凶暴であり、かつベイツ博士が証言したように、残虐はほとんど三週間にわたって惨烈なものであり、合計六週間にわたって、続いて深刻であったことは疑いない」と述べている。
弁護側も南京で残虐行為があったことをすべて否定しているのではなく、中味が誇張されていると訴えているのであり、かつ「退却中の中国兵が、相当数残虐を犯したことを暗示した」と述べている。強かんも少しはあったことを認めるが、言われるほど大規模なものではないというのが弁護側の主張だった。[46]
一九四八年一一月一二日、刑の宣告がなされた。東条英機以下七人が絞首刑、荒木貞夫以下一六人が終身禁固刑、東郷茂徳は禁固二〇年、重光葵が同七年の判決である（巻末資料3 - ⅲ参照）。

判決では、日本軍によって侵略戦争が遂行されたこと、訴因第五四、訴因五五の両方の訴因（「通例の戦争犯罪および人道に対する罪」）に含まれた犯罪があったと認定している。[47]起訴状の訴因五五項目のうち、有罪、無罪の認定がなされたのは一〇の訴因である。死刑判決七人は、既存の国際法で認定されている戦争法規に違反した残虐行為などの戦場犯罪の責任に関連した訴因五四と五五に有罪の者に下されている。捕虜、抑留者、住民などへの戦争法規違反、強かんもまた日本軍の組織的犯罪として裁かれたが、強かんが「人道に対する罪」であるとは認定していない。

強かんは、戦争法規違反であり、「通例の戦争犯罪」であると認定されており、殺人や掠奪などと一緒に取り上げられている場合が多い。だが強かん、組織的性奴隷制、強制売春、強制妊娠など、女性への戦争犯罪が独自に論議されているのではない。日本軍の上層部が憂慮していたという中国など占領地での大規模な強かんの存在を考えると、証拠も審議も決して十分とはいえない。

また、裁判の判事団・検察団を構成していた中国やフィリピンで行なわれた掠奪・強かんが「通例の戦争犯罪」と認定されているにもかかわらず、朝鮮人「慰安婦」の存在はまったくとりあげられていない。「慰安所制度」については、蘭領印度におけるオランダ人抑留者を中心とした「慰安所制度」（スマラン慰安所事件）などがわずかにとりあげられたにすぎない。

冒頭の兵士の証言にあるように、中国では、朝鮮人女性を主体とした「慰安所」があり、その外側に幾重にも広がり積み重なる住民への強かんがあったと考えられる。慰安所制度と強かんは一緒に取り上げられて、初めて性暴力の実態がわかるのではないだろうか。それにもかかわらず、なぜ朝鮮人「慰安婦」などアジア人女性たちを中心とした性奴隷制とも言うべき組織的強制売春が無視されたのか。裁判国の構成や判事が男性のみで構成されていたことと深くかかわっている。

東京裁判では、日本の朝鮮、台湾の植民地支配がまったくとりあげられていない。それだけでなく、BC級裁判では、朝鮮人・台湾人は敵国に使用されていた者として、その戦争法規違反の行為が裁かれている。検察側は朝鮮人軍属による捕虜虐待の書証を提出している。また、朝鮮は連合国ではなく「地位未定国」と分類されていた。つまり、朝鮮人は敵国日本の「臣民」であり、連合国にとっては「日本人」だったのである。「慰安婦」として強制売春制度の犠牲者になった朝鮮人女性もまた、日本の「臣民」と見なされ、その被害が無視された。そして「大東亜共栄圏」の各地に連行された植民地出身の「日本人」は、引揚げの時には「本籍地」別に分けられて朝鮮や台湾へ送還されたのである。

審議過程を見る限り、東京裁判における性暴力の取りあげ方には、植民地問題を無視した連合国の立場が反映されていた。東京裁判が、天皇の戦争責任を裁かなかったこと、関東軍防疫給水部隊（七三一部隊）による細菌実験、生体解剖、毒ガス作戦などの「人道に対する罪」も取りあげなかったことはしばしば指摘されてきた。原爆など連合軍の戦争犯罪も不問に付されている。しかし、「数え切れないほど集団強姦の報告」が出され、一部とはいえ強かんは戦争犯罪と認定された。だが、その判決が、その後の戦時性暴力を抑止するためにほとんど活かされることはなかった。

二一世紀を目前にしてようやく、旧ユーゴ国際刑事法廷の規定が、女性への戦時性暴力を「人道に対する罪」であると明示した。また、一九九八年七月に採択された常設の国際刑事裁判所（ＩＣＣ）設立条約でも「人道に対する罪」のなかに「集団的・組織的」との限定があるものの性暴力が含まれた。「戦争と暴力」の二〇世紀、その最後の遺産でもあるかのように戦時性暴力を「人道に対する罪」とする認識が定着し始めたのである。また、女性たちや研究者による戦争犯罪と戦争裁判をジェンダーの視点から問い直す作業が始まった。連合国戦争犯罪委員会極東・太平洋小委員会による調査資料やＢＣ級裁判を実施した各国による裁判資料の検討、東京裁判における証拠の資料の再検討など、残された課題は多い。「人道に対する罪」である戦時性暴力を防止するために、調査と研究がさらに積み重ねることが求められている。

註

（1）一九九九年一二月一一日、ＶＡＷＷ‐ＮＥＴ Ｊａｐａｎ主催の国際シンポジウム「戦時・性暴力過去―現在にどう立ち向かうか」国際会議のための調査会議上での中国帰還者連絡会会員の証言。なお、「一、二等兵級」の俸給は昭和六年で五円五〇銭、これに戦時に下士官や兵は五割以上の加算があった。

（2）樋口三代吉日記の抜萃より。日記は戦争体験の記録を収集している「戦争体験を掘り起こす会」所蔵。その一部が「ＤＩＧニュースレター」一九九九年一〇月二三日No.17に紹介されている。

（3）東京裁判資料刊行会編『東京裁判却下未提出弁護側資料第五巻』国書刊行会、一九九五年、四四一頁。原文はカタカナ表記であるがひらがなに改めた。以下、資料は引用にあたってひらがなに改めている。

（4）各年の数字は、「自支那事変発生至昭和十三年十二月特設軍法会議並軍律会議処刑者身分別罪数表」、「昭和十四年軍法会議処刑者罪名及階級役種等別人員表」、「昭和十五年軍法会議役種階級罪名別処理人員表」、「昭和十六年軍法会議役種階級罪名別処刑人員表」による。これら人員表より作成。北博昭編・解説『東京裁判大山文雄関係資料』不二出版、一九八七年、七〜二五頁。なお、『支那事変・大東亜戦争間陸軍動員概史』の「昭和十四年乃至十五年ニ於ケル主要ナル処刑人員数ノ比較」では、一九四一年七〇人となっている。不二出版、一九八八年、三〇一頁。

（5）陸軍省法務局「陸軍刑法中改正法律案質疑応答資料」（昭和一七年一月）三頁、『公文類聚第六十六編昭和十七年巻百八止』所収。国立公文書館蔵。

（6）前掲『質疑応答資料』四一頁。

（7）大山文雄「南方各軍法務視察概況報告ノ件」（昭和一七年八月一九日東条英機宛報告）一〜六頁、北博昭編・解説『陸海軍省法務局長巡察報告』不二出版、一九九〇年。

（8）東京裁判判決文「B部　第8章　通例の戦争犯罪（残虐行為）」『極東国際軍事裁判速記録』第一〇巻、雄松堂、一九六八年。弁護側が集めた資料の中にも、軍紀のみだれに関するものがある。
　一九四四年一月二八日陸軍次官通牒「軍紀風紀ノ振粛ニ関スル件陸軍一般へ通牒」（陸密第二六六号）「悪質軍紀犯ノ発生ハ依然其ノ跡ヲ絶タザルノミナラズ一部ニ於テハ犯行長期ニ亘リ隠蔽続行セラレタル事実アリ、又私的制裁ノ弊害ハ虞ルベキモノアルニ拘ラズ此ノ弊風ノ刷新セラレザルヤ極メテ久シ」（D2227-c未提出22.9.3）前掲『弁護側資料第5巻』四四二頁。

（9）前掲『陸軍動員概史』三〇一頁によると、陸軍刑法改正後も「強姦で処罰」は、四一年七〇人。四二年一二三四人、四三年一一四人、四四年一三〇人となっている。一九四五年一〇月三日、陸軍省軍務局長がマッカーサー司令部に提出した強かん等の「犯罪事例」に関する資料においても、「大東亜戦争」中に強姦・同致死で処罰された者は三一九名にすぎない。「俘虜ニ関スル書類綴」防衛研究所所蔵。

(10) 岡部牧夫「一兵士の見た日清戦争（二）——窪田仲蔵の従軍日記」『創文』第一二六号、一九七四年二月号、創文社、二三一～二三三頁。

(11) 法務大臣官房司法法制調査部編『戦争犯罪裁判関係法令集　第一巻』一九六三年、二頁。

(12) 前掲『法令集』八～一六頁。

(13) 米軍進駐から戦犯容疑者逮捕への動きについては、永井均解説『戦争犯罪調査資料——俘虜関係調査中央委員会調査報告書綴』東出版、一九九五年。内海愛子「平和条約と戦犯の釈放」『年報日本現代史』第5号、現代史料出版、一九九九年、を参照されたい。

(14) アーノルド・C・ブラックマン著、日暮吉延訳『東京裁判』時事通信社、一九九一年、二一八頁（Arnold C.Brackman "The Other Nuremberg The Untold Story Of The Tokyo War Crimes Trials", 1987）。

(15) "United Nations War Crimes Commission　Far Eastern and Pacific Sub-Commission　List of Criminals and Material Witnesses" 1945. 8, The Australian War Memorial 所蔵、AWMで、一九四五年八月№1から四五年一〇月の№7までのリストを確認した。

(16) 法務大臣官房司法法制調査部編『戦争犯罪裁判概史要』一九七一年、二六七頁。

(17) 東京裁判ハンドブック編集委員会編『東京裁判ハンドブック』青木書店、一九八九年、七頁、「2法的根拠」（日暮吉延執筆）。

(18) 前掲ブラックマン『東京裁判』二一一～二一二頁。

(19) フィリピン占領段階における強かんに関する資料番号。

（資料番号＝法廷証拠番号p2813＝1360, p2812＝1361, p2802＝1363, p2838＝1365, p2720＝1372, p2874＝1366, p1369＝1369, p2725＝1388, p2833＝1389, p2836＝1394, p2832＝1398, p2843＝1399, p2728＝1407, p2844＝1421, p2886＝1423, p2872＝1425, p2848＝1426, p2858＝1428, p2861＝1434） 強姦については一二月一三日（p10-j＝1476 強姦抗議）

(20) 戦争法規に慣例に対する違反の立証は、一二月一六日拷問・殺害、一二月一八日香港・看護婦への強姦（資料番号＝法廷証拠番号p5089b＝1590a, p5089h＝1591a, p5182＝1629a、一二月二三日 p5326＝1701、一二月二六日 p5767＝1719a）、中部ジャワ（資料番号＝法廷証拠番号、p5770＝1725a、一七日 p5591＝1794）と証言が続いた。四七年一月一五日からは、仏印における残虐行為の立証段階である（資料番号＝法廷証拠番号 p2772e-1＝2116、一月一六日 p2772e-＝2119, p2772e-5＝2120, p2772A-4＝2121, p2772 A-5＝2122, p2772A-6＝2123, p2772G-1＝2136, p2772A-7＝2152）。

(21) 前掲『速記録』第三四号一〇～一二頁。

(22) 前掲『速記録』第三五号四～一二頁、許証言にたいしてインドのパル判事はその判決書で、かれの証言とマギー牧師の証言を「曲説とか、誇張とかを感ずることなく読むことは困難である。本官は両証人の申し立てたすべてのことを容認することは、あまり賢明でないことを示すために」といくつかの実例を指摘している。東京裁判研究会編『パル判決書（下）』講談社学術文庫、一九八四年、五六一～五六六頁。

(23) 前掲ブラックマン『東京裁判』一九九頁。

(24) 前掲『速記録』第三六号三～一二頁、前掲ブラックマン『東京裁判』二〇〇頁。

(25) 前掲『速記録』第四八号一〇～一五頁、同四九号、二一～八頁。

(26) 前掲『速記録』第五八号五～七頁。

(27) 前掲『速記録』第四七号二〜三頁。
(28) 前掲ブラックマン『東京裁判』二〇三頁。
(29) 冨士信夫『私の見た東京裁判（上）』講談社学術文庫、一九八八年、一五三〜一五六頁。
(30) 前掲冨士『私の見た東京裁判（上）』二四七頁。
(31) ブラックマン『東京裁判』二七一頁。
(32) 前掲『速記録』第一二八号、五〜七頁。
(33) 前掲『速記録』第一二八号、一七頁。
(34) 前掲ブラックマン『東京裁判』二七四頁。
(35) 前掲冨士『私の見た東京裁判（上）』二五三頁。
(36) 前掲冨士『私の見た東京裁判（上）』三五六頁。
(37) 前掲『速記録』第二一〇号、一〇〜一三頁。
(38) 前掲『速記録』第二一一号、一〇〜一三頁。
(39) 前掲『速記録』第二一二号、六〜一一頁。
(40) 前掲『速記録』第二一五号、三頁。

なお、未提出に終わったが、弁護側は次のような文書も提出用に準備していた。

大本営陸軍部・「従軍兵士の心得」（一九三九〔昭和一四〕年一二月）である。この第二号（軍紀風紀ニ就テ）「一・ 戦地ニ於ケル敵意ナキ支那民衆ヲ愛憐セヨ」

「無辜ノ民ヲ苦メズ弱者ヲ憐ムノハ我ガ大和民族古来ノ美風デアル、況ンヤ今次ノ聖戦ハ支那民衆ヲ敵トシテ居ルノデハナイ、抗日容共ノ国民政府ヲ撃滅シテ無辜ノ支那民衆ヲ救恤スルノガ目的デアル、彼等ヲシテ皇恩ニ浴シ得ル様ニシテヤラネバナラヌ、万一ニモ理由ナク彼等ヲ苦メ虐ゲル様ナコトガアツテハイケナイ、武器ヲ捨テテ投降シタ捕虜ニ対シテモ同様デアル、特ニ婦女ヲ姦シ私財ヲ掠メ或ハ民家ヲ謂モナシニ焚クガ如キコトハ絶対ニ避ケネバナラヌ、斯クノ如キ行為ハ啻ニ野蛮民族トシテ列強ノ嗤ヲ買フバカリデハナク彼等支那民族ヨリハ未来永劫迄モ恨ヲ受ケ、仮令戦闘ニハ勝ツテモ聖戦ノ目的ハ達シ得ヌコトトナル、「掠奪強姦勝手次第」ナドト云フ言葉ハ「兵ハ凶器ナリ」ト称スル外国ノ軍デハイザ知ラズ、神国デアリ神武デアル皇国ノ軍デハ絶対ニアリ得ヌコトデアル」

「三、掠奪ノ罪」の項

「掠奪ハ戦場ニ於テ最モ陥リ易イ犯罪デアル。（略）

内地ナラバ強盗ヤ窃盗デ罰セラレルノデアルガ戦地ニ於テハ特ニ陸軍刑法ノ掠奪罪トシテ一年以上十五年以下ノ懲役ヲ科セラレルノデアル、尚掠奪ノ機会ニ婦女ヲ強姦シタリ又ハ人ヲ殺傷スレバ七年以上ノ懲役トナリ重キハ死刑ニ処セラレルノデアル、勿論上官ノ命令ニ依リ軍隊ノ必要トスル品物ヲ住民ヨリ徴発スルコトハ許サレテアルコトデアルガ元来徴発トハ徴発ノ権限ヲ付与サレテ居ル者ガ軍ニ必要ナルモノヲ代償ヲ払ツテ住民カラ提供サセルノガ本旨デアツテ（略）私欲ヲ目的トシテ強奪シタリ窃取シタリスルモノトハ其ノ精神ニ於テ全然異ナルモノデアル　万一ニモ斯クノ如キ行為ヲナスモノガアツタナラバ之レ不忠ノ臣デアル、国賊トシテ排撃セネバナラヌ、但シ支那ノ戦場ニハ便衣兵ノ活動ガ旺ンデアルカラ油断ハ禁物デアル」（傍点引用者）前掲『弁護側資料第五巻』三六一頁。

(41) 前掲ブラックマン『東京裁判』三二二頁、三四二～三四三頁。

(42) 前掲『速記録』判決、一八二頁。

(43) 前掲『速記録』判決、一八四～一八五頁。

（44）前掲『速記録』判決、一八五～一八六頁。
（45）冨士信夫『私の見た東京裁判（下）』講談社学術文庫、一九八八年、四六九頁。
（46）前掲、冨士『東京裁判（下）』四八七～四八九頁、前掲『パル判決書（下）』六〇〇頁。
（47）前掲『速記録』判決、二一一〇頁。

第Ⅱ部

戦犯裁判の展開

被告人席のアドルフ・アイヒマン。(映画「スペシャリスト―自覚なき殺戮者―」より、提供＝セテラ・インターナショナル)

第4章　BC級裁判

――イギリス裁判は何を裁いたか

林　博史

一、はじめに

イギリスが行なった対日BC級戦犯裁判（以下、イギリス裁判という）は、一九四六年一月二一日にシンガポールで始まり、四八年一二月二〇日に香港で最後の判決が下されるまでの二年十一カ月間に、計三〇四件、のべ九一九人（実数は八八三人）を裁いた。当時のイギリスは大英帝国として、マラヤ（マレー半島）、シンガポール、北ボルネオ、ビルマ、香港を植民地として領有しており、それらの地域における日本軍の戦争犯罪を裁いた（表4－1）。

イギリス陸軍省が裁判を管轄し、イギリスが主力であった連合軍東南アジア司令部（最高司令官マウントバッテン海軍大将）の指揮下にあった東南アジア連合地上軍司令部が実際の裁判を行なった（両司令部についても本文ではイギリス軍と呼ぶこととする）。

表4-1　イギリス戦犯裁判の概要

裁判地域	裁判地	裁判件数	被告人数	死刑判決	死刑確認	無罪	開始日	終了日
シンガポール	シンガポール	131	465	142	112	54	1946. 1.21	1948. 3.
マラヤ	14ヶ所	68	169	62	57	20	1946. 1.30	1948. 1.
北ボルネオ	2ヶ所	19	29	13	10	3	1946. 4. 8	1947.10.
ビルマ	2ヶ所	40	132	39	23	14	1946. 3.22	1947.11.
香港	香港	46	124	25	20	14	1946. 3.28	1948.12.
計	20ヶ所	304	919	281	222	105	1946. 1.21	1948.12.

注）(1)マラヤはクアラルンプール、ペナン、など、北ボルネオはラブアンとゼッセルトン（現コタキナバル）、ビルマはラングーンとメイミョウ。(2)判決不明1人。(3)死刑以外の禁固刑、起訴取り下げなどは省略した。

出典）WO235の各裁判記録より作成。拙著『裁かれた戦争犯罪』104頁参照。

なお〝A級〟と〝BC級〟というのはアメリカ式の呼び方であり、イギリスは主要戦争犯罪Major war crimesと軽戦争犯罪Minor war crimesと呼んでいた。B級は通例の戦争犯罪、C級は人道に対する罪を意味するが、イギリスは人道に対する罪を独自の訴因としては扱わず、通例の戦争犯罪として裁いている。

連合国戦争犯罪委員会が作成した三三項目の戦争犯罪リスト（どのような行為が戦争犯罪になるのかを例示したリスト）には、「強制売春のための婦女子の誘拐」と「強姦」が性暴力（性犯罪）に関わる戦争犯罪としてあげられている。イギリス軍は「戦争犯罪を構成する主な犯罪行為」として一四項目を挙げているが、このなかには性暴力に関するものはない。性暴力についての認識の弱さが示されているが、戦争犯罪委員会のリストはその前提になっているので、日本軍の性暴力を追及しなかったわけではない。イギリス裁判において（その前提となる戦争犯罪捜査を含めて）性暴力がどのように扱われたのかを検討したい。(1)

二、イギリス裁判の特徴

まず前提としてイギリス裁判の特徴について説明しておきたい。

捕虜に対する犯罪はシンガポールと香港で集中して裁判が行なわれ、現地住民に対する犯罪は原則として犯罪地で裁判にかけられた。そのため裁判は、表1のように五つの地域の計二〇カ所で行なわれた。

捕虜に対する犯罪については、解放された元捕虜一人一人からQフォームという形式の用紙を使って日本軍の戦争犯罪についての情報が集められ、そこからさらに捜査を行なって容疑と容疑者を固めていった。集められたQフォームは三万五九六三人分にのぼり、それをもとに二一四五人の宣誓供述書が作成され、計四〇二件が捜査にまわされた。これらのなかであげられた容疑者は三〇六一人にのぼっている。

現地住民に対する犯罪についてもイギリス軍は積極的に情報収集をはかった。本国議会での質問に対して陸軍大臣は「軍政当局はそうした犯罪（マラヤでのアジア系の民間人に対する残虐行為―筆者注）の実行者を裁判にかけたいと切望している」と答えている。特に一九四六年に入ってからは新聞を通じて「もしあなたが銃殺、刺殺、暴行、強姦、拷問、虐待、窃盗、不当な監禁、囚人への食糧・水・医療の不足のような犯罪について知っていることがあれば、すぐに当局に知らせるように」

表4-2　被害者別判決

被害者種別	被告数	同左（比率）	有罪	死刑	同左（比率）	死刑確認	同左（比率）	終身刑	無 取下
民間人	550	60%	486	188	67%	159	72%	31	
西欧民間人	32	3%	25	11	——	7	——	4	
捕　虜	227	25%	201	66	23%	44	20%	11	
インド人捕虜	38	4%	32	7	——	3	——	1	
捕虜＋民間人	71	8%	66	9	——	9	——	6	
計	918	100%	810	281	100%	222	100%	53	1

注）「民間人」の死刑判決188人のうち自殺1、逃亡1。
出典）WO235の各裁判記録より作成。拙著『裁かれた戦争犯罪』106頁参照。

(Straits Chronicle, 1946.2.18）というようにくりかえし住民に情報提供を求めた。時には具体的な容疑者名をあげて、かれらについての情報を求める記事を出したりした（Malayan Daily News, 1946.6.24)。

その背景にはとりわけ日本軍の残虐行為の犠牲になったマラヤの中国系住民が、日本軍の残虐行為を調査して報告書をまとめるとともに、責任者の処罰を強く求めたことがあった。たとえばシンガポールでの華僑虐殺を裁いた裁判にあたっては、シンガポール華僑集体鳴冤会がイギリス軍の戦争犯罪捜査チームに協力して、証言できる生存者を探し、日本軍に連行され殺害されたと見られる行方不明者の調査などを行なった。

このような捜査の結果、起訴された被告のうち、六〇パーセントはアジア系民間人に対する犯罪によって裁かれた。捕虜と西欧民間人に対する犯罪で裁かれた被告の割合二八パーセントの約二倍にのぼっている（表4-2）。しかも死刑が確定した被告では、前者が七二パーセント、後者が二〇パーセントと約三・五倍の違いとなっている。裁かれた被告のなかで憲兵は三九パーセント、死刑確定の中では四二パーセントを占めているが、その多くは地元住民に対する残虐行為で起訴されたものである。被害者あるいはその関係者からの訴えなしにはこれらの裁判は不可能であっただろう。

イギリス裁判の過半数は現地のアジア系住民に対する戦争犯罪を裁いたのであり、しかも捕虜に対する犯罪以上に厳しい判決が下されている。

こうしたイギリス裁判の背景について結論だけ述べると、イギリスは東南アジアの大英帝国を再建しようとして戻ってきたが、戦犯裁判はそのためにイギリスの威信を回復する重要な機会ととらえられていた。その際に特にマラヤ、シンガポールで日本軍の残虐行為の犠牲となり、また抗日勢力の中心となってイギリス軍に協力してきた中国系住民をあらたな植民地支配の基盤に組みこもうとした。帝国主義国として植民地の再建をねらうがゆえに住民への犯罪を裁き、威信を回復しようとしたといえる。イギリス裁判が行なわれた背景には、日本軍の残虐行為のひどさとそれに対する民衆の怒り、責任者を処罰せよという強い要求があったことを見なければならない。

三、性暴力の捜査—インドネシアの強制売春のケース

東南アジア司令部の戦争犯罪捜査のファイル（ＷＯ３２５シリーズ）から性暴力がどのように取り扱われたのかを見ていきたい。

それらのファイルのなかには、一九四三年七月にジャワのカリジャティ（Kalidjati）飛行場近くに慰安所（brothel）が開設され常時一五人の少女が日本兵の相手をさせられており、毎週性病検査をうけていたが病気になると新しい少女と取りかえられたこと、ジャワのマランで一九四三年一一月に一七歳から三〇歳までのたくさんのユーラシアン、メナド、ジャワの女性たちが家から連行され医師の検査をうけてから、スプレンディッド・ホテル（Splendid Hotel）、プレイス・ホテル（Place Hotel）とサマーンウェグ（Samaanweg）のヨーロッパ人のいくつかの家に設けられた慰安所に入れられたことが記されたものがある（WO325/28）。また別のファイルには、一九四四年一月二五日マゲランの近くのモンティラン（Moentilan）の民間人抑留所から一六歳から二〇歳までの六人の少女と七人の既婚女性が連行され、マゲランの慰安所に入れられたが、彼女たちは暴力で脅迫されたものもいれば、若い少女たちの身代わりに志願した女性（既婚者）もいたこと（WO325/38）が報告されている。これには七人の容疑者名（綴りがおかしなものやニックネームだけのものも含まれる）と証人として八人の名前も記されている。(2)

オランダ領東インド（現インドネシア）も東南アジア司令部の管轄地域であったことからそこでの戦争犯罪捜査を行なっていた。東南アジア司令部がまとめた戦犯容疑者名簿にはジャワなどでの強制売春の容疑者名が多数リストアップされている（TS26/892）。

インドネシアにおける戦争犯罪についてはオランダが裁くことになったので、ここでは触れないがこうした情報はオランダ当局に伝えられたと考えられる。なおオランダのBC級戦犯裁判では、スマランでの慰安婦強制事件が裁かれている。

四、性暴力の捜査――ビルマのケース

イギリス軍による戦犯捜査記録はビルマについては比較的によく残っており、性暴力についてもかなり捜査していたことがわかる。

イギリス軍のビルマ軍司令部が一九四六年一月八日付で東南アジア連合地上軍司令部に提出した報告「戦争犯罪――一九四五年中の捜査概要」がある（WO325/59）。この時点までビルマでは日本軍の住民に対する戦争犯罪は警察が捜査を行なっていた。その警察の捜査を含めてまとめたのがこの報告である。警察からの情報をまとめた項に次のように記されている。

これらのレポートによると、二〇〇〇人以上の憲兵と五〇人の通常の部隊が市民に対する戦争犯罪を犯したかどで告発されている。これらのレポートをまず検討したところ約二五パーセントについては、充分にくわしい捜査がなされれば罪を問うことができよう。これまで検討されたレポートによると三二三人が殺され、一九八人が拷問をうけ、一一九人が強かん・暴行され、五九の家が破壊された。それに加えて大規模な、村々からの略奪、強制労働、金を払わない徴発などの大量犯罪がある。一人の証人の証言の要旨を一例としてあげると「日本軍がミートキ

ーナ地方の一つの町に入ってきた時、すべての住民はジャングルの中に逃げてしまっていた。日本軍は報復のために町のすべての家に火をつけた」。

別のレポートから引用すると「日本軍による女性たちに対する暴行が逃げてきた者から報告されている。このことは、調べられた多くの証言を裏付けるものである。彼は、すべての兵士は占領地の女性に少なくとも四人の子どもを作らせる、そうすることによって人々はまもなく日本人と関係を有するようになり、日本人の臣下にとどまるだろうと日本軍から教えられた」。

避難してきた者は次のように語っている。「日本兵はビルマの女性を尊重せず、いいと思えば強かんした。ミンギンの近くで少なくとも三人の女性が一晩中くりかえし強かんされたために死亡した。日本兵はまた躊躇なく、食糧にするために家畜やほかの動物を射殺したり、気に入ったものは何でも略奪した」。

市民に対する扱いについて別のレポートは次のように述べている。「一九四二年五月に日本軍が私たちの村に入ってきたとき、何件かの強かんがあった。そのうちの一つのケースでは、日本兵は○○（名前は必要ないので伏せた—筆者注）の家に入ってきて彼の娘の○○をつかまえた。彼は娘を救おうとして激しく抵抗したが、彼がナイフで日本兵を襲おうとしたとき、別の日本兵が彼を後ろから銃剣で刺した。彼は死に、娘は強かんされた」。

さてそれらの記述のあとで報告では次のように述べている。

村々を略奪し女性を強かんしたり、適切な世話なしに捕虜を死なせたり、地元住民を恐怖で支配したり、拷問あるいは殺害した何百人もの兵士たちがいる。警察の報告はこれらのなかの一部を明るみに出した。しかしこれらの多くはつきとめられて裁判にかけられそうにはない。（中略）にもかかわらず捜査のための十分な情報があれば、下記のように述べられている兵士を追跡することは可能かもしれない。「一九四二年九月日本軍の大部隊がフカットキュー村にやってきて四人のシャン人女性を道路に引きずりだし、公衆の前で強かんして死なせた。そのうちの一人は情報提供者の一九歳の妹だった。情報提供者はこうしたことはかなり一般的な出来事だったと述べている」。

この報告は最後の「結論」で「時の経過が捜査をますます困難にしているが、軍がそのネットワークを使って今、行動にでれば、連合国の道義的な法を完全に無視して戦争犯罪を犯した多くの日本兵たちを告発することができるだろう」と締めくくっている。

具体的なケースの捜査報告も残されている。それはビルマ東北部の南シャンのモークマイ（Mawkmai）でおきたケースである（WO325/97）。「虎雷部隊がモークマイに入ってきた際に約七五人の女性を狩り集め、彼女たちは武力によって町の様々な家に連れていかれ、監視下におかれて強かんされた」という事件である。この捜査報告に付けられている五人の証言（いずれもシャン人）を紹介しておこう。なお被害者の名前はイニシャルのみ記す。

・N・M（農業、年齢不明）

一九四五年八月四日虎雷部隊がモークマイに来たとき、私はほかの村人と一緒にジャングルの中に逃げました。その三日後、十人の日本兵がジャングルにやってきて私を捕まえ、銃と銃剣で脅してモークマイのソーブワ宮殿の東の家に連れていきました。そこで私は二八日間監禁され、毎晩、剣と銃で脅迫されて、一晩に少なくとも一回は日本兵に強かんされました。

・N・K（靴工、一八歳）

（ジャングルに来た日本兵から）売春婦になるように言われたが私は拒否しました。すると銃で脅されてモークマイのキュンカン修道院に連れていかれ、そこで八日間監禁されました。その間、銃と銃剣で脅されて日本兵に三回強かんされました。

・N・P（無職、一四歳）

私は銃と銃剣で脅されてモークマイのパゴダ小屋に引きずっていかれ二八日間監禁されました。その間、私は剣と銃で脅されてほとんど毎晩、日本兵に強かんされました。

・ソー・サム・トゥム（職業不明、三〇歳）

日本軍の虎雷部隊がモークマイ地方を一九四五年八月二日から降伏まで占領しました。その間、組織的な略奪と殺人が遂行されました。彼らが来た時、健康な者はみな安全のためにジャングルに逃げました。そして逃げた人たちが村に帰ってみると、村を離れられなかった人たちはみんな殺されていました。このときに三〇人の村民が殺されたと報告されています。（中略）私は虎雷部隊の占領中、モークマイから三六マイル離れたモンズィットのジャングルに隠れていました。私の使用人と召使が毎日、モークマイからニュースを知らせてくれました。

私がモークマイにもどったとき、食糧や衣類はみな虎雷部隊によって略奪されていました。そして約七五人の少女や女性たちが虎雷部隊によって強かんされたと知らされました。その多くは結婚し、日本兵に強かんされたことを証言するのが恥ずかしいので、証言するのはほんの一部だけでしょう。

・ジョージ・ソー・チャン（商人、三九歳）

（虎雷部隊によって一九四五年七月九日に逮捕され、その後、モークマイに移されて拘留されていた時）

私が監禁されていた家の隣は日本兵によって売春宿として使われていました。私はそこで八人の女性を見ました。そのうち二人は赤ん坊を連れていました。一人の日本兵がいつも警備にあたっていました。私は彼女らと話をする機会がありませんでした。

私はモークマイに二七日間、監禁されていましたが、その間、あらゆる種類の略奪品、たとえば米、家具、衣類、家庭用品を積んだ牛車がたくさん、私の監禁されている家の前を通り過ぎました。これは私の監禁中、毎日あったことでした。

虎雷部隊の隊長は大佐（四本線に三つ星）でしたが私は彼の名前を聞きませんでした。ホリタ（三本線に三つ星）は二番目で、タナカ（三本線に二つ星）がその次に偉い将校で情報将校と言われていました。タナカはほとんどいつも民間人の服装をして長い髪でした。隊長の特徴は、背の高さは五フィート三インチ、五五と六〇歳の間、丸顔、顔色はブラウン、一方の目は他方より大きかったです。

捜査結果として「七五人の強かんのケースが報告されているが一七人だけが名乗り出るだろう。他は結婚しているなどのさまざまな理由で証言をとることができなかった。皮膚病を持っていると訴え、日本軍医の診断をうけて監禁されていた場所から解放されたN・Kの証言によって明らかにされているように、これらの強かんは組織的に行なわれたことなので、虎雷部隊長に全責任がある。すべての証人は非常に信頼できる」と記している。

この事件は場所と時期からみて第五六師団傘下の部隊と推定できるが、裁判にはならなかった。このようにビルマでは、日本軍による市民に対する戦争犯罪の捜査が行なわれ、そのなかに多数の強かん事件や拉致して慰安婦にする事件も含まれていた。イギリス軍はこうしたビルマ人女性に対する行為が戦争犯罪であることを十分に認識していたことも確認できる。と同時に犯人を特定・逮捕し裁判に持ち込むことの困難さもうかがわれる。

五、裁判で裁かれた性暴力

イギリスの戦犯裁判では、「強制売春のための婦女子の誘拐」あるいは「強姦」が独立した訴因として扱われたことはなかった。しかし残虐行為の一環としてそうした性暴力がおこなわれたケースはいくつかの裁判で裁かれている。それらのケースについて見ていきたい。

泰緬鉄道建設に関わった患者輸送隊の隊長（少佐）以下一二人が起訴されたケースがある（WO235/943）。その容疑は、地域住民やその妻、家族を虐待し肉体的苦痛を与え多くを死なせたこと、数人を故意に殺害したこと、捕虜を虐待したことの三点であるが、第一の容疑に関連して強かん事件が取り上げられている。判決では隊長の少佐と兵長の二人だけが死刑になっている。この兵長は一九歳ぐらいのインド人女性を家から引きずり出して強かんしたうえでロウムシャたちにも強かんさせたこと、タバコを売りにきたビルマ人少女を強かんしたことが告発された。兵でありながら、隊長以外でただ一人死刑になった理由はこうした強かん事件であった。訴因では「虐待」とされているが、その中にはこうした強かんも含まれており、しかも判決においてかなり重視されたケースである。

香港攻略時に指揮下の部隊がおこなったさまざまな残虐行為全体の責任を問われた第三八師団第三八歩兵団長（中将）のケースでは、一連の残虐行為の中でイギリス人と中国人女性や看護婦に対する強かんが取り上げられている。この場合は被告がおこなったことではなく、指揮官としての責任が問われたケースで、判決は一二年の禁固刑だった（WO235/1107）。

「強制売春のための婦女子の誘拐」を検察が立証しようとしてできなかったケースがカラゴン事件のケースである（WO235/961）。一九四五年七月七日から一一日にかけてビルマ南東部のモールメン地方のインド人の村カラゴンを第三三師団歩兵第二一五連隊第三大隊が襲い、約六〇〇人を虐殺した事件である。大隊長をはじめ一四人が起訴された。訴因の第一は住民の不法殺害、第二は住民虐待、第三が村長の妻と九人の女性を不法に誘拐したこと（大隊長だけに対する訴因）であった。この第三の訴因についての法廷での検察と大隊長とのやりとりを紹介したい。Qは検察官、Aは大隊長である。

Q「あなたは前に証言のなかで、約十人の女性をあなたの命令で連れ去ったこと、彼女たちはスパイとして必要だという連隊からの命令を受け取っていた、と言いましたね。」

A「はい。」

Q「敵に協力している疑いのある女性たちを日本軍のスパイとして選ぶというのは少しおかしいと思いませんでしたか。」

A「もしスパイとして使うならば、敵に協力しているということは、より有益な情報を入手できることになるでしょう。」

Q「どのようにして彼女たちを選んだのですか。」

A「私は女性たちに、チャウンナクアで我々のために働きたいと考える者で世話をする子どもがいない者は志願してよいと言いました。」

（中略）

Q「選ばれた女性たちはみんな若い女性であったというのは事実ですか。」

A「はい。」

Q「一般的に慰安婦（Comfort Girls）として知られているように、日本軍に奉仕させるために地元の女性を集めるのは日本軍がいつもやることではないのですか。」

A「一般的な考えがどうであったのかはわかりません。私は彼女らを連れてくるように直接、命令され、そして連れてきたのです。」

Q「あなたは彼女たちをスパイとして連れてくるという命令を受けたのではなく、日本軍の慰安婦にするために彼女たちを連れてきたのではないか、と私は言っているのです。」

A「日本軍では師団からの命令がなければ、慰安所でサービスする女性たちを雇うことはできません。」

Q「あなたはその許可を得る前に、慰安婦にする目的でこの女性たちを連れてきたのではないのですか。」

A「私の大隊で使う女性たちは必要ありませんでした。」

この後も検察の追及は続いたが、慰安婦にするために連行したことは立証できなかった。途中で逃げた二人の女性を除いて、連行された女性たちは二度と戻ってこなかったため、彼女たちの運命はわからなかった。結局、「誘拐」ということで有罪判決をうけるにとどまった。大隊長は第一容疑で有罪、第二容疑でも一部有罪となり、死刑判決が下された。第一容疑だけで死刑判決が出てもおかしくないので、この「誘拐」がどれほどの重さの刑に相当するのかはわからない。いずれにせよ検察は、日本軍が地元の女性を慰安婦にするために集めていたことを承知しており、かつ「強制売春のための誘拐」という戦争犯罪を意識して追及していたことは確認できるだろう。

なお第二の容疑に関しては、軍医少尉が少女を強かんしたとして証人が立てられ、検察は強かんを虐待の一つであるとして追及したが、証拠不十分として無罪になっている。

こうしたことから、イギリス軍は「強制売春のための婦女子の誘拐」と「強姦」を戦争犯罪として認識しており、捜査もおこない、一連の残虐行為の一つとして強かんを裁こうとし、実際に裁いたことがわかる。

ただ日本軍の慰安所そのものを戦争犯罪とは考えていなかったようである。たとえばマレー半島のパハン州のクアラリピスで憲兵隊の通訳をしていた台湾人が、通訳として虐待をおこなった容疑で起訴され、五年の判決を受けているが、その被告は同時に慰安所を経営していたこと（途中でホテルに転業）をイギリス軍は知っていながら問題にした形跡はない（WO325/949）。

ところで戦争犯罪の捜査員のなかには日本軍の慰安婦制度を戦争犯罪と考えていた者がいないわけではなかった。イギリスではないが英連邦の一員であるオーストラリアの戦争犯罪捜査員に加わり東京で活動していたニュージーランド人ジェイムズ・ゴッドウィン大尉はその一人だった（James Mackay, *Betrayal in High Places.* Auckland : Tasman Archives, 1996）。

彼は「約二五万人の女性が、公式に設置された数え切れないほどの慰安所（売春宿）で、好色な日本帝国陸軍の欲求に（無報酬で）奉仕する売春を強要されていたといううわさ、いや証拠があった。これらの深刻な問題はわれわれのあいだで議論された。しかしアメリカの民主主義の建前にとっては奇妙なことに、捜査に対する包括的な検閲と禁止が課せられた。私は自問している。一体なにが起きているのか。」（同書一七七頁）

ゴッドウィンは慰安所を「性奴隷産業」（同書二一〇頁）と理解していたが、GHQの上層部から捜査を抑えられたという。このことは連合軍の戦争犯罪捜査員のなかには日本軍の慰安婦制度を戦争犯罪と考えていた人たちがいたこと、GHQが慰安婦制度自体の捜査を抑えていたことを示している。

六、まとめ

性暴力を裁いたかどうかという観点からイギリス裁判を検討してみると、大きな限界あるいは問題があったことは言うまでもない。性暴力を独自の訴因として裁いたことはなく（カラゴンのケースに見られるようにやろうとはしたが）、強かんなどの性暴力は虐待のような他の残虐行為の一部としての位置しか与えられていなかった。言うまでもなくこの時点では捜査をした者も裁いた者もみな男であった。

ただ強かんが単独でおこされるよりは虐殺や拷問などさまざまな残虐行為の一環としておこなわれることが多いこと、またイギリス裁判の場合、起訴状の容疑の書き方が、「不法な殺害」「虐待致死」「虐待」のように簡潔であることなどから考えると、強かんが独自の訴因にならなかったからといって、性暴力が無視されていたことにはならないだろう。

その一方で積極的な意義があったことも見ておかなければならない。強かんなどの性暴力が戦争犯罪であるという認識がなされ、強かんについて記された陳述書が証拠書類として法廷に提出された。イギリス裁判では、判決理由が作成されなかったので、一般的にはなぜそのような判決になったのかはわからないが、ここで紹介したように強かんが量刑を決める際に重要な要因となったケースもあった。(3)

イギリス以外でも、オランダやアメリカのグアム裁判で日本軍による慰安婦強制事件が「強制売春」として裁かれた例があるし、フィリピンや中国での裁判でも強かんは戦争犯罪として取り上げられて裁かれている。東京裁判においても検察側から提出された証拠書類のなかに強かんなど性暴力に関わるものが多数含まれ、それらを含めて通例の戦争犯罪で有罪判決が下されている。こうしたこともあわせて見ると、日本に対しておこなわれたBC級戦犯裁判は東京裁判とともに、戦時における性暴力を裁いた最初の国際裁判であったと言ってよいだろう。

性暴力を重大な戦争犯罪として独自に裁こうとする国際的な動きは——女性国際戦犯法廷を含めて——、こうしたBC級戦犯裁判の到達点をふまえ、同時にその問題点を認識し、それを克服しようとする営みであるし、またそうあるべきであろう。

註

（1）イギリス国立公文書館Public Record Office所蔵の資料は文中にファイル番号のみを記す。くわしくは拙著『裁かれた戦争犯罪―イギリスの対日戦犯裁判』（岩波書店、一九九八年）をご覧いただきたい。なお本稿で利用した史料はすでに同書で紹介したものであることをお断りしておきたい。

（2）マゲランのケースについては裁判にはなっていない。なお一九九四年にオランダ政府がまとめた調査報告書にはこのケースがかんたんに紹介されている（『季刊　戦争責任研究』第四号、一九九四年、参照）。

（3）判決が出されると書類は連合地上軍司令部の副法務長に送られ、そこで判決の妥当性が判断されるので、その際の文書で判決の理由がわかる場合がある。

第5章　中華人民共和国の戦犯裁判

新井利男

一、はじめに

中華人民共和国（以下、中国）の戦犯処理は、連合国各国が行なった「勝者の裁き」にみられる報復的「断罪」とは異なり、「改造」という中国独自の政策にもとづいて行なわれた。そして裁判はその一環にすぎなかった。「改造」とは、罪を犯した者を人道的に取り扱い、教育によって新しい人間に甦生させるということである。

その考え方の基になったのは、毛沢東が講話で「人間は変わる。正しい考え方・思想を正しい方法で教育すれば、人間は変わる」と語ったことに端を発している。その方針は中国共産党（以下、中共）の指導者によって研究され、中共・紅軍時代の「捕虜優待政策」や、抗日戦争時期の八路軍・新四軍時代の「敵軍瓦解工作」の捕虜政策[1]で実践されてきた。

具体的には厳しい軍の規律を定め、武装解除した敵は殺してはならない、人格を尊重し侮辱、虐待を加えてはならないとし、捕虜の生活上の待遇に気を配り、傷病者には親身になって治療を施した。

こうした捕虜取り扱いは、毛沢東思想の中にあり[2]、敵軍兵士の大部分は貧しい労働者か農民であって、搾取階級ではない。ほとんどが支配階級の間違った教育を強制され戦場に連れてこられた人たちで、もともとは自分たちと同じ階級の者である。したがって、道理を話せば必ず理解できる。このような考えから出発している。抗日戦争時期の日本人捕虜を優遇し、教育を行ない反戦兵士を作り上げた目的は、武器を捨てて平和を愛し、侵略戦争に反対する者は、被抑圧者、被搾取階級を解放する同じ目的を持った国際的友人であるとした国際主義にあった[3]。

新中国の戦犯「改造」政策は、この捕虜政策の延長上で行なわれたものである。そして重要な「国家政策」として位置づけられ、周恩来が直接指揮をとることになった。政策は一九五〇年から七五年まで二五年にわたり、捕虜政策の精神が引継がれ「改造」教育が行なわれた。その教育においては、戦犯自らが学習し、過去の犯罪行為を認め告白することが心からの反省につながるとして、あくまでも本人の自白を尊重し、決して強制はしなかった。

この期間の戦争犯罪容疑者は一五年戦争及び国内戦争における次の四種類である。

①日本人（一一〇九名、撫順《フーシュン》と太原《タイユアン》）
②偽満州国皇帝溥儀及び大臣たち（六一名、撫順）

表5-1　B・C級戦犯の国別人数

国　　名	裁判期間	死刑	無期	有期	無罪	其他	計
アメリカ	1945.11－1949. 9	140	164	872	200	77	1453
イギリス	1946.12－1948. 3	223	54	502	133	66	978
オーストラリア	1945. 2－1951. 4	153	38	455	269	24	939
オランダ	1946. 8－1949. 1	226	30	713	55	14	1038
中　国 (国民政府)	1946. 5－1949. 1	149	83	272	350	29	883
フランス (サイゴン)	1946. 2－1950. 3	63	23	112	31	1	230
フィリピン	1947. 8－1949.12	17	87	27	11	27	169
合　　計		971	479	2953	1049	238	5690
中華人民共和国	1956. 6－7	無	無	45	1017 (有罪寛大釈放)	無	1062

出典）任海生編著『共和国特赦戦犯始末』華文出版社

③偽蒙古連合自治政府主席・ドムチョクドンロプ＝徳王及び軍総司令官李守信など（計一〇名、張《チャン》家口《ヂャコウ》・呼和浩特《フホホト》）

④国民党軍司令官黄維など主要人物（九二六名、その中約三〇〇名撫順、その他は北京、上海、南京など約一〇カ所の監獄）

あわせて二一〇六名であったが、一人の死刑、無期刑もなく全員釈放された。裁判が行なわれたのは外国人の日本人のみで、国内戦犯は特赦によって順次釈放となった。表5‐1をみると、中共の戦犯処理＝「改造」が、他国の戦犯処理といかに異なるか理解できるであろう。

本稿は戦犯裁判を課題としているので、五六年六月から七月にかけて瀋陽と太原で行なわれた日本人戦犯裁判を中心に取り上げる。

併せて、中国の戦犯政策を理解するために、裁判はどのように準備され開廷されるにいたったかも詳述したい。

二、国民政府のＢＣ級裁判

本題に入る前に、内戦下で行なわれた中華民国国民政府（以下、国民政府）の日本軍将兵に対するＢＣ級裁判に少し触れておきたい。

日本の敗戦から新中国成立までの三年余り、中国大陸は国民政府と中共の内戦状態にあった。そのことが原因で日本の戦争犯罪は、ほとんど追及されなかった。

敗戦から間もない九月九日、支那派遣軍総司令官岡村寧次は、南京で国民政府陸軍総司令官何應欽《ホーインチン》に対し、降伏文書に調印した。その際、共産軍の攻撃に対し日本軍が占領地域を確保すること、武器弾薬が共産軍に渡らないように協力することを約束した。そのことで最高責任者の岡村は無罪になった。

しかし、国民政府は東京裁判に連合国として参加していたために、日本軍将兵のＢＣ級裁判を行なった。瀋陽、北京、上海などあわせて一〇カ所に軍事法廷を設置、六〇五件、起訴したのは八八三人、一四九人を死刑にした（表5－1参照）。

岡村の支那派遣軍将兵のほとんどは、四六年六月までに日本に帰ってしまった。また、関東軍の将兵は、ソ連軍の捕虜になりシベリアに連行されていったので、中共は終戦処理を求めていたができなかったのである。

三、中国の日本人戦犯

日本人戦犯は、その性質から二カ所に分けて勾留されていた。ひとつは山西省の「太原戦犯管理所」で、ここには一九四八年から五二年までの間に捕虜になったり逮捕された一四〇名が収容されていた。うち一二八名は、敗戦後、国民党軍に協力・参戦し共産党・人民解放軍と交戦した人たちである。

もうひとつは、遼寧省《リャオニン》に設置された「撫順戦犯管理所」（以下、管理所）である。ここに収容されたのは、敗戦後、中国や朝鮮でソ連軍の捕虜となり、シベリアへ抑留されたものの五〇年七月、戦犯として中国に移監された九六九名であった。

太原の戦犯は、日本の敗戦後、山西省や北京などで逮捕された後、どのような経緯で太原に送られたか不明な点が多い。しかし、管理所に収容されてからの処遇や学習、裁判までの過程は撫順とほとんど同じであった。一五年戦争の日本の戦争犯罪を明らかにしようとしていた中国政府の目的からすれば、「満州国」高官や高位の軍人が多数含まれていた撫順に政策の力点がおかれた。したがって、ここでは撫順戦犯管理所での経過をたどることにする。

四、捕虜移監——ソ連から中国へ

一九四九年一二月から翌年二月まで、「中ソ友好同盟相互援助条約」を結ぶため、毛沢東、周恩来の中国代表団がモスクワを訪れていた。その時にスターリンが、同国に抑留している日本人捕虜及び満州国捕虜あわせて一〇〇〇〇名を中国に移監する提案を行なった。内戦下で終戦処理を果たせなかった中国にとっては願ってもない出来事と、その場で受け入れを表明した。

五〇年七月一八日、中ソ国境の綏芬河《スイフンホー》で九六九名の日本人が中国に引渡された。当時シベリアには約二五〇〇名の日本人捕虜がいたといわれているが、どのように選定されたかは現在も明らかになっていない。撫順に勾留されていた者の内訳は、満州国司法行政関係二九名、満州国軍関係二五名、満州国警察関係一一九名、満州国鉄路警護軍四八名、関東州庁関係その他三三名、関東軍憲兵関係一〇三名、関東軍隷下部隊五八二名（五九師団二五七名、三九師団一九八名、一一七師団三一名、六三師団二二名、その他七四名）である。[4]

この時から日本人は「捕虜」から「戦犯」の身分で取り扱われることになった。さっそくこの問題について戦犯から抗議の声があがった。監房の壁に貼られた「監房規則」の中に戦犯管制所の文字を見つけたのである。戦犯の一部は、国際法に基づいて捕虜として取り扱うように激しく要求した。しかし、管理所側は受け入れようとはしなかった。そうしたなかで元満州国警察局警務科鹿毛繁太が所長に面会を求めた。自分たちは捕虜であって戦犯ではない、国際法を守ってすぐに取り消すように言った。所長は次のように答えた。

「あなたは国際法を知っていますか。戦争中、あなたたちは国際法を守りましたか」

鹿毛は言葉につまり、反論できなかったという[5]。

中国側は、収容された日本人に対し戦争中自分は何をしたか、人道に背くような戦争犯罪を犯さなかったかを問うたのである。すなわち、「戦犯」の文字から戦争犯罪人かどうかの自覚をうながしたのであった。

「撫順戦犯管理所」（写真提供＝新井利男）

その後管理所は戦犯をどのように管理教育していったか、戦犯はどのように変わっていったか、紙幅に限りがあるのでここでは詳述できない。概略だけを次に記したい（詳細は『侵略の証言』（岩波書店）を参照されたい）。
管理所では、戦犯に対し、「改造」教育の方針に基づいて反抗しても罵ったり殴ったりせずに人間的に接した。病気の者は手厚く看護し、難病の者には高価な薬を投与し命を救った。日本人の生活習慣にそった食事をつくった。そうした環境の中で戦犯たちは管理所の取り扱いと日中戦争中の自分の行為を重ね合わせて考える。中国人を捕らえるとひどい拷問を加え、時には殺した。その記憶が蘇り中国人被害者の痛みを感じるようになる。このような「罪の自覚」に到達するまで、程度の差こそあれ戦犯たちの多くは三年の歳月を必要とした。

五、罪状調査

中国政府は、戦犯のこうした反省の態度をみて、次は「罪の自白」、罪状調査を進めることになった。それは裁判のための調査でもあった。周恩来は調査団を作るように指示し、団長は調査の専門家、最高人民検察院副検察長譚政文を指名した。

五四年二月、調査団をつくるために、検察庁と公安庁を中心に全国から罪人取扱いの経験豊富な者及び日本語通訳あわせて七〇〇名を北京に集めた。そして約一カ月間、戦犯政策の方針、「改造」教育の考え方、進め方を教育・訓練した。この七〇〇名と管理所関係二〇〇名、総勢九〇〇名が二月下旬管理所に集められ、「最高人民検察庁東北工作団委員会」（以下、検察団）が設置された。

二月二七日から戦犯の審問が開始され、戦犯は供述書を書くように命令された。戦犯たちは反省の態度は表わすものの、自らが下した残虐行為、陵辱行為を告白する勇気は持っていなかった。

しかし五四年四月、戦犯の罪行告白の突破口となった出来事が起きた。第三九師団第二三二聯隊第一大隊中隊長・宮崎弘が「坦白《タンパイ》」（すべての罪をさらけ出し告白すること）したのである。中庭で戦犯全員を前にして、体をよじり泣きながら残虐行為を告白したことが、戦犯たちに衝撃を与え、罪行告白をつくり出していった。

そして何よりも戦犯たちの告白に影響を与えたのは古海忠之であった。彼は満州国国務院総務庁次長で、満州国の実権を握り傀儡皇帝溥儀を操っていた人物で、戦犯の代表といえる立場にあった。五月に行なわれた佐官級以上の集会で、彼が坦白したのである。満州国で悪法を次々と制定、執行し、物資略奪と現地民からの搾取、反満抗日活動家への弾圧など、満州植民地支配、中国侵略を具体的に告白したのである。そして最後に、極刑に処してくださいと泣き崩れたのであった。この出来事は戦犯全員に伝わり、頑固に口を閉ざしていた者も、自らの罪行を告白していった。そうしてまとめられたのが「自筆供述書」である。

検察団は調査を進めるうえで、審問対象を将官・佐官級と尉官以下の二つに分けた。将官・佐官級は個別審問を行なうために、審問室を三つに分け、第一審問室は軍隊・憲兵、第二は司法・行政、第三は特務・警察とした。尉官以下は特別な部屋を設けずに、日常的雰囲気の中で会話が進められた。

最初の供述ではほとんどの者が国や軍の命令に従ったまでとし、自己責任を曖昧にした。検察団は次のような告知をした。

「坦白する者には軽く、逆らう者には重くのぞむ」

「罪行は事実のみを正確に記すこと、拡大しても縮小してもいけない」

審問は「改造」教育の方針に沿って強制せず、本人の自白を尊重した。その時期には、中国各地の被害者、遺族から告訴状が検察団に続々と届いていた。署名、指印、捺印された告訴状には、事件の一部始終と日本軍部隊名、中には隊長名が記されているものもあった(6)。

検察団は、調査組を作って戦犯の罪行調査を進めていった。調査組は日本が残していった記録文書や新聞、写真、などを分析する内部調査班と、犯罪現場へ行って調査する外部調査班の二つに分けられた。当時の劣悪な交通事情の中でも数回の現地調査を実施して、日本軍が侵略した山岳地帯や農村へと出向いた。被害者や目撃者などから証言を取り、犠牲者の遺骨発掘、科学調査団による殺戮鑑定、毒ガス筒などの物的証拠の収集などを綿密に行なった。

尉官以下級の罪行が固められると、それを動かしがたい証拠として佐官、将官級の罪行を追及していったのである。

自筆供述書は事件の日時、場所、人名、民家焼却数、略奪物資、人民殺害の方法と人数、強かん、誘拐人数などが実に詳しい。戦犯たちは自分の記憶だけでは正確さを欠くために、師団、部隊、憲兵、警察、司法などに所属した者がグループをつくり、調査班が集めた戦時中の資料を参照したり、当時を語り合って事実に近づこうとした。

この時期の戦犯たちは自分の全てをさらけ出し、傷つき、死刑を覚悟し、自殺を考えるなど誰もが苦しい自己との闘いの連続であった。自筆供述書のほとんどは、この時期（五四年）に書かれた。

六、裁判の準備

一九五五年秋、審問と調査を終えた検察団は、裁判に向けての起訴状作りにとりかかった。検察団は国家最高検察院と最高法院に対し、調査結果の報告と戦犯処理の意見「要請案」を提出することになった。そこで、確固たる証拠資料にもとづいて作られた起訴案は極刑七〇名であった。その年の暮、検察団と管理所の代表二人が北京に行って周恩来に会った。二人の報告を聞いた後、周は次のように述べた。

日本戦犯の処理については、一人の死刑もあってはならず、また一人の無期刑も出してはならない。有期刑もできるだけ小数にすべきである。起訴状は基本罪行をはっきり書くべきで、罪行が確実でないと起訴できない。普通の罪の者は不起訴である。これは中央の決定である。

代表二人が撫順に帰り、検察団全員にこの報告をした。寛大すぎる、納得できない、という意見にまとまった。二人は再び北京に行った。周は諭すように語った。

侵略戦争で罪行を犯した人が充分に反省し、その体験を日本の人々に話す。我々中国共産党員が話すよりも効力があると思わないかね。日本の人民もきっと納得する。

再び集会が開かれ、二人は周の話をそのまま伝えた。誰からも反論はなかった。しかし、心の中で「先のことはわからない」「寛大すぎる」と思っていた者は少なくなかったという。[7]

翌年三月一四日、全国政治協商会議第二回大会第一九次会議が北京で開かれた。その会議で周恩来が日本人戦犯、国内戦犯の問題について中央の考えとして話した。[8]この内容は、その後の戦犯処理を決定づけるきわめて重要なものとなった。その内容を要約して次に記したい。

・日本人戦犯裁判は、国際法にもとづくが国際法廷には属さない。国内の軍事法廷にもとづいて裁判し、処理する。裁判を行なう理由としては、中国は日本と平和条約を結んでいない。国交も回復していないので戦争状態である。

いうまでもなく、BC級戦犯の終戦処理として考えていたことがうかがえる。

・最高検察院は、人民法院、公安部、外交部、外交学会と討議した。刑罰の人数を多くし、死刑も考えるべきと主張した者もいた。このことについては討議を重ねた結果、寛大な処理をとることにする。罰を科すべきものは五一人で、一〇年から二〇年の懲役を与えてもいい。重罪を犯した者はそれ以上でもいい。大多数は三回に分けて釈放するつもりである。

・毛主席が寛大に処理するとコメントしているように、寛大な処理をとるほうがいい。

起訴される戦犯は、この時点ですでに決まっていたとみられる。裁判の行方、判決までも具体的に示されている。

この会議の前、毛沢東は周恩来か公安部長の羅瑞卿と会って日本人戦犯に対して次のように話した。(9)

戦犯を長く監禁してもしょうがない。永遠に監禁することもできない。豚なら食えるが戦犯は人間だから肉にして食うことができない。教育も一定期間行なえばいい。彼らを共産主義指導者にするための教育をして、日本に帰して政権を打倒するのが目的ではない。

日本の軍隊は徹底した教育をして規律が厳しい。だから他の者からの指導を受けても、その意見を簡単には納得できない。もう釈放して帰したらいい。

四月二五日、全国人民代表大会常務委員会第三四回会議が開かれ、日本人戦争犯罪者の処理について発表した（資料5-1）。これは中国が、初めて公式に日本人戦犯処理について明らかにしたものである。その内容は、三月一四日の会議で周恩来が話した意向がそのまま反映されたものとなった。裁判前の「寛大な処分」である。

中央の指示に従って管理所は、戦犯全員を集めてその決定書の内容を伝え公布した。寛大処理に感激して涙を流す者、声を上げて泣く者、そして申し訳ないと死刑を願い出る者もあらわれた。運よく職員に発見され助かったが、シーツを引き裂きひもにして集団自殺を図った者たちもいた。心配した管理所は裁判までの一カ月余り、「罪を認め法に服する」教育を行なった。
検察団は、最終的に撫順三六名、太原九名の合計四五名の起訴状を作りあげた。周恩来が述べた人数より六名少なくなった。四五名は次のように決められた。
犯罪の性質から「軍人」「司法行政」「憲兵・特務・警察」の三つに分けた。そして、それぞれの典型的罪行と代表人物・責任者を選んだ。将校や高官が中心であるが、重大な罪を犯した者は身分が低くても訴追している。起訴状は、自筆供述書の中から代表的な罪行を選び出し、証言や証拠が充分であるものでつくられた。したがって起訴された罪行は、被告のほんの一部の罪行である。[10]
軍人鈴木啓久の犯罪は、国際法の準則と人道を踏みにじった典型的なものであった。そうした重大な犯罪を起訴するために、周恩来は起訴状作りを慎重に行なった。法律面からの検討は、東京裁判の中国代表判事梅汝璈《メイルーアオ》があたった。日本文の検討は周恩来と日本語研究者によって作られた。[11]
被告一人ひとりに弁護士がついた。弁護士は、約一カ月、罪状調書、告訴状、証拠品、証拠資料などを丹念に検討した。その結果、何を弁護していいか困った。罪状は精密な調査で反論の余地がなかったからである。さらに被告本人が全ての罪を認め異議申し立ての姿勢を示さなかったからであった。弁護士同士で長い時間話し合った結果、ようやく弁護の二つの方針を見つけることができた。[12]
①被告の罪行は否定できない重大なものである。しかし、客観的に見ると、当時の日本は軍国主義一色であって、被告は命令に反対することは不可能だった。そうしたことを考えると、被告

目下勾留中の日本の中国侵略戦争中における戦争犯罪者の処理についての中華人民共和国全国人民代表大会常務委員会の決定

目下わが国に勾留中の日本戦争犯罪者は、日本帝国主義のわが国にたいする侵略戦争中に、国際法の準則と人道の原則を公然とふみにじり、わが国の人民にたいして各種の犯罪行為をおこない、わが国の人民にきわめて重大な損害をこうむらせた。かれらのおこなつた犯罪行為からすれば、もともと厳罰に処して然るべきところであるが、しかし、日本の降伏後十年らいの情勢の変化と現在おかれている状態を考慮し、ここ数年らいの中日両国人民の友好関係の発展を考慮し、また、これら戦争犯罪者の大多数が勾留期間中に程度の差こそあれ改悛の状を示している事実を考慮し、これら戦争犯罪者にたいしてそれぞれ寛大政策にもとづいて処理することを決定する。ここに、目下勾留中の日本戦争犯罪者にたいする処理の原則とこれに関する事項をつぎのとおり定める。

（一）主要でない日本戦争犯罪者、あるいは改悛の状がわりと著しい日本戦争犯罪者にたいしては、寛大に処理し、起訴を免除することができる。

罪状の重い日本戦争犯罪者にたいしては、各自の犯罪行為と勾留期間中の態度におうじて、それぞれ寛大な刑を科する。

日本降伏後さらに中国の領土で他の犯罪行為をおこなつた日本戦争犯罪者にたいしては、その犯罪行為を併合して処置する。

（二）日本戦争犯罪者にたいする裁判は、最高人民法院が特別軍事法廷を組織しておこなう。

（三）特別軍事法廷で用いる言語と文書は、被告人の理解できる言語、文字に訳すべきである。

（四）被告人は自分で弁護をおこない、あるいは中華人民共和国の司法機関に登録した弁護士に依頼して弁護をうけることができる。特別軍事法廷はまた、必要とみとめたばあい、弁護人を指定して、被告人の弁護にあたらせることができる。

（五）特別軍事法廷の判決は最終判決である。

（六）刑を科せられた犯罪者が、受刑期間中の態度良好のばあいは、刑期満了前にこれを釈放することができる。

は日本の侵略戦争の被害者でもあった

②被告の罪悪思想は変わった。現在は改悛の情を深くして、心から反省している

開廷が迫った九日前、最初の法廷に立つ「軍人」八名に日本文の起訴状が手渡された。被告たちは罪状一つひとつに目を通したが、弁護士に異議を申し出る者は一人もいなかった。上坂勝など四名は、自己の罪行は世人周知の事実であるとして、法廷での弁護士はつけなくてもよいと申し出た。

瀋陽の法廷は、日中一五年戦争の終戦処理、歴史的な裁判の意義を考慮して、「九・一八」事変＝満州事変の柳条湖に近い劇場を改修して行なわれた。

七、最後の戦犯裁判

「中華人民共和国最高人民法院特別軍事法廷」は、五六年六月九日から七月二〇日まで瀋陽と太原で行なわれた。新中国で初めて行なわれるBC級戦犯裁判、しかも中国人民に多大な損害と甚大な被害を及ぼした日本人戦犯裁判である。誰でもが深い関心を寄せた。傍聴席は政治協商会議全国委員会代表、各民主党派、人民団体代表、瀋陽市の学校、工場などの代表、中国国内の新聞社の記者一四〇〇人余りで埋まった。その中には自らも戦争中被害を受けたり、肉親を失った人たちがたくさんいた。中国政府は、この傍聴人たちにも法廷での規則、心がまえを事前に厳しく教育した。したがって裁判中に怒声を上げたり、妨碍になるような行為は一切なかった。そして、裁判では犯

罪事実そのものについて争われることはなかった。徹底した「改造」教育によって、戦犯たちが罪を認め深く反省するという「認罪」に達していたからである。戦犯の誰もが罪を認め謝罪をした。証人として出廷した被害者の前で涙を流して頭を垂れる者、傍聴席に向って土下座し極刑を求める者が出るなど、東京裁判、ニュルンベルク裁判では見られない光景であった。

「軍人」8名の裁判。左側に被告8名がいる。(写真提供＝同前)

こうした裁判の詳細を私が知ったのは、周恩来の命令によって裁判の一部始終を記録した映像を見たからである。九四年、数十時間に及ぶこの記録映像を、北京の中央新聞紀録電影制片廠の試写室で三日間にわたって見た。衝撃を受けたのはいうまでもない。そして中国の裁判に関する研究資料がほとんどない中で、私にとっては貴重なものとなった[13]。その映像も含めて、裁判について話を進めていきたい。

中国はこの裁判で何を裁こうとしたのか。何を明らかにしようとしたのか。

それは起訴された四五名を、次の三つの案件に分けて審議していったことで知ることができる。

一、「軍人」八名（瀋陽）

日本の中国侵略の実態である。日本軍は中国全土において、中国人民に対し殺戮、放火、略奪、そして女性への暴行など数限りない罪行を犯した。国際法の準則と人道の原則から日本の戦争犯罪を明らかにする。

二、「満州国官僚（司法・行政）、憲兵、特務、警察」二八名（瀋陽）

満州植民地支配の実態である。日本帝国主義は傀儡満州帝国をつくり上げ、政治、経済、文化の各分野にわたり東北地方人民を支配し、資源の略奪、開拓政策という名の領土略奪、人民の奴隷化と搾取、抗日人民への弾圧などを行なった。それらはどのような方法で遂行していったのかを明らかにする。

三、「日本降伏後、山西省で国民政府・軍に参加、協力した日本の特務及び軍人」九名（太原）

降伏したにもかかわらず、なぜ国民政府に加わり中共の解放戦争を妨碍及び交戦したのか。また満州国時代に何をしたのかを明らかにする。

以上を裁判に即して主要な人物及び犯罪を取りあげていきたい。

最初の裁判は「軍人」八名（表5－2）で、六月九日から一九日の判決まで瀋陽で行なわれた。証人は中国人一五人、日本人（被告の元部下で管理所に収監中）五人である。中国人被害者・証人は瀋陽と太原を合わせて九五人となった。検察団は裁判の四カ月前から彼らを招集し、裁判が国家政

表5-2 「軍人」戦犯

氏　　名	出生年	元の職務	刑期	釈放年月	備　　考
鈴木啓久	1890年	陸軍第117師団師団長・中将	20年	1963年6月	満期前釈放
藤田　茂	1889年	陸軍第59師団師団長・中将	18年	1957年9月	満期前釈放
上坂　勝	1892年	陸軍第53旅団旅団長・少将	18年	1963年8月	満期前釈放
佐々眞之助	1893年	陸軍第39師団師団長・中将	16年		1959年死亡
長島　勤	1888年	陸軍第59師団第54旅団旅団長兼済南防衛司令官・少将	16年	1959年末	満期前釈放
船木健次郎	1897年	陸軍第137師団375聯隊聯隊長・大佐	14年	1957年5月	満期前釈放
鵜野晋太郎	1920年	陸軍第39師団第232聯隊本部俘虜監督将校兼情報宣撫主任・中尉	13年	1958年8月	
榊原秀夫	1908年	陸軍関東軍第731部隊第162分隊分隊長・少佐	13年	1957年5月	満期前釈放

策にもとづき厳正に行なわれることを強調した。したがって個人の恨みをはらす場ではない、個人的感情をおさえ事実のみを話すように徹底した教育が行なわれた。藤田茂から審議が開始された。

藤田茂（第五九師団師団長中将）

起訴された罪状は三八年から四五年までの主要な罪状七件。最も問われた罪行は、「討伐」による「三光」（焼きつくし、殺しつくし、奪いつくす）である。四五年五月から六月の「秀嶺作戦」ひとつを見てもすさまじい。住民六〇〇余名殺害、民家一八〇〇〇余軒を焼き払い、食糧五〇〇余トン及び家畜一六〇〇余頭を略奪、地雷排除のため住民に強制的に踏ませ六〇余名を爆死させた。さらに部下が六〇余名の婦人を強かんするのを放任、一名は輪かんされ死亡。

また、兵士の「度胸だめし教育」のために、住民や捕虜を標的に刺突させた。「捕虜は戦場で殺し、これを戦果に計上すべし」と命令した。この件に関しては、三八名の告訴、中国人四二名、被告の部下・司令部参謀少佐村上勇二など二二八名の証言、調査尋問記録八部、写真一七枚、被告の供述書により証明された。

藤田は法廷ですべてを認めた。一五日の最終陳述では、天皇の戦争責任も述べた。供述書では自分に「罪行を犯さしめたる裕仁に対し、心よりの憎恨と斗争を宣言せんとするものであります」と記した。四五名の中で、天皇の戦争責任に言及したのは藤田一人である。

鈴木啓久（第一一七師団師団長中将）

四一年から四五年まで罪状八件。鈴木の罪行も「三光」であるが、藤田より規模が大きく現地民の被害は甚大であった。

四二年四月「豊潤《ほうじゅん》大討伐」を命令し、河北省「魯家峪《ろかよく》虐殺事件」をひきおこした。民家一九〇〇余軒を焼き払い、斬り殺す、焼き殺す、毒ガスを放つなどで住民二二〇余名殺害、毒ガスを投げこまれ、穴から這い出た一八歳の娘を輪かんして死亡させた。強かんに抵抗した妊婦が腹を切り裂かれ胎児をえぐり出された。

同年一〇月、河北省潘家戴荘において、民家一〇〇〇余軒を焼き払い、一二八〇余名を銃剣で突く、生き埋めなどで殺害、六三名の妊婦が殺されたが、その多くが強かんされ腹を裂かれ胎児をえぐり出された。一九名の嬰児が母親の手からもぎ取られ地面にたたきつけられ殺された。

同年九月から一二月までの間、長城線に沿って長さ二九〇キロの遮断壕と多数の望楼を構築、六

被害者・周樹恩がやけどの跡をみせ被害を証言する鈴木啓久の裁判。(写真提供＝同前)

〇〇余万人を強制労働させ大勢の犠牲者を出した。また同地域に「無住地帯」をつくり、餓死及び凍死一七二名、二三〇名を殺害、民家一五七〇〇余軒が焼き払われた。

鈴木の証人は中国人被害者四人、日本人は部下で副官の一人である。被害者四人は、背中に銃弾の跡が生々しく残っている者、脇腹から背中にかけて大きなやけどの跡がある者、左腕が拷問で変形した者など誰もが深い傷を負っていた。鈴木は彼らに涙を流しながら謝罪した。

起訴されなかったが、鈴木は軍命により慰安所設置と中国人及び朝鮮人女性を拉致、誘拐して慰安婦にさせたことを供述書に記した。四〇年も前に人道上の問題、犯罪として認識したことに注目する。

なぜ、鈴木は犯罪として供述したのか。その動機は管理所で観たニュース映画「混血児」だと記している。米軍占領下で、日本人女性が米兵に暴行を受けているのを見て、その野蛮行為に憎しみを持ったのである。と同時に、日本軍が中国人及び朝鮮人女性に対して行なった行為とを重ね合わせていたのである。

上坂勝（第五三旅団旅団長少将）

罪状は四件であるが、上坂の主な罪行は四二年五月に行なった「冀中《きちゅう》作戦」の毒ガス虐殺事件である。国際法に違反した重大事件として中国は注目した。

河北省北疃《ペイトウン》村を襲撃した際、地下道に避難した住民に毒ガスを投げこんで八〇〇余名を殺した。婦人三五名を強かんし、三名をその後殺した。一家全滅は二三世帯あった。民家三六軒も焼き払った。

最終陳述で上坂は、国際法規に違反したとはっきり述べて深々と頭を下げた。

榊原秀夫（関東軍第七三一部隊第一六二分隊分隊長少佐）

榊原が問われたのは、七三一部隊の細菌戦の準備と実態である。

四二年から四五年まで、関東軍第七三一部隊に所属し、細菌を培養、細菌兵器を製造した。ジャムス、林口地区で現地民に強制してネズミを捕まえさせ、細菌部隊に提供させた。専門員を訓練してペスト、発疹チフス、コレラ、赤痢などの細菌を大量に培養させた。

残る四人の軍人の犯罪も重大であるが省略する。判決は一九日に行なわれ、八名に対し一三年から二〇年の禁固刑が言い渡された。

判決後、雑誌「人民中国」の記者が各戦犯に判決についてのインタビューを行なった。鈴木啓久は次のように語った。

私は極悪非道の大罪を犯したものであります。わたしは、いかに寛大な処分を受けるとしても、二〇年の禁固などということは考えておりませんでした。（中略）わたしの家内は、直接手をくだして人を殺したのはわたしではない、それは部下のやったことだと考えているかも知れませんが、そうした考え方は誤っておる、かつてわたしは部下に命じて平和な村を「徹底的に粛正」させ、すすんで根こそぎ政策（三光・筆者注）を執行させたのであって、こうした犯罪行為に対して当然責任を負うべきなんだ、ということを知らせたいと思っております。

満州国官僚たち二八名（表5-3）の裁判は、七月一日から二〇日まで瀋陽で行なわれた。国務院総務庁長官の武部六蔵は、二度の脳出血で病床にあり、病室に判事、弁護士、書記、通訳などが出向いて審問が行なわれた。二〇日、特別軍事法廷は武部に対し、禁固二〇年の判決を言い渡した。しかし、翌日、仮釈放と伝えた。武部はベッドで子供のように顔をくしゃくしゃにして大声で泣い

古海忠之の犯罪について証言する溥儀と旧満州国大臣たち。（写真提供＝同前）

た。勾留期間中の態度がよかったことと医師の判断による。七月下旬、興安丸で帰国の途についた。したがって法廷は二七名となった。証人は一般中国人二七名、旧満州国皇帝溥儀と大臣たち一二名、被告の同僚、部下の日本人九名である。

古海忠之（満州国国務院総務庁次長兼企画局長）

罪状は五件であるがどれも重い。

満州国の政策、法令、措置の画定、制定は国務院総務庁長官、次長、各部次長すべて日本人によって行なわれた。その黒幕政策決定機構が「火曜会」。満州支配の犯罪政策、悪法はこの「火曜会」で企画され制定された。古海は火曜会に深く関わった。そして傀儡満州国政府を操って、中国の国家主権を奪い取った。

表5-3 「満州国官僚・憲兵・特務・警察」戦犯

氏　名	出生年	元の職務	刑期	釈放年月	備考
武部六蔵	1893年	満州国国務院総務庁長官	20年	1956年7月	病気のため釈放
齋藤美夫	1890年	満州国憲兵訓練処処長・少将	20年	1964年3月	満期前釈放
古海忠之	1900年	満州国国務院総務庁次長	18年	1963年2月	満期前釈放
中井久二	1897年	満州国司法部司法矯正総局長	18年	1963年9月	満期前釈放
三宅秀也	1902年	満州国奉天省警務庁庁長兼地方保安局局長	18年	1963年4月	満期前釈放
杉原一策	1899年	満州国司法部刑事司司長	18年	1963年9月	満期前釈放
佐古龍祐	1892年	満州国牡丹江鉄道警備旅団旅団長・少将	18年	1961年8月	満期前釈放
横山光彦	1901年	満州国ハルビン高等法院次長兼特別治安法廷裁判長	16年	1961年8月	満期前釈放
原　弘志	1895年	満州国鉄道警護軍参謀長・少将	16年	1957年9月	満期前釈放
今吉　均	1906年	満州国警務総局警務処処長	16年	1961年8月	満期前釈放
田井久二郎	1903年	満州国チチハル市警察局特務科科長	16年	1957年5月	満期前釈放
木村光明	1906年	関東軍第三特別警備隊隊付・少佐	15年	1957年5月	満期前釈放
岐部與平	1895年	満州国厚生会理事長	15年	1959年12月	満期前釈放
島村三郎	1908年	満州国警務総局特務処調査科科長兼中央保安局第二科科長	15年	1959年12月	満期前釈放
鹿毛繁太	1899年	満州国錦州市警察局警務科科長	15年	1960年7月	満期前釈放
築谷章造	1894年	満州国吉林省警務庁兵事主任	15年	1960年7月	満期前釈放
柏葉勇一	1890年	満州国撫順警察局局長	15年	1960年7月	満期前釈放
溝口嘉夫	1910年	満州国ハルビン高等検察庁検察官	15年	1959年12月	満期前釈放
吉房虎雄	1897年	平壌憲兵隊長・大佐	14年	1957年5月	満期前釈放
藤原廣之進	1897年	満州国新京日本憲兵分隊分隊長・少佐	14年	1959年8月	
野崎茂作	1898年	満州国懐徳県警務科科長	14年	1960年1月	
宇津木孟雄	1895年	満州国ジャムス日本憲兵隊隊長・中佐	13年	1958年12月	
上坪鉄一	1902年	満州四平日本憲兵隊隊長・中佐	12年	1957年8月	
蜂須賀重雄	1896年	満州国奉天鉄道警護団団長	12年	1957年9月	
堀口正雄	1901年	満州国錦州日本憲兵隊隊長・中佐	12年	1957年8月	
志村行雄	1902年	関東軍第一特別警備隊教育隊隊長・中佐	12年	1957年8月	
小林喜一	1895年	満州国興安日本憲兵隊隊長・少佐	12年	1957年8月	
西永彰治	1899年	満州国ハルビン道里憲兵分隊分隊長・少佐	12年	1957年9月	

皇帝溥儀と各大臣が出廷し、自分たちには全く実権がなく、「火曜会」で作られ制定された数々の悪法によって、東北人民が搾取され困窮し、奴隷のように酷使されたことを証言した。犯罪政策と悪法を次々に制定、満州の重要資源を大量に略奪した。徴兵を強行し、強制労働に狩りたて酷使、虐待した。アヘン政策で中国人民を衰退させ奴隷化させた。開拓政策の名で、日本農業移民を満州に送りこみ、現地農民の土地と家屋を強制的に占用した。

古海は最終陳述で、自分の犯罪によって多くの中国人民に被害、損害を与えたことを述べ、極刑に処して欲しいと体を折るように謝罪した。

齋藤美夫（満州国憲兵訓練処処長）

「憲警統治」満州国支配の実態が問われ明らかになった。

「治安粛正」「防諜」「思想対策」など、人民を弾圧する活動に従事した齋藤は、三五年からの憲兵在職期間中に六三七一三名もの抗日救国活動家や一般人を逮捕した。[14] 齋藤は関東憲兵隊司令部治安課長の三五年から人民弾圧の仕事を積極的に進めたが、その年から翌年までの五カ月間に、満州国警察、憲兵機構を指導して拉致、逮捕させた抗日救国者、一般人は八六五五名である。そのうち五七八名は殺され、九四四名は司法機関に送られた。また、三六年四月から三七年二月までの七カ月間には、三八五七七名を拉致逮捕した。そのうち四三三六名は殺され一〇四八九名は司法機関に送られている。

表5-4 「国民政府・軍参加」戦犯

氏　名	出生年	元の職務	刑期	釈放年月	備　考
富永順太郎	1895年	陸軍特務機関「富士機関」主事、蔣介石国防部中校副隊長	20年	1964年3月	満期前釈放
城野　宏	1914年	太原綏靖公署教導総隊少将副隊長兼処長	18年	1964年3月	満期前釈放
相楽圭二	1916年	太原綏靖公署教導総隊少将団長	15年	1963年9月	満期前釈放
菊地修一	1915年	太原綏靖公署教導総隊参謀長、砲兵団長	13年	1962年2月	満期前釈放
永富博道	1916年	太原綏靖公署教導総隊上校団長	13年	1963年9月	満期前釈放
大野泰治	1902年	太原綏靖公署中校教官	13年	1963年9月	満期前釈放
住岡義一	1917年	陸軍独立歩兵第14旅団歩兵第244大隊中隊長、閻錫山部隊上校団長	11年	1959年12月	
笠　實	1906年	壺関県政府顧問、閻錫山部隊少校軍需	11年	1961年12月	
神野久吉	1908年	大同保安総隊少校副隊長、情報主任	8年	1957年4月	

中国人民を弾圧した関東憲兵隊、関東軍、満州国軍と警察は、日本の満州支配＝統治を支援したもので、国際法の規範と人道主義の原則をふみにじった行為であった。

二〇日判決が下り、二八名に対し一二年から二〇年の刑が言い渡された。

最後に紹介する太原組九名（表5－4）は国民政府に協力した戦犯である。その中の富永順太郎だけ独立して裁判が行なわれた。他の八名は閻錫山《えんしゃくざん》軍に協力したが、富永は彼らとは違って、四六年三月、国民政府国防部第二庁北平第二工作隊（後に北平電信支隊と改称）に徴用され中校副工作隊長（後に副支台長）となったからである。しかし、国民政府に協力したことでは同じで太原で裁かれた。

富永順太郎（華北交通株式会社情報部幹事長兼本社参

与・富永機関＝敗戦時）

太原組の裁判は六月一〇日から二〇日まで行なわれた。最初の二日間は富永である。富永は三二年から特務の仕事に携わりスパイ活動を組織し、後継の指導も行なった。活動の中で中国人民を拉致逮捕、拷問、奴隷のように使役して虐殺するなどの行為を行なった。日本降伏後は、日本軍国主義の復活を企んで再び中国に潜伏し、蔣介石国民党の特務組織と結託、スパイ活動を行なってきた。富永に対しては、中国人民の解放事業を妨碍、破壊するなど満州国時代と日本敗戦後の二重の罪が問われ裁かれたのである。

富永が日本降伏後、中国内に潜伏した目的を、元華北交通株式会社愛路訓練処の主任・宋大為が暴露した。

一九日、富永は最高刑二〇年が言い渡された。他の八名は二〇日に判決が出された。四五名の判決は、表5-2〜4に示したように八年から二〇年の寛大処理で、死刑、無期刑はなかった。ソ連の五年、中国での六年が算入され、ほとんどが満期前に釈放され帰国した。

六月二一日、四五名を除いた一〇一七名に対しては、「主要でない日本戦争犯罪者、あるいは改悛の情がわりあいに著しい日本戦争犯罪者に対しては、寛大に処理し、起訴を免除することができる」と判決した。不起訴即時釈放となり、病死者四五名、自殺者三名以外は五六年、六月、七月、八月の三回に分けて帰国した。

八、さいごに

中国の戦犯政策の目的は何だったのか。不起訴処分の判決があった翌日、そのことを表明するように、最高人民法院検察長の張鼎丞《チヤンテインチヨン》が全国人民代表大会第三回会議で述べた。その一部を抜すいする。

——日本戦争犯罪者に厳正でしかも寛大な処理を行い、罪状の重いごくわずかな犯罪者には法律にもとづいて制裁を加える一方、寛大に赦免してもよい大多数の者はこれを寛大に赦免したのであります。

こうした処理は、我が国人民の長い目で見た利益に全く一致する上に、中日両国人民の友好関係の発展に役立ち、極東と世界の恒久平和を打ち固める上にも役立つものであります。(15)——

註

(1) 羅瑞卿「八路軍の捕虜政策について」—抗日軍政大学講義より(季刊『現代史』一九七四年八月二五日発行・夏季特別号、八六~九〇頁)。

(2) 同右及び毛沢東『毛沢東語録』平凡社、一九九五年、一三五~一三八頁。

(3) 毛沢東『毛沢東語録』平凡社、一七四~一七五頁、及び姫田光義「中国共産党の捕虜政策と日本人戦犯」藤原彰・新井利男編『侵略の証言』岩波書店、一九九九年、三〇一頁。
（4）この内訳は、中国が日本戦争犯罪容疑者の降伏時の身分等を整理して、一九五四年一〇月二二日に発表した「日本侵華戦争罪犯名冊」を参照した。この時点では三四名が死亡、太原から撫順に移監された七三一関係者四名が含まれている。
（5）「撫順戦犯管理所」二代目所長金源氏のインタビュー記録から。
（6）「最高人民検察庁東北工作団委員会」検察員・李放氏のインタビュー記録から。
（7）（5）の金源氏のインタビュー記録から。
（8）中共中央文献研究室及び中央檔案館編『党的文献』中央文献出版社一九九五年(2)（周恩来「全国政治協商会議第二回大会第一九次会議（拡大）一九五六年三月一四日、一九～二一頁）。
（9）師哲氏（一九〇五～一九九八年）のインタビュー記録から。師哲氏は一九四八年政治秘書室主任となり、一八年間毛沢東の側近として仕事をした。中ソ会談では毛沢東のロシア語通訳として活躍した。師哲『毛沢東側近回想録』新潮社、一九九五年、がある。
（10）前出の李放氏のインタビュー記録から。
（11）同右
（12）「中華人民共和国最高人民法院瀋陽特別軍事法廷」弁護士・韓鳳路氏のインタビュー記録から。
（13）「中央新聞紀録電影制片廠」に保管されている「日本人戦犯の記録」フィルム（三五㎜・一四五九六m）。
（14）羣衆《グンシュウ》出版社及び長城文化出版公司編『覚醒』日本戦犯改造紀実、一九九一年、一〇一頁。
（15）『人民中国』一九五六年八月号から再録「厳正な裁判　寛大な処理」外文出版社、一二三頁。

参考文献

・藤原彰・新井利男編『侵略の証言』岩波書店、一九九九年。
・中国帰還者連絡会訳編『覚醒』新風書房、一九九五年。
・香川孝志、前田光繁『八路軍の日本兵たち』サイマル出版会、一九八四年。
・任海生編著『共和国特赦戦犯始末』華文出版社、一九九五年。
・人民法院出版社『正義的審判』一九九一年。

インタビュー記録

・「撫順戦犯管理所」元職員三一名
・「東北戦犯管理委員会」一名
・「最高人民法院特別軍法廷」検察員一名及び弁護士一名

第6章　イスラエルのアイヒマン裁判
――イスラエル現代史における意味

臼杵　陽

一、イスラエルで封印された「アイヒマンの手記」

一九九九年夏、イスラエルにおいてアドルフ・アイヒマン（一九〇六―六二年。ナチス・ドイツにおいてユダヤ人問題の最終解決＝ユダヤ人絶滅計画の実行責任者となった親衛隊将校。イスラエルにより拉致され、裁判にて絞首刑となった）の亡霊が漂い始めた。次のような出来事が起こったからである。アイヒマンの遺族がイスラエル政府に対してアイヒマンの残した遺品の引き渡しを求めた、とイスラエル高級紙『ハ・アレツ』が報じた。その「遺品」とはアイヒマンがイスラエルで収監中に書き残した一三〇〇頁以上のホロコーストに関する手記である。この手記は曰くつきである。一九六二年五月にアドルフ・アイヒマンの絞首刑が執行された後、当時のイスラエル首相、ダヴィッド・ベングリンがその手記を一五年間は公開しないと決定したからであった。それはとりもなおさず、その手記がイスラエルにとってきわめて重要であり、その公刊がアイヒマンに対する絞首刑判決の根拠と矛盾することになることを懸念したためであった、と同紙は解説する。

イスラエル政府によって封印された「アイヒマンの手記」の存在は一部のイスラエル人研究者には知られていたし、実際、ほんの少数の歴史家にはその手記へのアクセスが認められていた。一九九九年夏、この出来事がホットな話題として取りあげられたのは、アイヒマン裁判の主席検事ギデオン・ハウスナー（一九一五—九〇年、検事総長六〇—六三年）の子息アモス・ハウスナー弁護士が、手記の遺族への引き渡しに反対する旨の見解を表明したからであった。

「現在、アイヒマンの遺族およびイスラエルのホロコースト研究者はイスラエル当局による手記の公開を要求している。イスラエル法務省は昨日（一九九九年八月七日）、要求に関して検討中であり、同省の決定は早急になされるとの声明を発表した。／ハウスナーは公開要求への反対意見の根拠を彼の父ギデオン・ハウスナーが一九八〇年代に公刊した著作に求めている。その著作の中で主席総長は、アイヒマンは『アイヒマン抜きのホロコースト史を書き直そうとし』、ホロコーストの『虚偽の説明』を捏造しようとした、と記しているからであった。子息のアモス・ハウスナーは、この手記の公表はイスラエル国家による刊行であろうが、アイヒマン家による刊行であろうが、ホロコースト否定論者を力づけるだけに終わると主張している。／アイヒマン家が手記の刊行で金銭的な利益をあげるなどといったことなどは（ユダヤ人の自分としては）想像したくもないし、イスラエル国家はこのような書籍の刊行による収益はイスラエル国家に属するという法律を定めるべきだ、ともアモス・ハウスナーは述べた」(インターネット版『ハ・アレツ』紙、一九九九年八月八日付)と報じている。

『ハ・アレツ』紙によれば、ハウスナー主席検事がベングリオン首相にアイヒマンの嘘をわざわざ世界に向かって公開をしない方がいいと勧告したという。というのも、「アイヒマンは基本的には真実の詳細を引き合いに出すものの、それを文脈から切り離し、完全に彼によって想像された詳細を加えて、事実の歪曲された姿を提示し、自分は無罪であることを宣言する。これは実際の彼とは異なるものとして自分を描こうとする賢明なる最後の試みなのである」とハウスナーは記しているという。

ハウスナー問題に関して八月九日付『ハ・アレツ』紙社説は公開賛成論を展開する。

「アイヒマンの手記がホロコースト否定論者に益するという懸念が一部ではあるようだ。それもそうだろう。しかし、ホロコーストにまつわる資料を隠蔽することは修正主義者に必要以上に奉仕することになる」というのが理由である。ハウスナーが触れている手記の著作権の問題に関しても「手記が検討のために一般の目に触れることができるようになることの重要性によって著作権の問題などは些末な問題になってしまうだろう」ともつけ加える。それよりもなにより、イスラエル政府は、ホロコーストに関係するものであれば、銀行、保険会社、諜報機関などの所蔵であろうとも、世界中のあらゆる資料の公開を要求してきたのだから、自らが所蔵する資料を隠蔽するというのは理屈が通らない、というのが同紙社説の主張なのである。

『ハ・アレツ』紙社説は当然ながら、ハンナ・アーレントによって投じられた論点を支持する。すなわち、ユダヤ人虐殺という民族絶滅に対する犯罪、もっと一般的には戦争犯罪一般に関する論争点となっているのが戦争犯罪者の人格とその動機である。

アーレントが「悪の陳腐さ」と呼んだ事象の解明に、アイヒマンの手記は貢献することになろう、と同社説は述べているのである。ところが、エルヤキム・ルビンシュタイン・イスラエル検事総長は手記の遺族への引き渡しを拒否し、しかるべきドイツ人研究者にコピーを渡し手記の内容に関して検討を依頼するという決定をした。

本論では現在に至るまでアイヒマン裁判の「政治性」が問われているイスラエル国内政治の文脈で同裁判を検討してみたい。議論の取っ掛かりは当然、『イェルサレムのアイヒマン──悪の陳腐さについての報告』（みすず書房）である。イスラエル知識人を対象とするヘブライ語高級紙『ハ・アレツ』の社説だからこそ、ハンナ・アーレントに関して何の注釈もなくさも当然のように言及されているが、実はアーレントは一般のイスラエル人にはほとんど知られていない。トム・セゲヴが指摘するように彼女の著作はヘブライ語に翻訳されてこなかったからである。もちろん、このような事態はアーレントによるシオニズムおよびイスラエル国家に対する批判的な姿勢に由来することはいうまでもない。

一時期はシオニストとして活動したこともあるアーレントだけにシオニスト国家イスラエルにとって獅子身中の虫であり続けているともいえる。

二、ホロコースト論への新たな兆候──映画「スペシャリスト」の公開

二〇〇〇年に入ってR・ブローマン、E・シヴァン著『不服従を讃えて──「スペシャリスト」アイヒマンと現代』（産業図書）が日本でも翻訳として刊行された。高橋哲哉氏らの努力によってドキュメンタリー映画「スペシャリスト」が一般公開されるとともに、その「手引書」として同書が刊行されたのである。同書の刊行はアイヒマン裁判がイスラエル出身のユダヤ人によって再度問題にされはじめたことを意味する。冒頭で述べたアイヒマンの手記に関連して、同書第二部の映画のスクリプトではアイヒマン自身が人道的な観点からは有罪であることを認めたうえで次のように述べている個所がある。「それから私は、裁判の後に、自分を自由に表現できる書物というかたちで、あらゆることを書く許可を求めるつもりです。私は歯に衣着せずに言う用意ができており、今日の世代と将来の世代に抑止例として役立つことになるでしょう」（同書二〇八〜二〇九頁）。

『ハ・アレッツ』紙の社説で触れられた手記がアイヒマンが述べた書物の草稿だとするならば、その公開はアイヒマン研究、さらにはアイヒマン裁判研究における重要な資料となろう。しかし、残念ながら政治的理由によって「封印」された現状ではその可能性も少ない（なお、この手記は、一九九九年八月、ドイツの新聞『ヴェルト（Die Welt）』紙に連載されている）。ベングリオンがかつてアイヒマンの手記の公開を禁じたという事実自体に逆にイスラエルにおけるアイヒマン裁判の政治的意図

を見て取ることができるからである。

『ハ・アレツ』紙に示されたアイヒマンの手記の公開の主張はブローマンやシヴァンの立場と通底するものがある。同書第一部を一読すれば明らかであるが、多少なりとも現在のイスラエルにおける「ポスト・シオニズム」論争に関して知識を有するものであれば、ブローマンとシヴァンの視点は「ポスト・シオニスト」のそれとみなすことができる。というのもポスト・シオニズム的立場とは、伝統的なシオニストが営々と築き上げてきた建国神話をイスラエル国民自らが批判的に再検討する営為にほかならないからである。二人が、ホロコーストであれ、建国時の英雄的行為であれ、「ある出来事を聖なるものの領域へと移行させると、政治的な重大さが奪われてしまう」（同書六五頁）という事実をとりわけ強調していることからも二人のポスト・シオニズム的立場は明らかである（イスラエルにおける「ポスト・シオニズム」をめぐる論争の背景となるイスラエルの政治社会状況について知りたい読者は立山良司『揺れるユダヤ国家―ポスト・シオニズム』文春新書、二〇〇〇年、を参照されたい）。

アーレントの『イェルサレムのアイヒマン』が、現在議論されているポスト・シオニズム論争のプロトタイプを提供しており、とりわけ、イスラエルにおけるホロコーストに関する「修正主義」的な議論の先鞭をつけたことは現在では広く認められはじめている。もちろん、イスラエルにおけるホロコーストに関する「修正主義」的な議論とは、欧米や日本などでの絶滅収容所やガス室は存在しなかったなどという修正主義的な議論とはまったく異なる。むしろ、この場合の「修正主義」

とは、シオニストおよびイスラエル政治指導者のホロコーストへの対応あるいはホロコースト生存者への態度をイスラエル国家の「建国神話」との関連で批判的に議論していく立場である。

アーレントが『イェルサレムのアイヒマン』で行なった議論が当時、アメリカのユダヤ知識人のみならず、イスラエル政府あるいはマルティン・ブーバーおよびゲルショム・ショーレムなどといった世界に名の知れたイスラエル知識人の怒りを誘発したことは、彼女が触れてはならないタブーに触れたことを示している。そのようなポスト・シオニズム的あるいは「修正主義」的な議論が徐々にではあるがイスラエル国民のあいだで受容され始めた兆候を見て取れるのである。アイヒマン裁判も「建国の父」ベングリオンが意図した「建国神話」から自由な文脈で読み直される時期にきている。

私自身、アイヒマン裁判をイスラエル現代史の文脈において位置づける際に、アーレントに依拠しつつ試論を展開したことがあった（拙論「イスラエルとホロコーストの〈記憶〉—「民族」と「国民」の相克」『現代思想』第二四巻第九号、一九九六年八月、を参照）。とりわけ私が注目したのは、アイヒマン裁判はホロコーストを経験していない若い世代のイスラエル人やその被害を受けなかったアラブ・イスラーム世界出身のユダヤ人（ナチによる直接占領下に入ったチュニジアという例外はあるが）に向けた、イスラエルが反ユダヤ主義から解放された、唯一の安全な「祖国」であることを示す政治的演出であった、というアーレントの指摘であった。アーレントは次のように述べている。

裁判の傍聴者は全世界であって、演じられている芝居はユダヤ人の巨大なパノラマだったとすれば、実態は期待にも目的としたところにも遠く及ばなかった。ジャーナリストたちがまじめに出席していたのは二週間ぐらいのもので、その後は傍聴席はがらりと様子が変わってしまった。今度は傍聴人はイスラエル国民から、それもまだ若くてこうした事件があったことを知らない者、また近東系ユダヤ人の場合のように一度もこんな話を聞かされていない者から成るとされた。そしてこの裁判は、この人々に非ユダヤ人のあいだで暮らすことが何を意味するのかを教え、ユダヤ人はイスラエルにおいてのみ安全なまともな生活を送ることができると悟らせるためのものとされた（アーレント『イェルサレムのアイヒマン』四～五頁）。

イスラエル現代史の文脈でアーレントを再評価したのは、『ハ・アレッツ』紙で活躍するジャーナリストであり第一級の歴史家であるトム・セゲヴであることは論をまたない。「新しい歴史家」の一人であり、「ポスト・シオニスト」の一人ともみなされているセゲヴはその衝撃的な著作『七番目の百万人』においてイスラエルにおける「ホロコースト神話」の形成について詳しく論じている。セゲヴがイスラエルにおけるホロコースト神話の形成とイスラエル建国神話をめぐる従来のシオニスト的な言説を脱構築することができたのは、彼自身がジャーナリストとしてイスラエル社会におけるマージナルな場所に位置する非シオニストのユダヤ人に暖かい目を注いできたことに起因する。そのデヴュー作『一九四九年―最初のイスラエル人たち』において、一九七〇年代以降顕在化するイスラエル社会における重層的な対立軸の萌芽をすでに見いだしているからである。すなわち、その対立軸とは、世代をめぐる旧ユダヤ移民と新ユダヤ移民、信仰をめぐる世俗的なユダヤ人と信仰深いユダヤ人、エスニシティをめぐるヨーロッパ出身のユダヤ人とアジア・アフリカ出身のユダヤ人、そしてナショナリティをめぐるユダヤ人とアラブ人の対立である。この対立軸における前者にとってシオニズムは世俗的なユダヤ・ナショナリズムのイデオロギーとして重要な役割をはたしたが、後者の人々にとってシオニズムは相対的には無縁であった。換言すれば、後者の人々の立場に立てば国民統合のイデオロギーとしてのシオニズムの政治的な役割が批判的に問われることになるのである。ひいてはホロコーストがイスラエル国民統合のシンボルになっていく過程が問われることになり、アイヒマン裁判がその分水嶺になったとの評価も導きだされることになる。この点についても次節でも述べることになろう。

ところで、アドルフ・オットー・アイヒマンとはどんな人物だったのかをここで縷々述べることは私の任ではない。もとよりナチスの専門家でもない私にはその能力もない。イスラエル現代史という文脈で位置づける本論の目的から外れるからである。ナチス・ドイツ第三帝国においてユダヤ人問題の「最終的解決」、つまり、ユダヤ人絶滅計画の責任を担った親衛隊（SS）将校であったアイヒマンを捕らえたイスラエルにおいてごく普通に使われている「ユダヤ百科事典（CD—ROM版）」に依拠してアイヒマン裁判の経過をとりあえずごく簡単に概観しておく。

一九六〇年五月二三日、ダヴィド・ベングリオン首相（一八八六—一八七三年、首相在任四八—五三年、五五―六三年）はイスラエル国会（クネセト）においてナチの戦犯であるアドルフ・オットー・アイヒマン（一九〇六―六二年）の身柄をアルゼンチンにおいて拘束したと公表した。このセンセーショナルな発表時にはアイヒマンの身柄はすでにイスラエル国内にあった。アイヒマンはブエノスアイレスでリカルド・クレメントという偽名で潜伏生活を送っており、イスラエル秘密警察モサドによって誘拐、イスラエルに拉致されたのである。アイヒマンはイスラエルの法廷ではナチおよびナチ協力者罰則一九五〇年法に基づいて「人類に対する犯罪」および「民族絶滅の意図をもったユダ人に対する犯罪」の罪状で裁かれることになった。主席検事はイスラエル検事総長ギデオン・ハウスナーであった。弁護人はスイス・ケルンのドイツ人、ロベルト・ゼルヴァチウス弁護士だった。同弁護士はニュルンベルク裁判でも被告人の弁護にあたった。一九六一年四月一一日、アイヒマン裁判はエルサレムのベイト・ハアム（民衆の家）・ホールにおいて開始され、同年八月まで続いた。法廷は四カ月間延長された。エルサレム地方裁判所は六一年一二月一一日、アイヒマンに対して絞首刑の死刑判決を下した。アイヒマンは上告したが、六二年五月二九日、二審のイスラエル最高裁判所は上告を棄却したため、刑は確定した。アイヒマンはイツハク・ベン・ツヴィ・イスラエル大統領に対して恩赦を嘆願したが、嘆願は即座に却下され、ユダヤ教のシャバト（安息日）に入る前の六一年五月三一日木曜日、アイヒマンの絞首刑は速やかに執行された。

アイヒマンは検察に身柄を送られる前にイスラエル警察で一九六〇年五月二九日から六一年二月二日まで二七五時間にわたってドイツ語で取り調べを受けている。当時アイヒマンを尋問したベルリン出身のドイツ系ユダヤ人アヴネル・レスによる三五六四ページにもわたる尋問調書の抄訳が英語版でも出版されている（Jochen Von Lang & Claus Sibyll, eds., *Richman Interogated : Transcripts from the Archives of the Israeli Police*, New York, 1983）。レスの父はアウシュヴィッツ強制収容所で死亡した。尋問調書完成の二カ月後、公判が開始された。また、前述のごとく、ブローマンとシヴァンによって埋もれていたアイヒマン裁判の映像記録も「発見」され、映画として編集されて公開された。

アイヒマンの被告弁護団はアイヒマン裁判にあたって裁判そのものの合法性を問題にした。その中で最も重要な点は、アイヒマンが裁かれるにあたって適用される、前述の一九五〇年法がアイヒマンに対しては適用できないのではないかという点であった。なぜなら、アイヒマンの行為はイスラエル法の適用範囲外であり、また同法が制定される以前であり、さらにはイスラエル国家が建国される以前のことだからである。また、エルサレム地方裁判所の裁判権をも問題にした。なぜなら、被告は同意なしに裁判にふされ、アルゼンチンから非合法に拉致されたからだと主張した。第三に、イスラエル人判事はユダヤ人であり、したがって、アイヒマンの容疑である犯罪の被害者に同情を感じているが故に、明らかに公正な裁判を行なう能力に欠けるというものであった。裁判所はこれらの論告を退けて、ニュルンベルク国際軍事裁判がすでに行なわれており、人類および戦争犯罪は現行法で確認されるとした。しかし、なぜこの時期にこのような疑問の残る、恣意的な「政治裁判」が行なわれなければならなかったのか。イスラエル現代史の文脈で考えると後のイスラエル・イメージを決定づけた事実が浮かび上がってくる。

三、イスラエル現代史におけるアイヒマン裁判とそのインパクト

アイヒマンが拉致された一九六〇年五月、イスラエルは建国後すでに一二年周年を迎えていた。四年前の第二次中東戦争（スエズ戦争）ではイスラエル軍は英仏と共謀してシナイ半島全域を占領するという戦果をあげながら、冷戦期の雄、米ソの干渉によってシナイ半島からの完全撤退を余儀なくされた。さらにスエズ戦争後にイギリスが中東での覇権を失うと、アメリカはすかさずアイゼンハワー・ドクトリンを発表した。中東地域にも冷戦構造が浸透しはじめたのだ。イスラエルも新たな中東域内情勢に対応する政策転換が求められていた時期にあたる。ナーセル・エジプト大統領によるアラブ・ナショナリズムがアラブ民衆の支持を受け、熱狂的なナーセル主義者がアラブ世界の各地に多く生まれていた。ナーセル政権は親ソと決め付けられた。実際、ナーセル主義の荒波は一九五八年にイラクで王制を瓦解させ、後に共産主義者が政権に就くという事態を引き起こしていた。イスラエルの隣国であるレバノンとヨルダンでも同様のクーデタ未遂事件が起こっていた。アイゼンハワー・ドクトリンが発動されて米軍は軍隊をレバノンとヨルダンに派遣した。イスラエルにとってみれば、アラブ諸国の混乱はイスラエル国境の安全という観点からはプラスに作用した。

一九五二年九月に締結されたルクセンブルグ補償協定調印後、イスラエルには西ドイツからの膨大な賠償金が流れ込み、イスラエルは経済成長を遂げた。ところが、「建国の父」として尊敬を集

めていたベングリオン首相のカリスマ性にも翳りが見えはじめていた。一九五九年一一月二日に実施された第四期クネセト（国会）選挙で出身母体であるマパイ（「エレッ・イスラエル労働党」の略称で、現在のイスラエル労働党の前身）が一二〇議席中四七議席を獲得し、第四次ベングリオン内閣が発足した。さらにアイヒマン裁判の審議中の六一年八月一五日に行なわれた第五期クネセト選挙ではベングリオンのマパイ党は五議席減らして四二議席になった。第五次ベングリオン内閣は成立したものの、彼の子飼いともいうべきラヴォン国防相の失脚によってベングリオンは約二年後の六三年六月に突如政界からの引退を表明した。アイヒマン裁判は、一九〇六年に二〇歳でパレスチナに移民して以来、社会主義シオニズムを代表する論客・活動家として半世紀にわたって活躍してきた政治家ベングリオンの末期を飾る、世界に向かっての一大ページェントであった。

建国当初からホロコースト犠牲者への弔いという観点からイスラエル国家におけるホロコーストの重要性を主張していたのは宗教的に信仰深いユダヤ人であった。しかし、ウルトラオーソドックス（超正統派）あるいはハレディーム（敬虔なユダヤ教徒）やダッティーム（世俗的な人々との対比で「宗教的な人々」）も、シオニズムに基づく世俗的なイスラエル社会においては反シオニズム的な立場であるがゆえにマージナルな位置に追いやられていた。だが、宗教的に敬虔なユダヤ人がアイヒマン裁判以降、ホロコーストというシンボルを通してイスラエル国家におけるユダヤ教の正当性を主張することが可能になった。

イスラエル建国後のユダヤ人新移民にはたしかにホロコーストを生き延びてきたヨーロッパから

のユダヤ人も数多くいたのであるが、ホロコースト生存者にとってショアーは言語を絶する余りにも悲劇的な体験であったがゆえに沈黙を余儀なくされた。ショアー体験が具体的な声として聞こえてくることは当時はまだなかった。また、研究機関の研究テーマとしても、また教育カリキュラムにおいてもホロコーストが正面から取り上げられることはなかった。シオニストにとってはホロコーストは建国前から建国当初にかけてはネガティブな意味しかなかったからであった。再びアーレントの言葉を借りよう。「（ホロコーストの犠牲になった）ユダヤ人は羊のように死に赴くまでに堕落したこと、そして今やユダヤ人国家の建設によってはじめて、ユダヤ人はたとえば独立戦争、スエズ戦争、また不幸なイスラエル国境でほとんど連日起こっている紛争におけるように敵に反撃を加えることができるようになったことを想起すべきである。イスラエルの英雄精神とユダヤ人の屈辱的な無気力さとの相違がイスラエル国外に示されるとすれば、イスラエル国内のユダヤ人にも一つの教訓があった」。「あの大虐殺の後に成長したイスラエル人の世代は」ユダヤ民族への連帯、ひいては自らの歴史への連帯を失う危険に曝されている。「必要なのは、わが国の若い世代の人々がユダヤ民族に起こったことを思い出すことである。われわれの歴史上の最も悲劇的な事実を彼らが知ることをわれわれは望んでいる」（同上書、六頁）。

アーレントはベングリオン自身の言葉を引きながら、離散ユダヤ人が唯々として死に赴く無気力な消極性と、「祖国」に根を生やしたイスラエル人の英雄精神に基づく積極性を見事に対比させている。アーレントが指摘している点はシオニズムのイデオロギーの重要な柱の一つとなっている

「離散の否定」の考え方である。「離散の否定」を乱暴に要約すれば次のようになろう。すなわち、ヨーロッパにおいて反ユダヤ主義が蔓延しているが故にユダヤ人が離散の状態のままであってはユダヤ人の安全は確保されない。シオニズムは安全の確保のためにエレツ・イスラエル（イスラエルの地、すなわちパレスチナ）にユダヤ人国家を建設してそこに離散したユダヤ人を集める。それ以外にはユダヤ人問題の解決はないのである。しかるに、シオニズムを信奉しないユダヤ人たちはゴイーム（異教徒）の地に留まり、結果的にホロコーストという惨禍を被ることになった。ある意味では惨禍はシオニズムを信じないが故に起こったのである（以上の議論の詳細に関しては、拙論「犠牲者としてのユダヤ人／パレスチナ人を超えて―ホロコースト、イスラエル、そしてパレスチナ人」『思想』第九〇七号、二〇〇〇年一月号、を参照されたい）。

以上の論理がホロコースト犠牲者に対してシオニスト指導者あるいはイスラエル国家首脳部がどちらかというと冷たい態度をとった一因になったことは否めない。実際、イスラエルで刊行されている『イスラエル国家政治事典』の「ホロコースト」の項を見ると、イスラエル国家がホロコーストの結果建設されたという一般に流布する議論を躍起になって否定して、ユダヤ人国家の萌芽はホロコースト以前から存在し、ホロコーストが起こらなくとも早晩建国されたのであり、ホロコーストは実際の建国の時期を早めただけにすぎない、と説明している（S.H.Rolef, ed, *Political Dictionary of the State of Israel*, Jerusalem, 1993, p.148）。

シオニスト指導部によるホロコーストに対する否定的な対応が変化していた要因を考えるにあた

って重要な点は、一九五〇年代後半から六〇年代中頃にかけてモロッコからのユダヤ人新移民の波が大挙してイスラエルに押し寄せたことであった。イスラエル建国直後からヨーロッパからのみならず、中東イスラーム世界からも、ユダヤ人移民が急増した。中東イスラーム世界（政府統計の分類では「アジア・アフリカ」）からのユダヤ人人口がアシュケナジーム（「ヨーロッパ・アメリカ」）を上回った。人口の上ではホロコーストを経験していない中東イスラーム世界からのユダヤ移民が多くなったのである。このようなデモグラフィックな変化を背景に、一九五九年七月にはイスラエル北部の港湾都市ハイファにあるモロッコ系ユダヤ人のスラムで大規模な暴動が起こった。暴動の起こった場所にちなんでワーディー・サリーブ事件（アラビア語で「十字架の谷」の意味）と呼ばれている。ハイファ港はユダヤ新移民がイスラエルの地を踏む最初の場所で、聖地への玄関口であった。それだけに職を見つけることのできない新移民が滞留することが多く、深刻な社会問題となっていた。

モロッコ系ユダヤ人たちの不満は根深いものであったが、アイヒマン裁判を機にモロッコでの自らの歴史も改めて見直されることになる。モロッコ版ホロコースト、すなわち、ユダヤ人迫害の歴史をモロッコ史の中に見出すことでイスラエルに移民することの歴史的意義を改めて確認することになった。もちろん、そのような歴史の語り直しはモロッコ系ユダヤ人たちの不満を抜本的に解消するものではなかったものの、不満噴出を抑止するそれなりのはけ口となっていった。なぜなら、ホロコーストを契機とした「弔い」というユダヤ教的シンボルの動員はモロッコ系ユダヤ人の独自の形態をもつユダヤ教信仰の復活を促すという側面があり、それが自らのエスニック・アイデンティティを形成してゆく契機ともなったからである。もちろん、一九七〇年代に入って再びモロッコ出身の若者たちは米国の急進的黒人解放運動である「ブラック・パンサー」と同じ名前を名乗ってイスラエル指導部に対して異議申し立ての「反乱」を起こすことにはなるが。

ところが、このような中東イスラーム世界からのユダヤ人たちは、自分たちを悲惨な状況に置き続けるイスラエルの支配勢力である労働党を嫌って、ベングリオン首相にとって共産党とともに「天敵」とみなしていた修正主義シオニスト政党ヘルート（後のリクード）に期待をかける兆候が見え始めていた。ベングリオンにとってはとりもなおさず政治的な危機であった。エスニックなレベルでのユダヤ人移民の急激な変容がイスラエルにおける国民統合のシンボルの変換を要請していた。社会主義シオニスト指導者が「ユダヤ人労働者国家の建設を！」と唱えても、その理想を理解できるのは一部のエリートだけだったのである。

以上のような状況においては、ベングリオンにとってアイヒマン裁判は政治的挽回の絶好の機会であった。シオニズムというシンボルからホロコーストというシンボルへの転換の契機であった。アーレントの言葉を再度借りよう。「正当にも〈国家の設計者〉と呼ばれているベン＝グリオンこそ、この（＝アイヒマン）裁判の見えざる舞台監督だったのだ。彼は一度も公判にあらわれはしなかった。法廷では彼は検事長キデオン・ハウスナーの口を通して語った。政府を代表するハウスナーは全力を注いで主人の命令に従ったのだ」（同上書二頁）。

アイヒマン裁判はその舞台監督ベングリオン首相の下で行なわれた政治劇であったとするなら

ば、イスラエルの内政あるいは中東地域でのイスラエルの位置づけを考える必要がある。なぜなら、ベングリオン首相が確信していたように、アイヒマンを裁判にかけるのは他のナチ、すなわち、アラブ支配者（当時の文脈で言えば、ナーセル・エジプト大統領である）とナチスとの結びつきを探り出すことで、アラブ諸国をナチスと同列に扱い、若い世代のユダヤ人がかつてユダヤ民族に起こった悲劇的な事件を思い出すことで、イスラエルをアラブという敵から守るという教訓となってゆくのである。実際、ナーセル大統領は「中東のヒトラー」と呼ばれたことがある。イスラエルによって敵をヒトラーになぞらえる「伝統」は湾岸危機・戦争の際にサッダーム・フセイン・イラク大統領を「バグダードのヒトラー」と呼んだことと歴史的には呼応するのである。

四、終わりに

アイヒマン裁判についての報告を雑誌『ニューヨーカー』に寄稿し『イェルサレムのアイヒマン』として出版したハンナ・アーレントはニューヨークおよびイスラエルのユダヤ知識人から激しく非難された。なぜか。このような疑問をもったのがネヴァダ大学のジェニファー・リング（フェミニズム研究）であった（Jennifer Ring, *The Political Consequences of Thinking : Gender and Judaism in the Work of Hannah Arendt*, New York, 1997）。実際、アーレントがナチスと協力してユダヤ人をガス室に送り込んだユダヤ評議会を初めて取り上げたわけではなかった。むしろ、彼女はわが国で翻訳が刊行されたラウル・ヒルバーグ著、望田幸男・原田一美、井上茂子訳『ヨーロッパ・ユダヤ人の絶滅』（柏書房、一九九七年）の研究成果に多くを依拠していた。にもかかわらず、ヒルバーグは学術的な仕事として賞賛され、反対にアーレントの仕事は激しく非難されたのはなぜか、と問うのである。

ジェンダーの観点からナショナリズムとしてのシオニズムを見ると、異なる位相が浮かびあがる。すなわち、自民族を絶対化する他者と自己との二項対立的な思考に基づくナショナリズムとしてのシオニズム思想における「男らしさ」の問題である。モッセが指摘しているように、一八九六年の第二回シオニスト会議におけるマックス・ノルダウは「青白い顔で胸板の薄い『コーヒーハウスのユダヤ人』に対し『逞しきユダヤ人』の創造を求めた。後に彼は『我らが逞しき新ユダヤ人』が自らの祖先の英雄的資質を回復するだろうという希望を表明している。シオニストも（ユダヤ人）同化主義者も男らしさの同じ理想を共有していた」（ジョージ・L・モッセ著、佐藤卓己・佐藤八寿子訳『ナショナリズムとセクシュアリティー市民道徳とナチズム』柏書房、五五頁）という事実である。すなわち、ユダヤ人は他の民族と同様に「民族」であるべきであり、ゴイーム（ユダヤ教徒から見た異教徒、すなわち、ヨーロッパの文脈ではキリスト教徒）の如く、攻撃的で、防衛と軍国主義を信奉するような「キリスト教」的な男性性に基づく国民国家建設をモデルにしていた。シオニズム運動自体がヨーロッパ・ナショナリズムを模範としてきたのである。よく引用されるがシオニスト青年運動は、反ユダヤ的であり、ナチの青年運動の模範ともみなされるネオ・ロマン主義的なワンダーフォーゲル運動（一八九五年設立。徒歩旅行を行なうことを通じて、自然、郷土、祖国、民族を愛し、意志強固で品行方正な青年を育てることを目標とした）の考え方に影響を受けている。

ベングリオンもノルダウと同じ「男らしさ」を共有していた。私は先に、イスラエルにおける対立を四つの位相から、すなわち、世代、信仰、エスニシティ、そしてナショナリティのレベルから二項対立的な議論に若干触れたが、この四つの位相に加え、ジェンダーの観点を導入したのが先に挙げたリングの議論であった。

ジェンダーの視点からアイヒマン裁判の報告をめぐるアーレントへの非難を読み解く場合、ユダヤ人の同化主義者とシオニストを同じ俎上に乗せて議論することが可能になる。なぜなら、モッセが指摘するように「男らしさの同じ理想を共有していた」からである。アイヒマン裁判時にはイスラエル社会では、旧ユダヤ移民と新ユダヤ移民（世代）、世俗的なユダヤ人と信仰深いユダヤ人（信仰）、ヨーロッパ出身のユダヤ人とアジア・アフリカ出身のユダヤ人（エスニシティ）、そしてユダヤ人とアラブ人（ナショナリティ）の対立軸が次第に分節化され始めていたが、前述のように、それはとりもなおさず、世俗的なユダヤ・ナショナリズムとしてのシオニズムが、後者、すなわち、信仰深いユダヤ人、アジア・アフリカ出身のユダヤ人、アラブ人を、イスラエル社会のヘゲモニーからの排除、周縁化を促進し、沈黙を強いたからであったが、その対抗関係に変化の兆しが現れ始めていたがゆえに、アイヒマン裁判は重要な役割を果たしたというのが私の立場である。

ジェンダー的観点から見ると、アイヒマン裁判の評価をめぐるアーレントに対する当時の酷評はニューヨークであれ、イスラエルであれ、同化主義者であれ、シオニストであれ、その「男らしさ」

への拘りが女性でありながら男以上に「男らしい」議論を展開するアーレントへの激怒だというのがリングの解釈である。もちろん、このような解釈も興味深いものであるが、むしろ問題はホロコーストそのものをジェンダーの観点から切り込む作業であろう。ナチスはユダヤ人の男女を原理的に区別するなどという発想は持ち合わせてはいなかったが、少なくとも強制収容所では労働力としてみた場合、機能的には男女を区別して扱っていたし、母親や妊婦の運命は男とは明らかに異なっていたという（D.Ofer & L.J.Weitzman, *Women in the Holocaust*, New Haven, 1998）。そしてそのようなホロコーストにおける女性のありようの解明の作業はまだ端緒についたばかりだという。

アイヒマン裁判に関しても、管見の限りでは、ジェンダー的視点から切り込んだ議論は残念ながら見たことがない。ご存じの方はご教示いただきたいのであるが、もちろん、その欠如の理由も推測できる。というのも、ホロコーストという悲惨な出来事を今、イスラエルで起こっているような「ポスト・シオニスト」的な議論で解体してしまうことは、ホロコーストの記憶を解体、通俗化してしまいかねないという懸念の声が聞かれるところにあらわれているからである。ジェンダーから切り込む議論も同様である。「他とは比較できない唯一絶対の出来事」としての「ホロコースト神話」は不可触の聖域であり、それに関わるアイヒマン裁判への評価も今日に至るまで曖昧のままになってきた。アーレントの先駆的な仕事はニューヨークやイスラエルのユダヤ知識人にこれまで抑圧されてきたが、今、新たな波が起こり始めている。

参考文献

・ハンナ・アーレント著、大久保和郎訳『イェルサレムのアイヒマン』みすず書房、一九六九年。
・ロニー・ブローマン、エイアル・シヴァン著、高橋哲哉、堀潤之訳『不服従を讃えて―「スペシャリスト」アイヒマンと現代』産業図書、二〇〇〇年。
・臼杵　陽「イスラエルとホロコーストの〈記憶〉―「民族」と「国家」の相克」『現代思想』第二四巻、第9号、一九九六年八月。
・同「現代イスラエル研究における「ポスト・シオニズム」的潮流」『中東研究』第四六〇号、二〇〇〇年三月。
・Tom Segev, *Seventh Million : The Israelis and the Holocaust*, New York : Hill and Wang, 1993.

第7章　フランスの戦犯裁判
――第二次大戦と「人道に対する罪」

渡辺和行

一、対独協力と「人道に対する罪」

一九九一年に、第二次大戦のフランスを象徴する二人の人物が死去した[1]。ヴェルコールとクラウス・バルビーの二人である。前者は、『海の沈黙』（一九四二年）によってレジスタンス文学の旗手となった作家であり、後者はリヨン地区を管轄とした元親衛隊中尉である。ヴェルコールが一九九一年六月に死去したのについで、「リヨンの虐殺者」と呼ばれたバルビーも九月にリヨンの刑務所病院で死去した。ドイツ人のバルビーがフランスで服役していたのは、一九八七年七月にローヌ重罪院で「人道に対する罪」によって終身刑が下されたことによる。彼は、一九四四年四月にアン県イジューにあったユダヤ人孤児院を襲って四四名の子どもたちを収容所に送ったことなど、合わせて一七件の「人道に対する罪」の責任が問われた。

リヨン地区で「ユダヤ人狩り」と「レジスタンス狩り」に従事したバルビーは、戦後、対独抵抗派への残虐行為や囚人の殺害などの「戦争犯罪」でフランス当局から追われる身となった。身の危険を察知した彼は、一九五一年に米国の情報機関の支援を得て南米に逃走し、一九五二年と五四年にフランスで開かれた欠席裁判で死刑が宣告されたが刑の執行を免れていた。しかし、一九八三年にボリビアから国外追放されてフランスに引き渡され、今度は「人道に対する罪」で訴追された。彼の裁判は、一九八〇年代のフランスでセンセーションを巻き起こす。というのは、一九四三年にレジスタンスの英雄ジャン・ムーランを逮捕して拷問死させたのも彼であり、彼の裁判がジャン・ムーランの死の真相解明につながると期待されたこと、それにバルビーから拷問を受けて収容所送りになったものの、幸いにも生き延びることができた対独抵抗派やユダヤ人がまだ生存していたからである。

ローヌ地区民兵団情報部長ポール・トゥヴィエ
（出典：L. Greilsamer et D. Schneidermann, *Un certain Monsieur Paul*, Paris, Fayard, 1994）

バルビーのほかに、「人道に対する罪」で裁かれたケースはこれまで二回ある。一九九四年春に開かれた元ローヌ地区フランス民兵団情報部長のポール・トゥヴィエの裁判と、一九九八年四月に結審した元ジロンド県事務総長のモーリス・パポンの裁判である。(2) トゥヴィエは、バルビーと同じくリヨン地区でユダヤ人を逮捕し、レジスタンスと戦った民兵団員であった。民兵団はナチ親衛隊の手足となったヴィシー政府（休戦後の一九四〇年七月に成立した対独協力政府）公認の治安組織である。バルビー裁判ではフランス人の対独協力も語られはしたが、基本的には「加害者ナチスvs被害者フランス」という構図の裁判であり、フランス人の集合的心理をかき乱す類の裁判ではなかった。それどころか、裁判はレジスタンス活動家の証言などをとおして、レジスタンス神話の再来に一役買い、一種の国民的カタルシスの役割を受け持たされたかの感があった。ところが、一九九〇年代の二つの裁判は様相を異にした。トゥヴィエとパポンはナチスに協力したフランス人であり、両者の裁判をとおしてフランスは対独協力というヴィシー時代の負の歴史と向き合わざるをえなかった。フランスはみずから歴史の暗渠に光を当てねばならず、心理的葛藤に悩むのである。トゥヴィエは、一九四四年六月に七名のユダヤ人を処刑した責任が問われ、パポンは、ボルドーからパリへのユダヤ人約一六〇〇名の強制移送に関与したことが裁かれた。

以上の三つの裁判以外で、「人道に対する罪」で告発されはしたが、予審段階で被告人が死去したり射殺されたりして予審が停止になったケースが三件ある。モーリス・サバティエ元ジロンド県知事、ジャン・ルゲー元警察副長官、ルネ・ブスケ元警察長官の三名だ。彼らは、パポンより大物のヴィシー政府の官僚であり、彼らの公判が開かれていたなら、ヴィシー政府の対独協力や独自の反ユダヤ主義政策などが洗い直されたかもしれなかった。[3] このように、フランスで「人道に対する罪」を訴因とする裁判が開かれたのは一九八〇年代後半以降のことである。そこで本章では、「戦争とジェンダー」の問題にも目を配りつつ、フランスにおける「人道に対する罪」の法理の展開やその裁判を、フランス社会の政治状況や戦争の記憶の問題とリンクさせつつ描いてみよう。とりわけ本章では、パポン裁判のような官僚による「執務室の犯罪」ではなくて、戦闘員による戦争犯罪や「人道に対する罪」に限定して検討したい。なぜなら、性暴力などの犯罪行為と直接かかわったのはトゥヴィエのような戦闘員であったからである。

二、戦後フランスと戦争の記憶

戦後のフランス社会で、先の戦争の記憶がどう変容してきたのかを概観しておこう。戦争の記憶の変遷と戦犯裁判の歴史、とりわけ戦犯を裁く法理の展開は相関しているからだ。戦争の記憶の歴史は次の四期に区分することができる。[4] まず、一九四四年から五四年までの「記憶のカオス期」である。フランス人を引き裂いた個々人の記憶は鮮明であるが、フランス人全体に共有される記憶がいまだ創出されていない時期といってよい。戦争の記憶の占有をめざして、ドゴール派と共産党がレジスタンスの記憶の争奪を繰り広げた時期でもある。記憶をめぐる戦いは、冷戦の深化という現実政治を反映した。反ナチよりも反共が重視される政治状況の中で、国民を分裂状態に押しとどめ左翼を利するだけの戦犯追及よりも、右翼に和解と団結をもたらす大赦（＝法的忘却）が優先されるようになる。事実、一九四六年と四七年に小規模な大赦が、五一年と五三年には大規模な大赦がフランス議会で可決されていた。これには、解放直後の違法な粛清を償うという意味もあったことだろう。このように、大赦は分裂した国民に融和の機会を与えるという点で政治的には有効な決定であったが、ヴィシー時代を忘却の彼方に追いやるという点で歴史的には問題を先送りしたにすぎなかった。大赦（amnistie）と健忘症（amnésie）は二人三脚で進んだ。

第二期は、一九五四年から七一年までの「記憶の抑圧期」である。レジスタンス史観による神話の時代と言い換えてもよい。レジスタンス史観とは、フランスはナチス・ドイツの被害者であり、ナチの勝利を望んだ一握りのフランス人以外は、打って一丸となってドイツに抵抗したというフランス人の耳に心地よく響く「国民の物語」である。このような神話形成によって、ヴィシー時代の負の記憶を抑圧し、レジスタンスという正の記憶によってカタルシスを国民に与え、フランス国民の間に穿たれた亀裂を覆い隠した。第二期の中心人物となったシャルル・ドゴール（大統領在任一九五八年〜六九年）の『大戦回顧録』全三巻が、一九五四年から刊行され始めたことはこの意味で重要である。「六月一八日の男」（＝ドゴール）のまわりに結集したフランスは、レジスタンス史観によって大戦のトラウマを癒し、政治的にはアルジェリア問題の解決と経済的には高度経済成長へと歩を進めた。経済的繁栄の影に追いやられたものは、戦争中のユダヤ人迫害や対独協力の歴史であった。

第三期は、一九七一年から七四年の「記憶の葛藤期」である。ヴィシー時代の負の歴史をベールで覆っておきたい心理と、ベールを剝がしてありのままの歴史を直視しようという心理とが対峙した。この傾向を促したものは、一九六八年の「五月革命」の衝撃と翌年のドゴール大統領の退陣と七〇年の死去である。ドゴールが他界してレジスタンス史観の中心人物がいなくなったことは、レジスタンス史観という支配的記憶にエアポケットをもたらした。かくしてレジスタンス史観の脱神話化が進む。脱神話化に寄与した事柄として、オフュールス監督の映画『悲しみと哀れみ』やロバート・パクストンの歴史書『ヴィシー時代のフランス』、それに対独協力に没頭した民兵団のポール・トゥヴィエに対するジョルジュ・ポンピドゥー大統領（在任一九六九〜七四年）の特赦の発覚などを指摘することができる。

第四期は、一九七四年以降の「記憶の補償期」である。歪められた戦争の記憶を訂正し、次世代に正しい戦争の記憶を継承させていこうとする努力がフランスの一部で始まる時期だ。この努力は順風満帆に進んだわけではない。歴史修正主義者の攻撃や司法の「サボタージュ」などの逆風を受けながら進んだ。バルビー裁判のときにも原告側の証人に匿名の手紙や電話で脅迫がなされ、パリとパリ周辺のリセでは、大戦中のユダヤ人大量虐殺を否定する歴史修正主義のビラがまかれていた。(5)一九八六年までブスケと交際があったフランソワ・ミッテラン大統領（在任一九八一〜九五年）も、「人はいつまでも追憶と恨みを抱いて生きていけるものではない」と「国民的和解」を訴え、ヴィシー政府高官を裁くことに批判的であった。ブスケは、一九四二年七月にユダヤ人一万三〇〇〇人を検挙したときの責任者の一人である。一九八〇年にミッテランが、「大統領は自分の意見を司法権者に押しつけることができるか」という問いに「イエス」と答えていたことや、八二年にはボリビアからのバルビーの引き渡しに消極的であったことを想起しよう。[6] まさに事態は、大統領府からこの種の圧力があったかのごとく進展し、予審は遅々として進まなかった。司法当局の緩慢な作業は司法手続きを滞らせ、裁判の意図的遅延と呼んでもよい状態が生まれていた。

このため、パポンの起訴は一九八七年に書類の不備という理由で無効とされたり、予審判事が「栄転」によって担当を免除されたりして、予審が再開されたのは三年後であった。ブスケの予審に際して、『ル・モンド』が一九九〇年に「遅れるブスケ裁判」の見出しを掲げて政府中枢に批判の矢を放ったように、ブスケとトゥヴィエの二つの予審に専念すべく他の事件の担当をはずすよう申し出た判事の申し出が拒否されたり、ブスケ裁判に必要な千ページほどのドイツ語文書の翻訳作業に一人しか割り当てられなかったのである。[7]

三、戦犯裁判の歴史

それでは以上のような戦争の記憶の歴史に、戦犯裁判の歴史を重ねてみよう。フランスの戦犯裁判は二つの時期に区分できた。第一期には「戦争犯罪」が裁かれ、第二期には時効の壁の前で「人道に対する罪」のみ裁かれた。第一期は、戦争の記憶と同じく一九五四年までの粛清裁判の時期である。戦争中の抑圧された感情が解放とともに一気に吹き出し、各地で略式処刑が始まった。女性もリンチの対象になった。そこには、男尊女卑的な差別意識が見え隠れしていた。娼婦やドイツ兵と交際した女性、対独協力に走った女性は「同衾対独協力者」と呼ばれて蔑まれた。彼女たちを丸刈りにして晒し者にしたり、裸にして引き回したりした。トゥルーズでは、ゲシュタポ指揮官の愛人であったジョゼット・アセマは軍法会議ののち処刑された。[8]こうした「原初的な懲罰への衝動」(ドゴール)をコントロールする必要があった。臨時政府は、特別裁判所を設置して事態を収拾しようとした。ヴィシー政府の官僚よりは、ジャーナリストや民兵団員のような煽動家と戦闘員が粛清の対象となり、一九五二年までに、特別裁判所は一二万四〇〇〇件の事件を審理し、六七六三名(この内三九一〇名は欠席裁判)に死刑が宣告されたが実際に刑が執行された者は七六七名である。無期懲役刑が二七〇二名、有期懲役刑が一万六三七名、禁錮重労働が一九五六名、禁錮刑が二万二八八三名、六七二四名は無罪放免された。[9]ヴィシー政府のトップや大物の対独協力主義者は特別高等裁判所で裁かれた。

一九五三年のオラドゥール村裁判と翌年のオーベルク＝クノッヘン裁判が、戦犯裁判の転機となった。オラドゥール村裁判は、戦争の複雑さを改めてフランス人に教えることになる。オラドゥール村事件とは、一九四四年六月一〇日、ナチ武装親衛隊の襲撃によって村民六四二名が犠牲になり、婦女子は生きたまま焼かれたという凄惨な事件である。戦後に殺戮参加者として特定できた六五名の中に、一四名のアルザス兵がいたことは問題を複雑にした。一四名の内の八名は当時一八歳であった。彼らの大半はその後、親衛隊を脱走してフランス国内軍に参加しドイツと戦っていた。戦争中のアルザスは、ドイツに併合されて改姓や徴兵を強制された地域である。

オラドゥール村裁判が耳目を集めたのは、法律上フランス国籍を失っていないアルザス人が被告人となったからである。敵国人の犯罪を対象にした戦争犯罪の法では、フランス人の彼らを裁くことはできなかった。そこで、一九四八年九月一五日法は集団の罪の概念を認め、国際軍事裁判所が犯罪組織と認定した集団に所属した個人は共同正犯として遡及的に責任を追及されることになった。武装親衛隊に所属したアルザス兵は共犯として訴追された。しかし、被占領国住民の強制的徴兵それ自体が戦争犯罪であり、その被害者たる一四名のアルザス人が七名の親衛隊員と同じ被告席に座らされたことは、波紋を投げかけた。裁判は、「加害者vs被害者」ないし「対独抵抗vs対独協力」という単純な二項対立ではなくて、加害者が被害者でもあり協力派が抵抗派でもあったという錯綜した関係の存在を明らかにした。つまり、第二次大戦はフランスとドイツの戦争であっただけでなく、「フランス人同士の戦争」でもあった。こうした曖昧な状況やフランスの地域による戦争体験の相違が、裁判をとおして浮き彫りにされた。ボルドーの軍法会議は、一三名のアルザス人に懲役刑や禁固刑を言い渡したが、国民議会はただちに恩赦を可決した。(10) 仏独のはざまに生きたアルザスの悲劇的な歴史が考慮されたのである。

オーベルク＝クノッヘン裁判の当事者、カール・オーベルクとヘルムート・クノッヘンは、一九四二年以降のフランスに駐屯した親衛隊司令官とその副官である。四二年以降のフランスは、「ユダヤ人狩り」や「労働者狩り」など、ドイツからの協力要求がエスカレートした時期だ。この時期に、レジスタンスとの闘争やユダヤ人問題の「最終的解決」を指揮した責任者が彼らであった。しかし、「占領下フランスの唯一の支配者」と名指された両名の裁判は、三〇年後の過熱したバルビー裁判と比べると、きわめて穏やかに進行したと言いうる。ブスケが自己弁明的かつ被告人に有利な証言をし、オーベルクもブスケを讃える発言をしたとき、『ル・モンド』の記者は裁判の場にいるというよりも退役軍人の国際協会の大会を傍聴しているような錯覚に襲われたほどである。[11] 戦犯裁判の第一期が終幕に近づいていた。被告人の弁護士からヴィシー政府の役割やフランスの共犯性について語られはしたが、一九五四年一〇月にパリの軍法会議は二人に死刑を宣告した。しかし、両名は一九五八年にルネ・コティ大統領によって減刑され、一九六二年一二月にドゴール大統領によって釈放された。この釈放には、翌年一月に調印される仏独相互協力条約(仏独枢軸の法的枠組み)の前祝いという政治的考慮が働いたことだろう。ともあれ、一九五四年を境に粛清裁判は終わりを告げる。一九四五年に四万人収監されていた戦犯も、あいつぐ恩赦で自由の身となり、五二年に一五七〇名、五六年には六二名を数えるにすぎなかった。[12] 一九五四年には、第一次インドシナ戦争も終結し、戦争中のモノ不足も過去のものとなった。フランスにあっても、「もはや戦後ではない」という時代に突入していた。

先述した戦争の記憶の第二期は、戦犯裁判の歴史では白紙の時期にあたった。ヘーゲルは幸せな時代は歴史の上では白紙になると喝破したが、フランス人は現在の幸せの中で過去の不幸な時代を意識下に追いやった。経済的繁栄とドゴールによる第五共和政の樹立という国家の再建事業は、フランス人に自信を取り戻させた。それに、戦争犯罪が二〇年の時効を迎え始めたこともあり、戦犯裁判は一段落したと考えられた。しかし、「レジスタンスの記憶」がドゴールの死去とともに色褪せて行くにつれて、「記憶によるレジスタンス」が意識的に追求されるようになる。こうして、一九七〇代に戦犯裁判の第二期が始まる。裁判の鍵概念になったのは、一九六四年に制定された「人道に対する罪」である。裁判では、罪を裁くことと同時に裁判に教育的役割、すなわち公民教育的機能が期待されるようになる。かくして、「人道に対する罪」でトゥヴィエが一九七三年に告訴されたのを皮切りに、ユダヤ人迫害を訴因とする裁判があいついで提訴された。七九年にジャン・ルゲー、八三年にバルビーとモーリス・パポン、九一年にルネ・ブスケが起訴され、八八年にモーリス・サバティエが同罪で告訴された。このように、第二期の戦犯裁判の特徴は「人道に対する罪」に集約される。その経緯について次節で検討しよう。

四、「人道に対する罪」とフランス司法

今日「平和に対する罪」と並んで有名になった「人道に対する罪」は、ヨーロッパの枢軸国を裁くために、一九四五年八月に制定された国際軍事裁判所条例第六条で明示された法概念である。[13] 同条A項が「平和に対する罪」を、B項が「戦争犯罪」を、C項が「人道に対する罪」を定義していた。フランスでは、侵略戦争と国際条約違反の戦争を裁くA項ではなくて、B項とC項が問題にな

った。「戦争犯罪」とは「戦争の法規慣例の違反」であり、具体的には「被占領地一般住民の殺人・虐待、もしくは強制労働ないしその他の目的による追放、捕虜もしくは海上における市民の殺人ないし虐待、人質の処刑、公私の財産の略奪、市町村の理由なき破壊、もしくは軍事的必要によって正当化されない荒廃」と定められた。「人道に対する罪」は、「戦前または戦時中のすべての一般住民に対する殺人、殲滅、奴隷化、強制的移送その他の非人道的行為、もしくは政治的人種的または宗教的理由にもとづく迫害」と定義された。この法概念は一九四六年の国連でも踏襲される。

「人道に対する罪」の法理がフランス法に明示的に導入されたのは、一九六四年一二月のことだ。六五年五月にドイツの戦争犯罪が二〇年の時効を迎えるために、フランス議会は「人道に対する罪はその性質上時効にかからない」という一条からなる法律を可決した。アウシュヴィッツ収容所医師メンゲレやバルビーのように、南米に逃走したナチ戦犯がまだかなり生存していた。このように、ナチの犯罪を念頭において制定された「人道に対する罪」は、当初、フランス人にも適用されるとは考えられていなかった。フランス人への適用第一号がポール・トゥヴィエである。彼は、一九四六年と四七年に欠席裁判で対敵通謀や反逆罪などの罪で死刑が宣告されたが、戦後、カトリック保守派のネットワークに支援されてフランス国内で逃走生活をしていた。一九六七年に死刑判決の時効が到来した。しかし、遺産相続の禁止などの民事上の刑がまだ残っていた。一九七一年にポンピドゥー大統領が民事上の刑に特赦を与えたことが七二年に発覚して、七三年に「人道に対する罪」で告訴されたのである。トゥヴィエの告訴から予審を経て裁判開始にいたるまでに二〇年も要したように、司法も「人道に対する罪」の定義をめぐって揺れ動いていた。主要な論点は、この種の犯罪はどの裁判所の管轄に属するのか、一九四五年の国際軍事裁判所条例の条文にはなかった「不可時効消滅性」を宣言した一九六四年法を遡及させることの是非、罪科の決定の三点であった。

一九七三年に告訴を受理したリヨンとシャンベリーの控訴院重罪起訴部は、翌年にトゥヴィエの裁判は重罪院ではなくて国家公安法院ないし軍法会議の管轄であり、当法廷には裁く権限はないと決定した。そこで破棄院は一九七五年にリヨンとシャンベリー控訴院の決定を破棄し、パリ控訴院重罪起訴部に審議を付託した。しかしパリ控訴院も、同年一〇月にトゥヴィエ事件は本法廷の管轄であるが、一九六四年法は遡及効を持たず、よって時効ゆえに告訴は受理しえないという結論を下した。破棄院は一九七六年六月に再びこの決定を破棄して、判事に「人道に対する罪」などの国際条約の解釈について外務省と協議するよう求めた。七九年六月、三年間の「慎重審議」の末に外務省は「人道に対する罪」の不可時効消滅性と遡及効を確認した。パリ控訴院重罪起訴部もそれを追認し、同年七月、パリ大審裁判所でトゥヴィエの予審が再開された。一九八七年のバルビー裁判にいたる前に、司法内部にこのような法解釈をめぐる攻防があったのである。

バルビー裁判を前にして破棄院は一九八五年一二月に、「人道に対する罪」の定義を二点新たにした。犠牲者の対象を広げたことと、「イデオロギー的覇権政策」という概念を導入したことだ。新しい「時効のない人道に対する罪」は、「イデオロギー的覇権政策を実行する国家の名で人種的宗教的共同体に所属する諸個人とイデオロギー的覇権政策への反対者に対して、系統的に行なわれた非人道的行為や迫害」と定義された。かくして「最終的解決」の犠牲者となったユダヤ人だけではなく、拷問を受け、強制移送された対独抵抗派も原告人になりうる道が開けた。とはいえ、ここでいう「人道に対する罪」は第二次大戦中に枢軸国によって犯された罪に限定されており、ベトナムやアルジェリアなどの植民地におけるフランス軍の残虐行為は対象外であった。バルビー裁判で被告人の弁護士が、植民地やイスラエルでの非人道的行為を取り上げてバルビーの罪を相対化しようとした戦術は、破棄院判決の弱点をついたものだ。さらに、八八年に破棄院が「共通の計画」の実行と「覇権国家」の教唆によって系統的に行なわれた非人道的行為という二要件を付加し、ヴィシー政府の反ユダヤ主義政策は争点から巧妙にはずされた。(14) かくして、「人道に対する罪」はフランス国家には適用されず、法の下の平等原則に抵触した。このように、フランス人を「人道に対する罪」で裁く裁判の道程は決して平坦ではなかったのである。

五、トゥヴィエ裁判

一九七九年に予審が再開され、八一年に逮捕状が出されて八九年五月にトゥヴィエが逮捕されるまでの一〇年間で、予審判事は四人も交代していた。一九八九年に任命された予審判事ジャン-ピエール・ジェッチのもとで予審が精力的に進められ、九一年秋に予審が終わった。ジェッチは、トゥヴィエに対する一一の告発の内の六つを証拠不十分や「人道に対する罪」の構成要件に該当しないなどの理由で免訴したが、民兵団指導者で情報大臣のフィリップ・アンリオの暗殺に対する報復として実行したアン県リリュー゠ラ゠パプにおける七名のユダヤ人処刑、人権同盟総裁ヴィクトール・バッシュ夫妻の殺害、それにレジスタンス活動家ジャン・ド・フィリッピスの追放や、リヨンのシナゴーグへの攻撃などについてトゥヴィエの責任を認めた。しかし、一九九二年四月にパリ控訴院重罪起訴部は、トゥヴィエに全面的免訴を言い渡した。控訴院の三人の判事は、「明確なイデオロギー」をもたないヴィシー政府は「イデオロギー的覇権国家」ではなく、ユダヤ人も「国家の敵」と名指しされず、ペタン元帥（ヴィシー政府の国家主席）の演説にも反ユダヤ主義的声明はなかったことを指摘し、ナチのイデオロギーと民兵団の思想とは「根本的に不一致」であり、リリュー事件に関してもドイツからの殺害命令は存在せず、よって民兵団とナチとの謀議も成立せず、証人の証言も信憑性に欠け、したがって原告人の告発理由は不十分であり、「人道に対する罪」の構成要件を満たさないがゆえに訴因は時効が到来しているという裁定を下した⑮。三人の判事は、民兵団を公式に否認したことが一度もないヴィシー政府の反ユダヤ諸立法には触れることなく、ヴィシーの歴史に評価を下したのである。

パリ検事総長ピエール・トリュシュはただちに破棄院に上告し、破棄院刑事部は一九九二年一一月に、トゥヴィエに対する免訴を部分的に破棄し、リリュー事件におけるトゥヴィエとゲシュタポとの共謀の訴因だけを認めた。破棄院は、同時に第二次大戦中の犯罪といっても枢軸国との共謀に力点をおき、ヴィシーが犯罪国家であったのか否かという体制の性質やヴィシー政府の反ユダヤ主義の政策自体は不問に付した。かくして、トゥヴィエ事件はヴェルサイユの重罪起訴部に送られ、一九九三年六月二日に重罪起訴部は、イヴリンヌの重罪院で「人道に対する罪」の共犯としてトゥヴィエが裁かれることを決定した。同年秋から同罪で裁かれる予定であったルネ・ブスケが暗殺されたのは、この直後の六月八日のことである。ブスケの死によってヴィシー政府の責任を問う機会が失われたことに対して、裁判推進派に失望と不安が広がった。したがって、トゥヴィエ裁判はヴィシー時代の歴史への関心をいやが上にも高めることになる。一九九四年三月にトゥヴィエ裁判が始まるまでには、このような紆余曲折があったのである。

ヴィシーのカジノで演説する民兵団指導員のフィリップ・アンリオ（出典：Pascal Ory, *Les collaborateurs 1940-1945*, Paris, Editions du Seuil, 1976）

しかし、裁判開始直前の世論調査によると、一〇〇二名の回答者のうちの六四％が、五〇年後の現在トゥヴィエを裁くことの有用性を支持し（反対は三三％）、五四％のフランス人がヴィシー体制はユダヤ人迫害と追放に関してナチの共犯だと考えており、一九％がフランス政府は犠牲者数を制限するのに努力したと考えていた。このような世論の動向には、歴史研究や歴史教育の進展が大きくあずかっている。小学校からリセの教科書にいたるまで、一九四〇年以降の反ユダヤ諸立法などのヴィシー時代の負の歴史が記されるようになっていた。一九八七年のバルビー裁判開廷直前には、ジャック・シラク首相の指導下に、国民教育省が中等学校の歴史学教授にヴィシー政府の反ユダヤ法の授業をするよう求める文書を出している。[16]

一九九四年三月一七日から裁判が始まった。トゥヴィエの弁護に当たったトレモレ・ド・ヴィレール弁護士は、トゥヴィエを庇護してきたカトリック保守派の伝統に連なる人物であった。裁判では、トゥヴィエがナチの共犯であるのか否かに論点が集中した。民兵団が奉仕したゲシュタポは、「イデオロギー的覇権政策」を実行した国家の組織であり、ゲシュタポとトゥヴィエの共謀を論証することに原告側の精力が注がれた。共犯関係が立証できなければ、すなわちリリュー事件が民兵団の単独行動であれば、リリューの一件は時効の壁に突き当たり、トゥヴィエは無罪放免されるからである。一方、トゥヴィエは事件に対する自己の責任を否定するために、ゲシュタポ地方指揮官の命令に従っただけであり、しかもローヌ地区民兵団リーダーから三〇名の処刑を求められたのに対して、自分は処刑人数を七名に減らして二三名の命を救ったという論を展開した。また八人目の人質はユダヤ人でなかったので、処刑直前にトゥヴィエが処刑グループからはずしたことも分かった。[17]逆説的にも、トゥヴィエ自らが「人道に対する罪」の新定義に合致する「イデオロギー的覇権政策」を遂行したゲシュタポとの共謀を認めたのである。

四月一日に証言に立った警視ジャック・ドラリュの発言が重みを持った。一九七〇年にリリュー事件についてドイツの関与を否定する報告書を出したドラリュが、態度を変えて、民兵団総裁ジョゼフ・ダルナンが戦後の粛清裁判の中で行なった発言を民兵団とドイツとの共謀の証拠として提出した。歴史家には既知の文書の中で、ダルナンは「アンリオ暗殺の結果、ドイツはレジスタンスにかかわっている家庭から約四〇名の人質を逮捕するように要求した」と述べた。一九九〇年の予審でこの文書に言及したときでも、ドラリュはダルナンの証言には嘘があると考えていた。したがって、ドラリュの豹変は、リリュー事件についてドイツ不介入説の立場に立つ原告側の異端的弁護士アルノー・クラルスフェルトを立腹させた。アルノーは、裁判でリリュー事件が民兵団による単独の報復行為であると主張し、その証拠も提出した。とはいえ、彼も民兵団とゲシュタポの全面的共犯関係まで否定するものではなかった。反ユダヤ主義に奉仕した民兵団は、ナチと一体化した組織であったから。このように裁判は、アルノーと他の原告側弁護士との見解の相違を示しはしたが、結審を迎えた。

次席検事のユベール・ド・トゥザランは、アンリオの死に対するドイツの報復命令は軍事的かつ上位の決定ではなかったにせよ、ナチはフランス人自身による復讐を求めたとし、トゥヴィエもドイツのユダヤ人絶滅計画を知っており、「計画はナチのものだが、フランスは荷担した」と述べて終身刑を求刑した。イヴリンヌ重罪院もリリュー事件についてトゥヴィエとナチの共謀を認定し、「人道に対する罪」の共犯としてトゥヴィエに終身刑を宣告した。「犯罪の忘却に抗し、犯罪の責任者に天罰を」という民兵団の二一箇条の誓いが、文字通り民兵団員のトゥヴィエ自身に適用されたのである。もっとも、トゥヴィエとナチとの共謀の有無に収斂した法律論議が、ヴィシー政府や民兵団の相対的自律性という歴史的議論より優先された感も否めず、その意味で裁判が歴史を歪めたとのおそれなしとしない。ドラリュ以外にも、シャバン-デルマスやメスメルなどの元首相が前言を翻す発言をしたのも、そのような例であった。(18) このようにトゥヴィエ裁判では、記述史料に依拠する歴史学と口頭弁論に重きをおく裁判との真相究明の方法上の相違や、長期間にわたる同一人物の証言内容の変化など、「裁判と歴史学」の本質にかかわる問題が提出されもしたが、結局、裁判は下級の対独協力主義者を裁く裁判に終始したのである。

四月二〇日にトゥヴィエに終身刑の判決が下されて四日後、アン県イジューで追放犠牲者記念館の開館式と記念碑の除幕式がミッテラン大統領臨席のもとに開かれた。この式典は、五〇年前の四月六日、迫害を逃れてイジューの孤児院に身を寄せていたユダヤ人の子どもたちがバルビーによって一斉検挙され、アウシュヴィッツに送られたことを追悼して行なわれたものである。(19) また、四月九日にグリエール高原の戦いの犠牲者を追悼する式典があったように、トゥヴィエ裁判の開廷中からフランスでは解放五〇周年を祝う式典が始まっていた。いわば、フランス解放の光と影が同時進行していた。八月二五日まで続く解放式典では、対独協力という負の歴史よりもやはりレジスタンスという正の歴史を讃えることに力点が置かれた。一連の祝典をとおして、レジスタンスを顕彰する「記憶の場所」が作り出され、それは「国民の記憶」として保存され、ナショナル・アイデンティティへと再構成されんとした。しかし、九月にミッテラン大統領とヴィシー派とのつながりを示す本が出版され、フランス人は「過去の克服」が容易でないことを知ったのである。

六、戦争とジェンダー

以上、第二次大戦後のフランスにおける戦争裁判の推移と法理の展開をトゥヴィエ裁判を軸に検討してきた。フランス人を「人道に対する罪」で裁くためには、法的のみならず心理的障壁を乗り越える必要があったこと、裁判の場ではヴィシー政府の責任追及は巧みに回避されたことが分かった。それでは、ジェンダーの問題に触れて本章の結びとしよう。

あらゆる戦争が、非人道的な犯罪をともなうことに異論はないであろう。法律論はともあれ、戦争それ自体が「人道に対する罪」を構成すると言ってよい。一九八七年のバルビー裁判では、裸にされた女性に犬をけしかけて強姦しようとしたり、裸で戸口につるされた若い女性に対して二人の男が鞭を浴びせ、バルビーが鞭の取っ手部分で性的虐待をしたことなどが語られた。これに対してトゥヴィエ裁判では、結果として、バルビー裁判で語られたような女性への性暴力はほとんど語られなかった。トゥヴィエたちがユダヤ人の家庭に押し入って金品を奪ったときに、部下がユダヤ系の少女に暴行をしたことが触れられたのみである。トゥヴィエ裁判でも、収監されていた抵抗派やリリュー事件の遺族や民兵団員の証言をとおして男性への拷問が語られ、トゥヴィエ自ら電気拷問器によって性器への拷問を行なっていたことも明らかにされた(20)。しかし、それを理由にして被告人が裁かれたのではい。トゥヴィエの訴因はユダヤ人男性七名の処刑であり、裁判では戦争中の性暴力はとくに裁かれなかった。

女性への性暴力は戦時には拷問というかたちで生じやすいとはいえ、性器への拷問は男女の別なく行なわれた。したがって、この種の拷問は、ジェンダーという文化的性差によるものというよりは、セクシュアリティという性的指向の次元、さらにはセックスそのものという生物学的次元での拷問と言いうる。それに、バルビー裁判で証言したリーズ・ルセーヴル夫人やアリス・ファンスタンベール夫人のように、裸にされて鞭打ちの拷問を加えられたとしても、[21] 彼女たちは抵抗運動に従事しており、「一般住民」ではなくて戦闘員に分類されかねず、一九八五年に破棄院が新たに下した「人道に対する罪」の定義には該当するが、一九四五年の「人道に対する罪」の概念にあてはまらないおそれがあった。もちろん、戦闘員といっても、武器を持って戦う抵抗派とルセーヴル夫人たちのように伝言役の通信員とを区別する必要はあるだろう。それに何よりも、苦悶とともに絞り出された彼女たちの「証言の重さ」は、「記憶の重さ」として受けとめねばならないだろう。このように、「人道に対する罪」の法理自体少しずつ概念を変えており、「戦争とジェンダー」をめぐる国際人権法はまだ緒に着いたばかりである。

さて、一九九九年九月一日にパリ控訴院重罪起訴部は一九四四年七月下旬に一五歳から一八歳のユダヤ人三五二名を捕らえ、その内の三四五名を収容所に追放した咎で、元ドランシー収容所長のアロイス・ブルナーを「人道に対する罪」で重罪院に起訴した。[22] 彼は親衛隊のアドルフ・アイヒマン[23]の秘書を務めたこともあり、一九五四年に欠席裁判で死刑判決が下されたが、一九七四年に自由の身になっていた。バルビー同様ドイツ人で戦後逃走してシリアに在住している彼の裁判は、「人道に対する罪」で開かれる四番目の裁判になるだろう。しかし、ドランシー収容所の警備を直接担当したのはフランス憲兵であり、ここでもヴィシー政府というフランス国家の責任が浮上する。過去三回の「人道に対する罪」の裁判が示すように、ヴィシー政府の責任問題はふたたび門前払いされるのであろうか。

当時を知る生存者がしだいに鬼籍に入って身体的記憶が薄れていく現在、あったがままの戦争の記憶を二一世紀に継承するために、歴史学と歴史教育の責任は重大である。戦争の記憶を歪めようとする傾向に対しては、「記憶による抵抗」や「忘却に対する記憶の戦い」が改めて要請される。その際、歴史的記憶がアイデンティティの形成と密接に結びついていることに注意する必要があるだろう。なぜなら、歴史的記憶とは集合的記憶にほかならず、それを問うことは集団のアイデンティティを問うことにつながるからである。それゆえ、集合的記憶がナショナルな記憶という集団の記号体系として凝固することには警戒すべきだろう。ホロコーストの記憶が「国民の記憶」(＝ナショナル・ヒストリー)を越えて、「公共の記憶[24]」から「人類の記憶」へと高められるために、記憶する義務と記録する責任が求められている。

註

（1）以下、『朝日新聞』一九九一年六月一二日、九月二六日。藤村信『夜と霧の人間劇』岩波書店、一九八八年。*Le Monde*, 5-6 juillet 1987, p.7.

（2）渡辺和行『ホロコーストのフランス』人文書院、一九九八年、第六章。

（3）ブスケは一九四九年に特別高等裁判所で反祖国罪によって五年間の公民権剥奪を宣告されたが、レジスタンスにも関与したことが比較考量されて放免されていた。渡辺和行『ナチ占領下のフランス』講談社、一九九四年、一二一〜一一四頁。

（4）Henry Rousso, *Le syndrome de Vichy de 1944 à nos jours*, Paris, 1990.

（5）*Le Monde*, 3 juin 1987, p.12. なお、パリ大審裁判所は、一九八七年五月二五日に『歴史修正主義年報』の発売を禁止する裁決を下した（*Le Monde*, 27 mai 1987, p.12.）。

（6）以上、*Le Monde*, 19 avril 1994, p.12. フランソワ・ミッテラン著、早良哲夫訳『いま、フランスでは』サイマル出版会、一九八二年、八六〜八七頁。E. Faux, T. Legrand, et G. Perez, *La main droite de Dieu, enquête sur François Mitterrand et l'extrême droite*, Paris, 1994, pp.87-88.

（7）Richard J. Golsan ed., *Memory, the Holocaust, and French Justice*, London, 1996, pp.22-23, 189; Eric Conan et Henry Rousso, *Vichy, un passé qui ne passe pas*, Paris, 1994, pp.114-117; *Le Monde*, 26 septembre 1990, p.1, p.12.

（8）Jean-Pierre Azéma, *De Munich à la Libération 1938-1944*, Paris, 1979, p.336; Hanna Diamond, "The Everyday Experience of Women during the Second World War in the Toulouse Region," in M. Scriven and P. Wagstaff dir, *War and Society in the 20th Century France*, Oxford, 1991, p.51.

（9）Jean-Marc Théolleyre, *Procès d'après-guerre*, Paris, 1985, p.27以下、*Ibid.*, chs.5-6.

（10）自発的に親衛隊に加わったアルザス兵一名に死刑が宣告されたが、一九五八年の特赦で自由になった。*Ibid.*, p.173.

（11）*Ibid.*, pp.203-209, 215, 217.

（12）Rousso, *op. cit.*, pp.70, 78-79.

（13）藤田久一『戦争犯罪とは何か』岩波新書、一九九五年、Ⅲ章。なお訳文は一部変更。

（14）以上、Claude Moniquet, *Touvier, un milicien à l'ombre de l'Église*, Paris, 1989, p.243, p.248; François Bédarida dir., *Touvier, Vichy et le crime contre l'humanité*, Paris, 1996, p.29; *Le Monde*, 3 juillet 1987, p.8; 4 juillet 1987, p.13; Jacques Vergès, *Je défends Barbie*, Paris, 1988, pp.18-20, 176.

（15）Bédarida dir., *op. cit.*, pp.314-321. 一九九二年二月には、国民戦線の地域圏議会議員ポール・マラギュチの過去が暴露されて反響を呼んでいた。彼は、一九四五年に欠席裁判で死刑が宣告され、五三年に大赦の恩恵にあずかった対独協力派であり、九二年春の地方選挙にもロワレ県選挙区から立候補していた（Alain Chouffan, "Du PPF de Doriot au FN de Le Pen, Malaguti, l'homme qui nie son passé," *Le Nouvel Observateur*, no.1426, mars 1992, pp.30-31.）。

（16）以上、*Le Monde*, 7 mai 1987, p.1, p.16; 17 mars 1994, p.11, p.VII.

（17）以上、*Le Monde*, 29 mars 1994, p.24; 31 mars 1994, p.14; 8 avril 1994, p.12; Golsan ed., *op. cit.*, p.126.

（18）以上、*Le Monde*, 3-4 avril 1994, p.10; 16 avril 1994, p.12; 20-21 avirl 1994, p.13; Bédarida dir., *op. cit.*, pp.229-282, 353-354; Conan et Rousso, *op. cit.*, pp.148-158; Golsan ed., *op. cit.*, pp.164-167. コナンとルッソは、トゥヴィエ裁判の判決には批判的である。アルノー・クラルスフェルトのドラリュ批判については、Arno

Klarsfeld, *Touvier, un crime français*, Paris, 1994, pp.65-72. ドラリュの一九七〇年報告については、Laurent Greilsamer et Daniel Schneidermann, *Un certain Monsieur Paul*, Paris, 1994, annexe. なお、バルビーは公判の大半を欠席でとおしたが、トゥヴィエは出席して証人と向かい合った。

(19) *Le Monde*, 26 avril 1994, p.10.

(20) 以上、*Le Monde*, 28 mai 1987, p.12; 2 avril 1994, p.12; Bernard Lambert, *Dossiers d'accusation, Bousquet, Papon, Touvier*, s.d., Paris, p.261.

(21) *Le Monde*, 24-25 mai 1987, p.8; 5 juin 1987, p.12.

(22) *Le Monde*, 3 septembre 1999, p.12.

(23) ユダヤ人絶滅政策の責任者の一人で、戦後南米に逃走していたが、一九六一年にイスラエルで裁判にかけられ死刑に処せられた。ハンナ・アーレント著、大久保和郎訳『イェルサレムのアイヒマン』みすず書房、一九六九年。

(24)『思想』八九〇号（一九九八年）所収の「パブリック・メモリー」特集を参照。

第8章　ベトナム戦争とラッセル法廷

古田元夫

一、ラッセル法廷とは何か？

ここで取り上げるラッセル法廷とは、ベトナム戦争が激しく展開されていた一九六七年に、イギリスの二〇世紀を代表する哲学者であるバートランド・ラッセル（一八七二―一九七〇）の提唱によって開催された、ベトナムにおけるアメリカおよびその同盟国の戦争犯罪を裁くための民間法廷のことである。

まず、ラッセル法廷が問題にしたベトナム戦争とは、どのような戦争だったのか、簡単にふりかえっておきたい。

独立を求めたベトナム民主共和国と、かつての植民地宗主国だったフランスの間に発生した第一次インドシナ戦争は、一九五四年のジュネーヴ協定で停戦が成立した。しかしこの時にベトナムは、北緯一七度線により南北に分断されることになった。この南ベトナムという空間を、アメリカは冷戦的発想から自陣営の縄張りと見なし、そこに共産主義者の勢力が拡大するのを阻止しようとした。これは、ベトナムにとっては南北分断の固定化を意味しており、これを嫌った人々は南の親米政権の打倒と南北統一を求めた。このアメリカとそれが支援した南ベトナム政府（五五年以降ベトナム共和国）に、北ベトナム（ベトナム民主共和国）と南ベトナム解放民族戦線が対抗して発生したのがベトナム戦争である。

一九六〇年に解放戦線が結成されると、南ベトナム政府の脆弱性が露呈し、アメリカのケネディ政権は軍事顧問団の増強でこの危機を乗り越えようとした。しかし南のゴ・ディン・ジエム政権はアメリカの支援増強でかえって独裁的姿勢を強め、これに反発した仏教徒の反政府運動と軍部のクーデタで六三年一一月に崩壊する。以後、南ベトナムの政情は安定せず、アメリカは南の反共体制を維持するためには自らが戦争を担わざるを得なくなった。六四年のトンキン湾事件を経て、六五年にはジョンソン政権は、恒常的な北への爆撃（北爆）と南への大量の戦闘部隊の投入に踏み切り、ベトナム戦争は冷戦時代最大の局地戦争になった。

世界最強の米軍の直接介入にもかかわらず、解放戦線と北ベトナム軍の果敢な抵抗により、アメリカの戦争はしだいに泥沼の様相を呈するようになった。超大国アメリカが、アジアの小国ベトナムに軍事介入したことは、当時の国際世論の中では評判はよくなかったが、アメリカの戦争が泥沼化した一九六七年ころには、アメリカの行動を強く批判する反戦運動が世界各地で高揚するようになっていた。

一九五五年に物理学者アインシュタイン（一八七九―一九五五）とともに各国首脳に核戦争の回避を訴える宣言を発表したことで知られるラッセルは、六六年に、第二次大戦終結後のナチス・ドイツを断罪したニュルンベルクの国際戦争犯罪裁判の判決にてらして、アメリカのベトナムでの戦争犯罪を告発できるのではないかと考えた。このアメリカを裁く国際法廷というアイディアは、ラッセルが三億円あまりの私財を投じてつくったラッセル平和財団の最初の活動として取り組まれることになった。

このラッセルの呼びかけには、ジャン＝ポール・サルトル（一九〇五―一九八〇）など著名な知識人が呼応した。日本でも、一九六六年一二月には、立命館大学総長の末川博、自由人権協会理事長の海野晋吉、北海道大学名誉教授の松浦一の三氏の呼びかけで、「ベトナムにおけるアメリカの戦争犯罪調査日本委員会」が誕生した。

一九六六年の秋にロンドンで行なわれた法廷設置準備会では、①アメリカおよびその他のベトナムに派兵している諸国は、国際法上の侵略行為を行なっているか、②アメリカは、国際法で禁止されている化学薬品、ガス・ナパーム弾などをベトナムで使用または実験しているか、③アメリカは、学校、病院など非軍事的施設を攻撃目標としたか、④アメリカは、捕虜や住民の取り扱いで、国際法違反をしているか、⑤南ベトナムで、強制労働キャンプがつくられ、住民の追放や集団殺人が行なわれていないか、などの調査項目が決められた。

実際の法廷は、一九六七年の四月三〇日から五月一〇日にかけてストックホルムで第一回目が、同年一一月二〇日から一二月一日までコペンハーゲン郊外のロスキルドで第二回目が行なわれた。法廷では、フランスのサルトル、シモーヌ・ド・ボーヴォワール、ローラン・シュワルツ、イギリスのアイザック・ドイッチャー、アメリカのデーヴ・デリンジャー、スウェーデンのペーター・ヴァイス、日本の森川金寿など、一七名が法廷メンバーとなり裁判を運営した。ベトナムからは、北の民主共和国の最高裁長官のファン・ヴァン・バックや南の解放戦線の代表が参加した。

第一回目のストックホルム法廷では、次のような四項目の判決が出された。

（1）アメリカ合衆国政府は、ベトナムにたいして、平和およびベトナム人民の民族基本権にたいする罪という、国際法の言葉でいう侵略（の罪）を犯した。

（2）アメリカ合衆国政府のがわから、ベトナムの民間目標にたいする意識的、系統的、かつ大規模な爆撃行為が行なわれた。

（3）アメリカ合衆国のがわに、カンボジアの主権、中立および領土の保全にたいする反復的な侵犯行為が存在した。

（4）オーストラリア、ニュージーランドおよび韓国の政府は、ベトナムにたいする侵略においてアメリカ合衆国の共犯者であった。

ついで、ロスキルドの第二回目の法廷では、次の六項目の判決が出された。

（1）タイ国政府、フィリピン政府、日本政府は、ベトナムにたいしてアメリカ合衆国が犯している侵略につき、共犯として有罪である。

（2）アメリカ合衆国政府は、国際法によってあたえられる定義にしたがい、ラオス人民にたいして侵略（の罪）を犯している。

（3）アメリカ合衆国軍隊は、戦時国際法によって禁止されている兵器を使用し、または実験している。

表8-1　ラッセル法廷の構成

よびかけ	Bertrand Russell
法廷議長	Jean Paul Sartre
副議長	Laurent Schwartz（フランス、数学者）
副議長	Vladimir Dedijer（ユーゴスラビア、歴史家）
1	Lelio Basso（イタリア、国際法学者）
2	Dave Dellinger（米国、平和運動家）
3	Simone de Beauvoir（フランス、作家）
4	Peter Weiss（スウェーデン、劇作家）
5	Kinji Morikawa（日本、弁護士）
6	Gunther Anders（オーストリア、作家）
7	Amado Hernandez（フィリピン、労働運動家）
8	Lawrence Daly（スコットランド、労働運動家）
9	Issac Deutscher（イギリス、歴史家）
10	Mehmet Ali Aybar（トルコ、法学者）
11	Mahmud Ali Kasuri（パキスタン、判事）
12	Melba Hernandez（キューバ、政治家）
13	Carl Oglesby（米国、作家）
14	Copeland Cox（米国、黒人人権活動家）

（4）アメリカ合衆国軍隊によってとらえられた捕虜は、国際法によって禁止された取り扱いに服させられている。

（5）アメリカ合衆国軍隊は、民間人を国際法によって禁止された非人道的取り扱いに服させている。

（6）アメリカ合衆国政府は、ベトナム人民にたいするジェノサイドにつき有罪である。（参考文献②五三三、五三八頁、⑥二九〇～二九一頁）

この二回のラッセル法廷の間の一九六七年八月には、「ベトナムにおけるアメリカの戦争犯罪調査日本委員会」が中心になって、東京で「ベトナムにおける戦争犯罪を糾弾する東京法廷」が開催された。この東京法廷では、アメリカのベトナムでの行動とともに、日本政府のアメリカの戦争への協力・加担が大きなテーマとなった。

このようにラッセル法廷は、国家や国際連合などの正規の国際機関が設置した正式の法廷ではなく、国際的な反戦運動から生まれた民間法廷だった。したがって、この法廷は、何らの法的強制力はもたず、法廷がアメリカ政府に対して行なった「告発条項について権限をもって答弁することができる適格の代理人を法廷に派遣する」という要請は、完全に無視された。したがって、ラッセル法廷の意義は、その法的な権限にではなく、民間法廷による戦争犯罪の告発という新しい型の反戦運動として、アメリカの戦争の不当性に関する共通の認識を拡大し、国際的なベトナム反戦運動の高揚に貢献した点に求められよう。

二、平和に対する罪と民族基本権侵害の罪

ラッセルが当初、ベトナムにおけるアメリカの戦争犯罪を裁く根拠にしようと考えていたのは、第二次世界大戦後のニュルンベルク裁判だった。「世界史上初の本格的な戦争裁判」といわれたこの裁判では、「平和に対する罪」(不法で犯罪的な侵略戦争開始の罪)、「通常の戦争犯罪」(捕虜虐待など、通常の戦時法規に対する違反)、「人道に対する罪」(人種的・宗教的理由に基づく迫害)という、三つの

戦争犯罪カテゴリーを設けて、ナチス・ドイツの指導者たちを断罪した。

このニュルンベルクの法理における侵略犯罪は、ナチス・ドイツを、現状を攪乱し、平和の維持をみだしたとして、断罪するという性格を強く有するものだった。ラッセル法廷の開始にあって、ベトナムの法律家はこのようなニュルンベルクの法理を、そのままベトナムにあてはめることに、重大な異議申し立てを行なった。なぜならば、現状攪乱を「侵略」とするニュルンベルクの法理では、南ベトナムにおける親米政権を打倒し、ベトナムの南北統一を達成しようとしている、つまりはベトナムの現状を変革しようとする努力までもが、「侵略」と見なされかねないからであった。

このニュルンベルクの法理に代わってベトナム側が採用を主張したのは、ベトナムの「民族基本権（ないし基本的な民族権）」の侵害という侵略犯罪の定義だった。この「民族基本権」とは、ベトナムの独立・主権・統一・領土保全のことをさしている。この四つの要素が最初に明記されたのは、一九五四年のジュネーヴ協定においてであった。しかし、これが「民族基本権」と呼ばれるようになるのは、ベトナム戦争が局地戦争へエスカレートしてからである。六五年四月、ベトナム民主共和国のファム・ヴァン・ドン首相は、国会でベトナム戦争に対する同国政府の基本的な立場を四項目に整理して提示したが、その第一項目の、アメリカの南ベトナムに対する干渉と侵略の停止、北にたいする北爆の停止要求の土台として提起されたのが、「ベトナム人民の民族基本権」であった。

この「民族基本権」は、一九六〇年の国連総会で採択された植民地独立付与宣言などによって、国際法上の正統な権利とみなされるようになった「民族自決権」を軸としつつ、さらに冷戦体制がベトナムに押し付けた南北分断状況という「現状」の打破をも展望した権利の主張だった。

ラッセル法廷は、結局ベトナムが主張した「民族基本権」の侵害という侵略概念を採用した。ラッセル法廷は、①平和に対する罪、およびベトナム人民の民族基本権に対する罪、②戦時国際法違反、③人道に対する罪、④ジェノサイドの罪という、四つの角度から、アメリカの戦争犯罪を裁いたのである。次に引用するベトナム民主共和国の法律家の見解は、ニュルンベルクと比較してのラッセル法廷の積極的意義を強調している。

ニュールンベルクが侵略犯罪の本質に言及しえなかったのは、それが帝国主義者の平和を前提としていたからである。ニュールンベルクは侵略を深く糾弾せず、侵略戦争の本質を暴露することができなかった。当時の力関係が帝国主義者にとって有利だったからである。一九五四年のジュネーヴ協定はニュールンベルク判決よりも数歩前進し、植民地戦争を否定し、植民地軍隊の撤退、民族自決権、民族解放の権利を合法とした。また、奴隷化、従属からの解放の権利を明らかにした。ラッセル法廷は侵略犯罪をはっきり断罪し、ベトナム人民の民族基本権を確定した。われわれはいま、次のように規定する——アメリカ帝国主義はベトナム人民とベトナム国家にたいして新植民地主義的侵略をおかしている。この侵略概念には、ベトナム人民の民族基本権への侵害がふくまれる（参考文献④三二四頁）。

この「ベトナム人民の民族基本権」は、その後、一九七三年一月に締結されたベトナム戦争の停戦協定（「ベトナムにおける戦争終結と平和回復に関する協定」、パリ協定）に明記され、実定国際法上も承認されることになった。このような歴史の流れで見れば、六七年のラッセル法廷は、「民族基本権」というベトナムの抵抗戦争を支える法理を、国際的な場でいち早く採用したという意味を担ったわけである。

三、ラッセル法廷とジェンダー

では、このラッセル法廷は、ジェンダーの問題にはどの程度の関心を向けていたのだろうか。ラッセル法廷がアメリカの戦争を糾弾した、ひとつの論拠は、アメリカの行為はジェノサイド（民族皆殺し）であるという点にあった。

これは、ベトナム戦争がゲリラ戦争、人民戦争であったことと関連している。ゲリラの強みは、住民との密接な協力関係にある。「ゲリラは魚、住民は水」といわれる所以である。このような住民と密着した強力なゲリラを討伐するには、「水」を干上がらせてしまう、つまりは、ゲリラを支える住民自身を抹殺してしまうのが、最も手っ取り早い方法である。

アメリカがベトナムで採用したのも、この「水」を干上がらせる方法だった。すなわち、ゲリラが浸透している地域の住民を強制的に移住させることに始まり、挙句は浸透地区を「自由爆撃地帯」

に指定して、爆弾や枯葉剤を降り注ぐといったことが行なわれた。

ラッセル法廷でサルトルは、「民族全体の結束こそが古典的軍隊を無力化するものである以上、唯一の有効な対ゲリラ戦争は、その民族全体の、つまり非戦闘員の、婦人子供の絶滅以外にないのです」（参考文献③五二三頁）とし、アメリカがベトナムで行なっていることは、まさにこのような意味でのジェノサイドであると主張した。

さて、一九四八年に制定されたジェノサイド条約では、「集団内部の出生率を低下せしめるような処置」を、ジェノサイド行為と規定している。ラッセル法廷が関心を向けたジェンダーの問題は、主にこのような関心の延長にでてくる問題で、婦女暴行、米兵用の売春婦への生殖不能の注射の強制、枯れ葉剤散布の女性の出産への影響などの事実が指摘されている。

しかしながら、ラッセル法廷全体としては、ジェンダーの問題にそれほど大きな関心が向けられていたとは思われない。これは、ベトナム戦争が、「民族」（ネーション）が輝いていた時代の最も典型的な民族解放戦争だったという、時代性ないしは時代的制約とかかわる問題だったと考える。先に検討した「民族基本権」という考え方も、個人の人権とか、女性の解放は、民族の解放なくしてはありえないという主張を含むものだった。女性の解放が民族の解放と等値されていた、ないし前者が後者に解消されていたわけではなかったが、民族的解放なくして女性の解放もありえないという構図の中で問題が考えられていたことは確かで、ジェンダーの問題はあくまでも民族の解放という「全体性」の「部分的問題」として扱われていたというべきだろう。

しかしながら、こうした時代的制約のゆえに、ベトナム戦争およびラッセル法廷を含めた反戦運動の世界史的意義を過少に評価するべきではないと考える。「小国」ベトナムの超大国アメリカに対する果敢な抵抗は、全世界的に社会的弱者の権利要求・自己主張を激励することになった。この点では、アメリカでベトナム反戦運動と黒人公民権運動が結びついて発展したことは象徴的だったし、先進国のフェミニズム運動とベトナム反戦運動の間にも同様の関係が見られた。

アメリカで、公共の場での黒人に対する差別が、法的に撤廃されたのは、一九六四年の公民権法においてであった。これに典型的に示されるように、ベトナム反戦運動に刺激されて、全世界的に社会運動が高揚した六〇年代になって、ようやく先進資本主義国でも、「有色人種」「少数民族」「先住民」などの社会的弱者の人権を保障しようとする法制の整備が始まり、それまでの主に「富者」と「社会的強者」だけのものだった近代民主主義を、弱者にも広げる現代民主主義が形成されてくる。

また、衣食住を充足する権利、飢餓からの自由、教育を受ける権利などの社会権を含む国際人権規約が国連で採択されたのも、一九六六年のことだった。この規約には、民族自決権も盛り込まれた。この規約に示される社会権を重視した人権概念は、個人の自由権を軸としたそれまでの概念に対して、「第二世代の人権」とよばれる。

このような現代民主主義、第二世代の人権の登場のすべてを、ベトナム戦争および反戦運動に帰することはできないにしても、ベトナム戦争と反戦運動がこれらの登場を促進したことだけは間違いない。

先に引用したサルトルの発言の中に、「非戦闘員の、婦人子供の絶滅」という表現があるが、婦人＝非戦闘員つまりは、戦争と軍隊は女性にとって「他者」であるという図式は、実は一九世紀以降の西欧近代で成立した図式であって、農業社会だったベトナム戦争中のベトナムには必ずしもあてはまらなかった。

特に南ベトナムのゲリラ戦争では、解放戦線の結成に先立って一九六〇年に発生した農村部での一斉蜂起で「長髪軍」とよばれた女性たちが蜂起の先頭に立つなど、女性の役割が大きかった。このようなベトナムでの女性の活躍は、先進国でのフェミニズム運動を鼓舞した。民族という「全体性」の中に埋め込まれているはずのベトナム女性の活躍が、男性優位の「全体性」に埋め込まれることを拒否する先進国のフェミニズムを励ますというのは、このようにまとめると「奇妙」な現象だったが、戦争と軍隊は女性にとって「他者」であるという図式を共有しないがゆえに、こうした「奇妙」な連帯が成立しえたわけである。

以上のような歴史的経過を考えれば、ジェンダーという視角から見た場合の、ベトナム戦争、およびラッセル法廷を含めた反戦運動の意義を、消極的に考えるべきではないだろう。特にラッセル法廷は、大衆運動と結びついた民間の国際法廷という新しい運動形態を生み出した。サルトルは、特定の国家と結びついていないというラッセル法廷の「究極的な無力さ」こそが、逆にその「普遍性」と「適法性」の淵源となっていると発言した（参考文献⑦二九五頁）が、これは、様々な社会運動が継承しうる発想であろう。

参考文献

①バートランド・ラッセル著、日高一輝訳『ヴェトナムの戦争犯罪』河出書房、一九六七年。
②ベトナムにおける戦争犯罪調査日本委員会編『ラッセル法廷』人文書院、一九六七年。
③陸井三郎編『資料・ベトナム戦争』下、紀伊國屋書店、一九六九年。
④陸井三郎『インドシナ戦争』勁草書房、一九七一年。
⑤森川金寿『ベトナムにおけるアメリカの戦争犯罪の記録』三一書房、一九七七年。
⑥日本ベトナム友好協会『日本とベトナム　友好運動の三〇年』日本ベトナム友好協会、一九八五年。
⑦JUDICAL SCIENCES INSTITUTE under THE VIETNAM STATE COMMISSION OF SOCIAL SCIENCES, *U.S.WAR CRIMES in VIETNAM*, XUNHASABA, Hanoi.

第Ⅲ部

裁かれる現代の人権侵害

破壊された建物が目につく村に戻ってきたセルビア人女性たち。(写真提供＝松井やより)

第9章　旧ユーゴスラビア紛争
——女性への暴力と国際刑事法廷

川口　博

一、「民族浄化」戦争

旧ユーゴスラビア（ユーゴスラビア社会主義連邦共和国）は、セルビア、クロアチア、スロベニア、ボスニア・ヘルツェゴビナ、モンテネグロ、マケドニアという六つの共和国、さらにセルビア共和国の二つの自治州（ボイボディナ、コソボ）によって構成されていた連邦国家であった。さらに、セルビア人、クロアチア人、スロベニア人、ムスリム人、モンテネグロ人、マケドニア人、少数民族のアルバニア人、ハンガリー人など多様な民族が混在して暮らす多民族国家でもあった。宗教的にもローマ・カトリック、東方正教会、イスラム教などが混在していた。一九七〇年代末からの経済危機を通じて、それぞれの民族の間に高まった民族主義は、この多民族・多宗教国家を崩壊させ、一九九一年からはじまる泥沼の戦争に導いていった。(1)

旧ユーゴスラビアの紛争は「民族浄化」(ethnic cleansing) によって特徴づけられる。一九九二年ごろから欧米のマスメディアが使いはじめた「民族浄化」という言葉は、欧米諸国ではナチスのユダヤ人に対するホロコーストを連想させるものだった。旧ユーゴスラビアで戦争に反対し、被害者を救援してきたNGOおよび女性活動家たちは、この概念を「他民族集団のすべての人々を一定の地域から追放するプロセス」と定義している。[2] この定義によれば、必ずしも戦闘をつうじ、武力を用いた追放プロセスのみが「民族浄化」ではない。少数派民族の住民を公共サービスの対象外とするなど、政府が差別的な不利益を与えること、日常的な差別・暴行・脅迫を加えるか、またはこうしたことから住民を保護しないこと、難民・避難民の帰還をさまざまな手法によって妨害することなどは、「政策をつうじた民族浄化」とされる。こうした「民族浄化政策」は武力紛争の停止後もつづいた。クロアチアの旧セルビア勢力支配地域では、多くのセルビア人が焼けだされたが、クロアチア政府はこれらの住民に公共サービスをほとんど供給せずにいた。セルビア人の住民が「自発的に」それぞれの「本国」に移住することを促したのである。これはほんの一例である。破壊された住居の修復など、これらのセルビア人に支援をおこなったのは、主にクロアチアの反戦・女性NGOであった。

旧ユーゴスラビア紛争における「民族浄化」は、一方的なものでなく、双方向的である。一九九五年にクロアチアのセルビア勢力支配地域西スラボニア、クライナがクロアチア政府軍に攻撃され、膨大なセルビア人難民がセルビアやボスニアのセルビア勢力支配地域に逃げた。この新たなセルビア人難民を受け入れた地域では民族的敵意が高まり、また難民のための住居を確保する必要から、従来からそこに住んでいた多数のクロアチア人、ムスリム人が追放された。この人々は境界線を越えてクロアチアに逃げ、その中の多くが、セルビア人住民が追い出された地域の、セルビア人の元住居（破壊されてはいたが）に定住した。このようにして、いわば「玉突き」で「民族浄化」がおこなわれた結果、それぞれの地域が「民族的に純粋な」地域となった。

紛争の過程で、各民族勢力はそれぞれ、殺人、拷問、強かん、財産の没収と破壊を繰り返して他民族を占領した町や村から追放しただけでなく、自民族に対しては「敵」の残忍さを強調し、憎しみを煽るために、自民族の被害報告数を果てしなく吊り上げていった。死者・行方不明者は総計二〇万人ともいわれるが、科学的な調査に基づくものではなく[3]、被害について確実な数字は、国連難民高等弁務官事務所（ＵＮＨＣＲ）に登録された難民・避難民数（ボスニア紛争で約二五〇万人）である。日本も含む欧米のマスメディアでは、主にセルビア勢力の「蛮行」が強調されるきらいがあるが、旧ユーゴスラビア紛争の当事者となったクロアチア、ムスリムなどの各民族勢力が、多かれ少なかれ同じような暴力をはたらいた。

二、旧ユーゴスラビア紛争での女性への暴力

旧ユーゴスラビア紛争では、女性への暴力は「民族浄化」の手段であった。しかし、その被害の

全容は明らかになっていない。性暴力被害者が名乗り出て事実を証言することは旧ユーゴスラビアに限らずきわめて困難であり、旧ユーゴスラビア紛争の場合には、性暴力などの深刻な被害を受けた女性たちの多くが第三国に移住していった。「心に深刻な外傷を受けたこれらの女性たちが、自分の身に起きたことを話せるようになるまで、何十年かかるか分からない」と、クロアチアの女性NGOは語っている。[4]

セルビア、クロアチア、ボスニアなどの女性NGOは、難民・避難民として戦争から逃れてきた女性たちに、社会心理学的ケアを含むあらゆる種類の支援をおこなってきた。彼女たちの活動は、女性被害者を民族で区別することはなかったし、性暴力被害者を特別視してかえって孤立感を与えることもしなかった。すべての女性被害者が、自分の身に起きた残酷な事実と向き合い、自分自身を取り戻すことをサポートした。[5]

そうした活動によってPTSD（Post Traumatic Stress Disease, 心的外傷後ストレス障害）からの回復過程に入った女性たちが、自ら話せるようになる場合に限って、女性NGOは戦争の中で起きた生の事実を把握することができた。

女性NGOによれば、九八年からのコソボ紛争以前の段階で、全ユーゴスラビアで二万件ともいわれる強かん被害があったとされているが、さきに述べた事情から正確な数字は判明しない。また女性NGOが確認できた女性被害者の年齢は、四才から七〇才代までである。[6]

一九九八年に新潟の女性団体（女のスペース・にいがた）がクロアチアのCWWV（女性戦争犠牲者

救援センター）と開催したワークショップでは、CWWVが確認したいくつかの事実が明らかとなった。[7]

強制妊娠の事例では、女性が拘留され、妊娠するまで強かんをくりかえされ、中絶が不可能となってから解放された。別のケースでは、母親と子どもがいっしょに長期間拘束され、母親は昼間家事をさせられ、夜ごと強かんされた。それを見続けた子どもは、解放後に言語障害を起こし、今は心理療法士の治療を受けている。旧ユーゴスラビア全域の女性NGOと活動家は、深刻な被害を受けつつこの戦争を生き抜いた多くの女性たちの証言集を公刊したが、その中には、民族対立を背景とした隣人からの強かん被害も報告されている。強かんされた被害者は、それを家族に訴えることもできず、また加害者がくりかえし関係を求めてきたため、ついにハンガリーに逃げざるを得なかった。[8]

では、強かんなどの女性への暴力は、どのような意味で「民族浄化」の手段だったのか。

第一に他民族に恐怖と屈辱感、無力感を与える手段であった。旧ユーゴスラビア紛争では、多くの強かんが男性の家族や友人の目の前でおこなわれた。「レイプは女性を傷つけるだけではなく、男性に辱めを与えるためにおこなわれた。すなわち、自分の妻、娘、姉妹、母親、恋人がレイプされているのに、お前は助けることができないということを見せつけ、屈辱感と無力感を他民族の男性に与えることが意図された」[9]。他民族の住民に、故郷に再び帰ろうという気持ちを起こさせないためには、与える恐怖、苦痛、屈辱が大きければ大きいほど目的に合致する。事実、強かん加害者が何食わぬ顔でその地域で生活しているために、帰ろうにも帰れない女性難民・避難民が大勢いる。女性が帰れない故郷には、その家族全員が帰ることができない。こうして「民族浄化」は半永久的に完成する。

第二に、強かんを犯す側の民族勢力にとっては、「国家の結合を強めるという目的にも奉仕する。なぜなら、他民族コミュニティの女性をレイプすることは、自分のコミュニティの民族的な権力を強化するからだ。こうして、レイピストは自分のコミュニティに対する忠誠を誇示する。拷問を受けた女性の身体は『他者』に対する支配、権力へと翻訳される」[10]。ここには、民族差別と女性差別の合体が見いだせる。女性は他民族の「所有物」として虐待されたのである。収容所における組織的性暴力と奴隷化を特徴とするフォツァ事件では、起訴状によれば、数人の女性は占領者となった民族勢力全体ではなく、その中の特定部隊の「所有物」とされた、といわれる。

第三に、戦争行為において他民族勢力の動向を探る尋問の「手段」として、強かんがひんぱんに用いられた。旧ユーゴスラビア国際刑事法廷でも、尋問において強かんをおこなった加害者が、戦争犯罪者として有罪とされた。ハーグの国際法廷で証言する決心をしたある女性被害者が、男性弁護士の質問を受けている間に、強かんの現場についてフラッシュバックを起こし、鬱状態が悪化して自殺してしまったケースまである[11]。

第四に、他民族の世代を越えた再生産を阻害する目的で、女性という性が攻撃の対象となった。強制妊娠はこの典型である。フォチャ事件の起訴状によれば、強かんの加害者は、他民族の女性被害者に対して「今度はおれの民族の子どもを生め」と罵声を浴びせた、とされる。男性収容者の睾《こう》丸《がん》を同じ民族の収容者にかみ切らせるといった行為も、この範疇に入る（タジッチ事件）。結局のところ、「民族浄化」を完成させるためには、他民族を殺すか、追放するか、生まれないようにするしかない。旧ユーゴスラビア紛争では、これらのすべてが用いられた。また、ハーグの国際法廷の起訴状によれば、レイプした他民族（他宗教）の女性に、加害者が自分の宗教の洗礼を受けさせるなど、被害者の民族所属そのものを変えようとしたケースも報告されている。

第五に、自民族の女性に対する強かんや性暴力が、他民族への敵意を煽る目的で、政治的に利用された。これは、自民族勢力が犯している性暴力の事実を否定することと裏腹であった。支配政党のコントロール下にあるマスメディアがこのプロパガンダで大きな影響力を行使した。他民族全体を強かんの加害者とするプロパガンダは、自民族勢力による「民族浄化」を正当化する手段となった。「レイプされた女性と『名誉を傷つけられた』国との同一化の帰結は、『敵』軍の全員がレイピストと見なされることである」[12]。女性被害者は、他民族勢力だけでなく自民族勢力からも「民族浄化」の手段とされた。

旧ユーゴスラビア紛争における女性への暴力は、いまだにその全体像が明らかとなってはいない。したがって、ここで述べたこともあくまで現時点（二〇〇〇年三月）での整理であって、具体的な事実が明らかになるにつれて、その本質もより鮮明になっていくと考えられる。

三、旧ユーゴスラビア国際刑事法廷（ＩＣＴＹ）

旧ユーゴスラビア紛争全体をつうじて、国際社会のコミットメントはきわめて不適切であった、といわざるをえない。旧ユーゴスラビア諸国が独立すれば、少数派に転落する民族の民族問題が激化することはだれの目にも明らかであったはずなのに、ヨーロッパ諸国はこれらの諸国の独立を拙速に承認した。ボスニア・ヘルツェゴビナ紛争では、いくつもの和平（分割）提案を案出したが、その実現について責任をおわなかった。最終的にはＮＡＴＯの圧倒的な武力によって、力ずくで停戦に持ち込んだが、コソボ紛争に典型的に見られるように、かえって膨大な犠牲者を生みだし、民族間の憎しみをいっそう激しくすることとなった。旧ユーゴスラビア紛争では、戦闘がエスカレートする前に、国際社会が紛争予防に着手する機会は数多くあったはずだが、難民・避難民などの戦争犠牲者が現実に激増するまでは、なんら手だてを講じてこなかった。[13]

そうした中にあって、唯一の前向きなコミットメントが、旧ユーゴスラビア国際刑事法廷（International Criminal Tribunal for the Former Yugoslavia, ＩＣＴＹ）の設置である。国際刑事法廷の構想は、東西冷戦終結と湾岸戦争を受けて、一九九〇年頃からヨーロッパ諸国で議論されはじめた。当初の構想は、湾岸戦争および国内クルド人迫害の罪で、イラクのサダム・フセイン大統領を「ニュルンベルク・タイプ」の国際法廷において処罰すべし、という文脈で議論されていた。欧米諸国はこの当初の狙いを政治的に実現できなかったが、個人責任を訴追・処罰できる「ニュルンベルク・

タイプ」の国際法廷という構想は存続し、旧ユーゴスラビア紛争に適用されることとなった。[14]

一九九一年以降旧ユーゴスラビアの領域でおこなわれた国際人道法違反に関する戦争犯罪全般を審理・訴追・処罰するものとして、一九九三年五月、国連安保理決議八二七によって、旧ユーゴスラビア国際刑事法廷は、オランダのハーグに設置することが決定された(ハーグ国際法廷とも呼ばれる)。この法廷が国際社会の総意に基づいて活動することを保証するために、裁判官や検察官、法廷スタッフは旧ユーゴスラビア諸国ではなく、全世界から集められた。また、その法廷規定五条(g)においては、歴史上はじめて、強かん(レイプ)そのものが「人道に対する罪」の独立した訴因となった。このことは、旧ユーゴスラビア紛争に関する国連専門委員会などの諸機関による事実調査や、世界の女性NGOを中心とした運動の成果と考えられる。これらの点で旧ユーゴスラビア国際刑事法廷は、モデルとなったニュルンベルク裁判よりも、公正さについて一歩前進しているといえる。現在までに、九三名の容疑者が公けに起訴されている(すでに死亡した七名を含む)。裁判が継続中の者三六名、そのうち収監されている者三五名、一八名に判決が出され、うち一三名が控訴中である(二〇〇〇年二月一〇日現在)。基本的に欠席裁判はおこなわれないため、逃走中の容疑者の審理はおこなわれていない。

ここでは、強かん加害者がどのように事実認定され、どのように処罰されているかを、いくつかの事件を通じて確認してみたい。なお、起訴状はあくまで起訴状であり、ただちにすべて容疑が公式に事実認定されたものではないが、少なくとも検察官は有罪に持ち込めるという確信をもって起訴にふみきっているのである。

フォチャ事件

フォチャ事件の起訴状の概要は次のとおりである[15]。

一九九二年四月から九三年二月まで、ボスニア南部の町、フォチャおよびその周辺で、長・短期の収容所に女性たちが拘束された。数人の女性たちは、家屋、アパートなどで準軍事組織の兵士たちが経営する「買春所」に拘束された。一二歳頃の少女を何人か含む女性たちが、レイプを含む性的虐待を受けた。法廷は少なくとも一四人の被害者に対する罪状で被告らを起訴した。

被告クナラッチはフォチャが陥落した後では、少なくとも一〇人のモンテネグロ人兵士の司令官であった。被告クナラッチはこれらの兵士の司令官であり、部下が彼の本部でおこなった性的虐待を知りまたは知り得る理由があったことにより、さらにクナラッチ自身が個人的に自分の本部でレイプを犯したことにより、犯罪責任を有する。クナラッチは二回、そこで性的虐待を受けることを知りながら、自分の本部に証人八七番を連行した。証人八七番は、パルチザン・スポーツホールで繰り返されたレイプにより、自殺願望を持つに至った。クナラッチは証人七五番を本部に少なくとも五回連行した。そこで一九九二年七月中旬、約三時間の間に、証人七五番は少なくとも一五人の兵士にレイプされた。

被告ガゴビッチは一九九二年四月のフォチャ陥落後、セルビア民主党により警察署長に任命された。ガゴビッチはパルチザン・スポーツホールに拘束された女性たちが、頻繁に性的虐待を受けていることを知りまたは知り得る理由があった。パルチザン・スポーツホールは警察庁舎のすぐ近くにあり、ガゴビッチは何度もこのスポーツホールを訪れている。一九九二年七月一六日、パルチザン・スポーツホールから数人の女性たちが警察庁舎に来て、拘束施設で性的虐待がおこなわれていることをガゴビッチに訴えた。七月一七日またはその頃、ガゴビッチ自身が、性的虐待について訴えた女性のうち一人をレイプした。

一九九二年八月二日から一〇月三〇日まで、空き家のカルマン宅に、一二歳から一四歳までの少女を含む九人のムスリム人女性が拘束された。被告スタンコビッチはペロ・エリズ指揮下のエリート部隊の兵士であったが、この家を一種の「買春所」のように運営した。パルチザン・スポーツホールと違い、拘束された女性たちには十分な食料が与えられた。家の中では監視や鍵が付いていなかった。彼女たちはペロ・エリズ部隊以外の兵士が入れないように部屋の鍵さえ持っていた。彼女たちにはミレェビナ・モーテルの電話番号が教えられており、許可なく兵士がこの家に入ったら、そこに電話するようにいわれていた。監視は付いていなかったが、彼女たちが逃げることは不可能だった。彼女たちはセルビア人の兵士と住民に囲まれており、逃げる場所がなかった。八月三日頃から一〇月三〇日頃まで、ペロ・エリズは女性たちを自分個人の所有物として扱った。この期間を通じて、女性たちは繰り返しレイプと性的虐待を受けた。加害者のすべてはペロ・エリズ部隊の兵士らだった。これらの兵士の中に被告スタンコビッチがいた。

証人八七番が一九九二年七月に最初に拘束された時には一五歳だった。彼女は少なくとも八カ月間、七人の被告と他の兵士たちにより、集団レイプ、奴隷化を含む日常的な拷問を受けた。一九九二年一〇月三一日から一九九三年二月二五日頃まで、証人八七番はフォチャのアパートで被告コバッチに奴隷化された。彼女と他の女性たちは性的に虐待されただけでなく、家事・雑事をやるよう強要された。一九九三年二月二五日、彼女はコバッチにより五百マルクで二人のモンテネグロ人兵士に売却された。

フォチャにおけるこれらの容疑に基づき、八人の被告が次のような訴因で起訴されている。

クナラッチ：人道に対する罪（拷問、レイプ）、ジュネーブ諸条約への重大な違反（拷問）、戦争法規慣例違反（拷問）。クナラッチは九八年三月ハーグに出頭し、収監中である。

ガゴビッチ：人道に対する罪（拷問、レイプ）、ジュネーブ諸条約への重大な違反（拷問）、戦争法規慣例違反（拷問）。ガゴビッチはボスニアでの逃走中にSFOR（国連平和安定化部隊）と銃撃戦のすえ射殺された。

スタンコビッチ：人道に対する罪（奴隷化、レイプ）、ジュネーブ諸条約への重大な違反（非人道的取り扱い）、戦争法規慣例違反（個人の尊厳の侵害）。スタンコッビッチは現在、逃走中である。

コバッチ：人道に対する罪（奴隷化、レイプ）。コバッチは現在、収監中である。

この他に、ヤンコビッチ（逃走中）、ヤンジッチ（逃走中）、ヴコビッチ（収監中）、ゼレノビッチ（逃走中）の四人の被告が、人道に対する罪（拷問、レイプ）などで起訴されている。

セレビッチ事件

一九九二年にボスニア中部のセレビッチ村で起きたセレビッチ事件では、収容所における女性への暴力が裁かれた。この事件については一九九八年一一月一六日に被告デリッチらに有罪判決が出された。[16] 判決概要では次のような記述がされている。

被告デリッチは、セレビッチ収容所において、女性たちに対して自分の力を誇示し、女性たちに絶対的な恐怖を与える目的で、二人の無防備な女性を数回にわたってレイプした。当裁判所はいかなる者によるレイプも、人間の尊厳と身体の保全をまさに核心から攻撃する卑劣な行為であると考える。被告デリッチはセレビッチ収容所の所長代理であり、自分の行為と被拘束者に与えた恐怖と脅迫によってテロリズムの雰囲気をそこに生み出した。彼は収容所でおこなわれた残虐行為に直接責任を負っていないと認められたとしても、彼はその行為によって収容所内の他者が被拘束者に暴行を加えるのを奨励したのである。

判決では、セレビッチ収容所でおこなわれた女性への暴力の事実を認定した。被害者のグロズダーナ・セシェツさんは、一九九二年五月二七日から八月初旬まで、被告デリッチらから性行為を繰り返し強要された。この期間を通じて、グロズダーナ・セシェツさんは一晩に三人の男からレイプされ、別のケースでは大勢の前でレイプされた。証人Aは、一九九二年六月一五日から八月初めまで、デリッチから繰り返し性行為を強要された。デリッチは彼女に対する最初の尋問で彼女をレイプし、その後の六週間、毎週数回レイプした。

デリッチへの量刑は禁固二〇年、罪状は二名に対する殺人、二名に対するレイプと拷問（ジュネーブ第四条約への重大な違反、戦争法規慣例違反）、一名に対する深刻な傷害とされた。この事件は現在、控訴裁判で争われている。

これらの起訴状および判決の罪状を見ると、レイプが拷問、奴隷化を含む一連の犯罪行為の中で位置付けられていることがわかる。とりわけ、デリッチに対する有罪判決は、強かんの実際の加害者が有罪とされた、という意味で重要である。しかし、旧ユーゴスラビア国際刑事法廷で起訴されている事件は、旧ユーゴスラビア紛争でおこなわれた女性への暴力の、文字通り氷山の一角に過ぎない。

四、旧ユーゴスラビア国際刑事法廷と民主化、非軍事化、民族和解

旧ユーゴスラビア国際刑事法廷の法廷規定では、「諸国家は国際人道法の深刻な侵害で告訴された者への調査と起訴について協力しなければならない」（二九条一項）、「諸国家は法廷から要求された協力および命令を遅滞なく実施しなければならない。たとえば、その者の身元証明と所在、証言

集めと証拠の提出、記録の提供、その者の逮捕または拘束、国際法廷への被疑者の引き渡しまたは移送などであるが、これらに限定されない」(二九条二項)などの、諸国の協力義務が明記されている。しかし、旧ユーゴスラビア諸国の各国政府や政治体は、この義務を露骨にサボタージュしてきた。自国内で所在が明らかとなっている逃走中の容疑者の逮捕・移送はいうにおよばず、軍事指令書を国家機密とすることによって、証拠書類の提出を拒んできた。容疑者の拘束は、国際社会が具体的な政治的圧力を関係国政府にかけることによってはじめて、少しずつ進んできたのである。しかし、戦争犯罪を命令した多くの最高戦争指導者たちには、いまだに指一本触れられずにいる。

旧ユーゴスラビア紛争でおこなわれた性暴力では、加害者個人を裁くことがとくに重要である。個々の加害者が裁きを受けないのなら、多くの女性被害者は心的外傷と恐怖から、故郷に帰ることができない。ハーグでの裁判プロセスに対する女性NGOの不満もこの点にある。すなわち、「裁判はしばしば、あまりに時間がかかり過ぎており、命令を(誰の命令または指揮下で兵士の犯行がおこなわれたのかを・筆者注)追跡することが時々、個人の責任を弁解することに用いられている。そして多くの戦犯が、いまだにその犯罪について有責とはされていない」[17][18]。また、強かんや性暴力の女性被害者が事実を告発し、法廷で証言するためには、実名を公表されることがなくとも、たいへんな心的・社会的負担がともなう。旧ユーゴスラビアの女性NGOは、たとえば女性被害者が証言した後で、故郷で迫害を受けることがないように、第三国に移住する権利を認めるよう国際法廷などに働きかけた。これは実現できなかったが、証人となる女性被害者に対して、過去の性体験について質問するのをやめさせることはできた。

このように、旧ユーゴスラビア国際刑事法廷の場においても、性暴力裁判が一般に直面する困難が存在している。被害者が沈黙を強いられることによって、加害者が犯行の事実を否認する。そして多くの場合、告発があっても、「身内」である自民族の加害者をかばう。

自民族の者が犯した犯罪を、その者が自民族であるがゆえに否認することは、旧ユーゴスラビアを解体に追い込んだそれぞれの民族主義の、まさに核心である。ボスニアでの戦争が激しさを増した一九九二年に、クロアチアの反戦フェミニストは、「戦争でレイプを犯した『私たちの息子』を勘当すべきだ」と主張した。この主張に対してマスメディアは、彼女たちを「共産主義者」イコール「セルビア人」、すなわち売国奴として攻撃した。[19]

旧ユーゴスラビア紛争は「民族紛争」と一般にいわれており、戦争の現実の推移を見るなら、その側面が強いことは確かである。しかし、現地の反戦・女性NGOにとって、すべての戦争被害者は、セルビア人、クロアチア人、ムスリム人などである前に、「旧ユーゴスラビア市民」なのであり、そうした視点からは、この戦争は民族紛争という形をとった「市民に対する戦争」である。クロアチアの反戦・女性NGOはこう訴える。「戦争を始め、破壊と民族浄化政策を進め、その後に平和合意にサインした当事者たちは、いまだに権力を握っています。こうした政治家たちが解任され、彼らの政党が退かされるまで、私たちの政治的状況を安定させることはできません[20]」。これは、旧ユーゴスラビア諸国においてすべての民族主義を克服し、真の民主化と諸民族の再統合を実現することを意味する。

自民族の民族主義とのたたかいにおいて、国際刑事法廷の果たす役割はきわめて大きい。容疑者は他民族の民族主義によってではなく、国際法と国際社会の共通認識によって公正に裁かれることが期待されるからである。「敵も同じことをした」という主張は、自民族の犯罪行為を免責する理由にはならない。この法廷を通じて、旧ユーゴスラビア諸国の市民は、自民族の者の犯した犯罪に向き合わなければならなくなる。

旧ユーゴスラビア諸国では、戦争に参加した兵士は「国の英雄」扱いされる。しかし戦後の社会では、多くの元兵士が武器とPTSDを戦場から家庭に持ち帰り、手榴弾や機関銃を用いてドメスティック・バイオレンス（身近な女性への暴力）を引き起こしている。愛国主義的なマスメディアは、元兵士のドメスティック・バイオレンスを告発する女性NGOが、「国の英雄を侮辱している」と非難する。戦場での戦争が終わっても、社会の軍事化という形で、女性に対する戦争は続いているのである。旧ユーゴスラビア諸国での民族主義は、軍国主義と一体化している。したがって、戦後社会の非軍事化は、民族主義の犯した戦争犯罪の事実認定および処罰と切り離せない。

とはいえ、旧ユーゴスラビア国際刑事法廷も、国際政治の動向と無縁ではない。戦争犯罪に責任のある者が、政治的な「大物」であればあるほど、法廷による起訴は「政治的配慮」によって左右されてきた。コソボ紛争にいたるまで、短期間のうちに最大規模でおこなわれた他民族住民の追放は、一九九五年にクロアチア政府軍がクライナのセルビア勢力支配地域に対しておこなった「嵐」

作戦であった。この奇襲攻撃で二〇万人ものセルビア人難民が数日間で流出し、その後、残された多数のセルビア人が虐殺された。その責任がクロアチアの最高指導者（ツジマン大統領・当時）にあることは明白であったが、彼は一九九九年に死亡するまで法的に追及されなかった。それは、この作戦がアメリカによる暗黙の了解と支援の下でおこなわれたためといわれる。ボスニアでのセルビア勢力による犯罪行為の裏に、「本国」の政治家たちがいることも公然の秘密であったが、デイトン合意[21]の当事者として政治的に丁重に扱う必要があったため、コソボ紛争に至るまで訴追されなかった。

旧ユーゴスラビア国際刑事法廷は、実際におこなわれたすべての戦争犯罪を裁く、という点からはいくつもの弱点をかかえている。しかし、それでもなお、正義と法による支配を、歴史的に一歩前進させたものであることは確かであり、過去、現在、未来を通じ、世界の武力紛争や大規模な人権侵害が、国際刑事法廷という場で裁かれうる可能性を開いている。K・ヤスパースは、ニュルンベルク裁判の後で次のように嘆かざるを得なかった。「今日はまだ、ニュルンベルクで意図されていたような世界の平和状態を打ち立てることが直ちに成功する見込みはない[22]」。ニュルンベルクからハーグまで、国際社会は五〇年の歳月を要した。今度は私たち自身が、戦争と暴力のない世界を創る活動を、ハーグからはじめなければならない。

註

（1）旧ユーゴスラビアの崩壊から紛争にいたる過程については、次の書籍が比較的入手しやすい。柴宜弘『ユーゴスラヴィア現代史』（岩波書店、一九九六年）、千田善『ユーゴ紛争』（講談社、一九九三年）、ミーシャ・グレニー、井上健他訳『ユーゴスラヴィアの崩壊』（白水社、一九九四年）。

（2）Mertus, J and others, "The Suitcase, refugee voices from Bosnia and Croatia". p35. University of California Press. Berkeley. 1997.

（3）柴宜弘、小沢弘明「ユーゴ内戦とはなんだったか」『現代思想　一九九七　二五―一四号　総特集：ユーゴスラヴィア解体』青土社、一九九七年。

（4）一九九八年七月二〇日から二二日までクロアチアのザグレブで開催された、クロアチア女性ワークショップでのCWWV（女性戦争犠牲者救援センター）の報告。詳しくは同報告集『旧ユーゴの女たちは今』旧ユーゴスラビア平和・人権にいがたネットワーク刊、一九九八年。

（5）これらの活動については、『旧ユーゴスラビア女性人権団体記録集Ⅰ』旧ユーゴスラビア平和・人権にいがたネットワーク刊、一九九七年。クロアチアの女性NGOの活動については、次の論文が詳しい。Boric, Rada. "Against the War; Women Organizing across the National Division in the Countries in Former Yugoslavia". In Lentin, Ronit. "Gender and Catastrophe". Zed Books. London. 1997.

（6）「戦争と女性への暴力―国際会議」（一九九七年一二月三日、東京）でのレパ・ムラジェノビッチ（女性への暴力反対自立センター、ベオグラード）の報告より。

（7）前掲、『旧ユーゴの女たちは今』。

（8）前掲書、Mertus, J and others "The Suitcase, refugee voices from Bosnia and Croatia", pp28-31.

（9）ラダ・ボリッチ（ＣＷＷＶ、ザグレブ）の新潟大学・小山洋司ゼミナールでの講演（一九九九年一二月一五日、於新潟市）。
（10）国際シンポジウム「戦時・性暴力　過去―現在　にどう立ち向かうか」（一九九九年一二月一二日、東京）でのラダ・ボリッチの発言。
（11）前掲、クロアチア女性ワークショップ（一九九八年）でのＣＷＷＶからの報告。
（12）Kesic,Vesna. "From respect to rape". War Report.no36. London. September 1995.
（13）詳しくは、千田善『ユーゴ紛争はなぜ長期化したか』勁草書房、一九九九年、を参照。
（14）Cassese, Antonio. "The path to Huge". ICTY. 1996
（15）Indictment.26/June/1996およびPress Release, 27/June/1997. 4/March/1998. ＩＣＴＹホームページ（http://www.un.org/ICTY）より。ただし、このホームページから入手できる多くの文書は公式文書ではなく情報である。
（16）Judgement of the Trial Chamber. 16/November/1998. 前掲、ＩＣＴＹホームページより
（17）前掲、「国際シンポジウム」（一九九九年、東京）でのラダ・ボリッチの発言より。
（18）「強かんなどの深刻な性暴力のケースは、一つの事例であっても、人道に対する罪の訴追の根拠にできる。ただしこれは、検察側がその一つの侵害行為を、非戦闘員に対する組織的または広範な攻撃であると証明できるような、基本的人権や人道法に対するより大規模な一連の違反と関連づけられる場合に限って適用される」（ＶＡＷＷ―ＮＥＴ　Ｊａｐａｎ編訳『戦時・性暴力をどう裁くか――国連マクドゥーガル報告全訳』凱風社、一九九八年、四六頁）。
（19）カトリーヌ・サマリ、神野明訳『ユーゴの解体を解く』柘植書房新社、一九九四年。とくに一七七～

一七九頁を参照。

(20)『戦火の果てに生きて』NVC新潟国際ボランティアセンター刊、一九九六年。

(21)一九九五年一一月二一日、アメリカのデイトン空軍基地で、アメリカの仲介によってボスニア・ヘルツェゴビナ和平交渉の合意が成立した。このデイトン合意により、ボスニア・ヘルツェゴビナの統一国家としての存続、ボスニア連邦(ムスリスおよびクロアチア勢力支配)とスルプスカ共和国(セルビア勢力支配)への支配地域の分割、難民・避難民の自由な帰還などが定められた。この合意の成立に当っては、ミロシェビッチ・セルビア大統領、ツジマン・クロアチア大統領、イゼトベゴビッチ・ボスニア幹部会議長が、それぞれの民族勢力を代表して調印した。

(22)Jaspars, Karl. "Die Schuldfrage". Lambert Schmeider. Heidelberg.1946.(橋本文夫訳『戦争の罪を問う』平凡社、一九九八年)。なお、引用文は「一九六二年のあとがき」からである。

第10章　南アフリカ
――真実和解委員会と女性たち

永原陽子

一、はじめに

第二次世界大戦後、ナチズムを体験した国際社会は、人類史上類例のない残虐行為を「人道に対する罪」と名づけ、それを国際法上の「罪」として裁こうとした。そのまさに同じ時期に、南アフリカでは「アパルトヘイト」という名の人種主義体制が国家の制度となり、以後五〇年近くにわたり「人道に対する罪」が公然と犯され続けた。その体制に終止符が打たれたのは、ようやく、世紀も終わりに近づいた一九九四年のことだった。世界史の流れに逆行する歴史を南アフリカの人々はいかに生きたのか。そして彼らは今、どのように過去をふり返り、新しい社会の建設に踏み出しているのだろうか。女性に焦点をあててそのことを考えるのが、小論の目的である。

アパルトヘイト時代の人権侵害の歴史を総括し、新しい人種共存の社会を建設するために、南アフリカでは一九九五年に「真実和解委員会」(Truth and Reconciliation Commission, 以下TRCと略記)がつくられ、その活動は、現在までにほぼ終了した。[1] 以下では、TRCの活動が、南アフリカの人々にとって過去と向き合う上でどのような意味をもっているのか、そして女性たちにとっていかなる意義と限界をもっているのかについて検討する。アパルトヘイト体制の下で、黒人女性たちは、人種の抑圧にくわえて性の抑圧を受け、あらゆる意味で社会の最底辺におかれていた。[2] 彼女たちの体験は、この体制の下での人権抑圧一般に解消してしまうことはできない。彼女たちの固有の歴史的体験にこの委員会がどこまで迫ることができたのかが、小論の主たる関心となる。

二、アパルトヘイトの崩壊と真実和解委員会

アパルトヘイトとはどのような体制だったのか

アパルトヘイト(語義は「隔離」)とは、国民の一人残らずを人種に分類し、人種間を徹底的に分離し差別化する体制だった。市民としての十全な権利を認められたのは白人に分類された者のみで、その他の人々は二級市民どころか人間以下の地位におかれた。彼らは選挙権をもたず、いっさいの言論・表現の自由、結社の自由を奪われていた。指定された居住区に住み、白人の決して就くことのない職種に就くことを強制され、移動の自由も職業選択の自由ももたなかった。

そのような体制は、一九四八年にアパルトヘイトを政策として掲げた国民党が単独で政権をとる

ことで公式に成立したが、歴史はもっと古い。人種という観念が自覚されていたかどうかは別として、南アフリカにおける人種的階層秩序そのものは、一七世紀半ばにこの地にヨーロッパ人が到来して以来、長い時間をかけて醸成された。その中で人種を分類し隔離する考え方が生まれ、一九世紀末から二〇世紀初めに各地で実行に移されるようになった。一九三〇年代には、のちの包括的なアパルトヘイトの骨格となる制度がほぼ出そろっている。一九四八年以降のアパルトヘイトは、こうした積み重ねの中でできた体制に国家が正統性を与え、それを国のすみずみにまで徹底させたものである。

そのような中で、合法的な抗議の手段を奪われた人々が自由を求めて立ち上がり、武装闘争を行なうようになったのは、当然のことだった。解放運動の中心となった「アフリカ民族会議」（ANC）は一九六一年に武装部隊をつくり、以後「パン・アフリカニスト会議」（PAC）など他の組織とともに、各地で闘いを展開した。軍や警察はそれを容赦なく鎮圧し、両者の間で流血の衝突が繰り返された。アパルトヘイト下の南アフリカは、極端な人種主義体制下にあったばかりでなく、事実上の内戦状態にもあった。

アパルトヘイト体制の「罪」としての性格を、現代の南アフリカの国際法学者は次のように整理している（Asmal et al., 182ff.）。①植民地主義、②国際的正統性の欠如、③自決権と抵抗権の否定、④一般的犯罪（基本的人権の侵害）、⑤平和に対する罪、⑥人道に対する罪、⑦（狭義の）戦争犯罪、⑧ジェノサイド。これらの罪状をみれば、それが今日の国際法の常識からして、法的責任を追及すべき対象であることは明らかだろう。実際、アパルトヘイト崩壊が現実のものとなったころ、解放運動側の少なからぬ人々が「南アフリカのニュルンベルク裁判」を期待していた。責任者に法的処罰を与えてこそ過去に決着をつけ同様の事態の再発を防ぐことができると考えるのは、ふつうのことである。

ところが、アパルトヘイトが崩壊しANCを中心とした政権が成立する過程で、ニュルンベルク裁判方式は放棄されることになった。代わってつくられたのがTRCである。

真実和解委員会の成立

TRCとは、かいつまんでいえば以下のようなものである。アパルトヘイトの過去を克服する上で第一義的に重要なのはその時代に何が起こったかを明らかにすることである、との考えから、国会によって設けられた委員会が過去の人権侵害について徹底的な調査を行なう。「重大な人権侵害」(殺戮・拷問・誘拐など)の被害者は、誰でもTRCに名乗り出て、自らの体験を証言することができる。当人からの申し出と委員会の独自の調査とによって被害者と認定された者は、金銭的その他の補償を受けることができる。一方、加害者については、自らの行為にかかわるすべてを包み隠さず明らかにすれば、その法的責任を問われず、免責(アムネスティ)される。ただし、免責されるのはアパルトヘイト時代の紛争の中で政治的な目的のために生じた人権侵害であり、単なる人種的憎悪や私的事情からの行為は対象とならない。裁判とは異なり、加害者の法的責任の追及を目的としていない点に、TRCの大きな特徴がある。また、TRCはアパルトヘイト体制の暴力と体制に抵抗する暴力との倫理的価値を峻別するが、「重大な人権侵害」の事実を明らかにする上では反体制側のそれをも対象とする。

このような方式が採用された理由は、何よりも、アパルトヘイトの終結のし方の特殊性にある。一九九〇年にANCなどの解放組織が合法化されネルソン・マンデラをはじめとする政治犯が釈放されたとき、その背景には、極限状態にまで達した国内の矛盾や、経済制裁を中心とする国際社会からの圧力、また冷戦の終結という国際情勢の変化があった。しかし直接には、政権党である国民党自身が、一人一票制の選挙を通じた体制移行が不可避との判断にいたったのである。ただし、国民党が無条件に権力を放棄しようとしたわけではない。そこで、国民党政権と合法化されたばかりのマンデラら解放運動との間では、将来の国家の見取り図をめぐる交渉が展開された。TRCは、そのような交渉による政権交代の産物であった。

国民党側は、政権委譲にあたって自分たちの条件を提示し、損失を最小限にとどめようとした。彼らがもっとも恐れたのは、来るべき政権で多数派を占めることになる黒人たちからの復讐である。国際法的常識からすればアパルトヘイトの罪は法的制裁に値するものであり、それが現実のものとなる可能性が大いにあった。だからこそ、国民党政権の最後の当事者たちは、アパルトヘイト体制の責任者に法的処罰が与えられたり白人たちの既得権益が剝奪されることを、なんとしても避けようとしたのである。

一方、交渉相手であるマンデラらの基本的な考え方は、全人種共存の社会を実現することだった。そのために、政権交代後も復讐や制裁を行なわないと約束した。具体的には、白人の財産を保障するとともに、旧体制の責任者の法的処罰を行なわないことである。全人種共存の理想がアパルトヘイトの責任者の免責という形に具体化されたのは、白人を敵にまわした場合に起こり得る内戦の再発や国の経済の破綻を回避するための現実的な判断からである。その意味では、免責はまぎれもなくアパルトヘイトの犠牲者たちからの譲歩だった。しかし大切なことは、そのような譲歩が長い人種主義の歴史ののちにそれを克服するために攻勢的に示された思想であり、人種原理そのものを乗り越えようとする試みだった点である（永原、98b,43f.）。「赦す」ことは、過去を「水に流す」ことではなかった。アパルトヘイトの罪をなかったものとするのではなく、それを罪として認知し、それを「真実」と引き換えであえて赦す、そしてその認識を共有する。それが、昨日まで殺し合う関係にあった人々がともに新しい国をつくっていくためのぎりぎりの選択だった。

三、アパルトヘイト下の女性たち

出稼ぎ労働システムの中の女性たち

ＴＲＣの中で女性をめぐる問題がどのように扱われたかをみるためには、アパルトヘイト時代に女性たちがおかれていた状況を知っておく必要がある。

郵便はがき

料金受取人払

本郷局承認

45

差出有効期間
2003年3月
31日まで
郵便切手は
いりません

113-8790

東京都文京区本郷
二-一七-五
ツイン壱岐坂1F

(受取人)

緑風出版 行

117

ご氏名	
ご住所 〒	
☎ ( )	E-Mail:
ご職業/学校	

本書をどのような方法でお知りになりましたか。

1.新聞・雑誌広告（新聞雑誌名 ）
2.書評（掲載紙・誌名 ）
3.書店の店頭（書店名 ）
4.人の紹介 5.その他（ ）

ご購入書名		
ご購入書店名	所在地	
ご購読新聞・雑誌名	このカードを送ったことが	有・無

読者通信

今回のご
購入書名

ご購読ありがとうございました。

◎本書についてのご感想をお聞かせ下さい。

◎本書の誤植・造本・デザイン・定価等でお気付きの点をご指摘下さい。

◎小社刊行図書ですでにご購入されたものの書名をお書き下さい。

購入申込書

小社刊行図書を迅速確実にご入手いただくために、このハガキをご利用下さい。ご指定の書店あるいは直接お送りいたします。直接送本の場合、送料は一律三一〇円です。

取次店番線
この欄は小社で記入します。

ご指定書店名

同書店所在地

書名

定価　円

ご注文冊数　冊

ご氏名

ご住所

☎

「書店様へ」お客様へご連絡下さいますようお願い申しあげます。

女性たちの生き方にもっとも大きな影響を与えたのは、出稼ぎ労働を根幹とする労働システムである。アパルトヘイト体制下の黒人たちは、エスニック・グループごとの「ホームランド」(「バンツースタン」)に居住するよう指定され、自由な移動を認められなかった。人口の八割以上を占める彼らに割り当てられたホームランドは国土の十数パーセントでしかなく、その大部分は耕作に適さない貧困な土地だった。彼らを十分な食糧生産のできるはずのない土地に閉じ込め、そこで「自給」を、ひいては「独立」を、というのがホームランド政策だった。そのねらいは、ホームランド内で食べていくことのできない人々が都市や鉱山での労働に向かうよう誘導することにあった。ただし、白人たちが必要とするのはあくまでも労働力そのものであって家族を伴った労働者ではない。そこで、女と子供・老人はホームランドに残され、男たちが出稼ぎに出ることになる。出稼ぎ労働者たちは単身寮に住まわされ、家族を呼び寄せることは許されなかった。家族の生活が成り立たない状況の中で、多くの女たちが一人で婚外子を生み育てることになったのは、自然の成り行きだった。ホームランドに残された女たちは、子供や老人をかかえ、生きることのために一人で闘わねばならなかった。

一方、「ホームランドでの自給」の虚構の上に成り立つシステムの下では、黒人労働者たちは家族に仕送りできるだけの賃金を支払われなかったから、妻たちも結局は仕事を求めてホームランドの外へ出て行くことになる。女たちの代表的な働き口は、都市の白人家庭での女中か農場労働者になることだった。労働者どうしの連携がむずかしいそれらの職場での労働条件は、都市や鉱山で働く男たちのそれにも増して劣悪で、まさに奴隷的というにふさわしかった。雇用主からの性的虐待も日常に属することだった。

職を求めて都市に出た女たちは、そこでの居住を許されていなかったから、郊外の黒人居住区のさらに周辺に「不法居住者《スクオッター》」として住み、職のない男たちとともにスラムを形成した。当局は、少数ながら存在していた黒人居住区の家族用住宅を次々と廃止し、スクオッター・キャンプを取り壊した。多くの女たちが遠く離れた「ホームランド」へと強制的に送還された。追放された者の中には、長年にわたって都市で暮らし「ホームランド」には何の係累ももたない者も少なくなかった。「ホームランド」は決して彼女たちの「ふるさとの地《ホームランド》」ではなかった。都市への人口流入の規制は、雇用機会が少ない分、よけいに女たちを痛めつけた。

女性の「伝統的」地位とアパルトヘイト・植民地体制

黒人女性を最底辺においた支配の体制を継続させる上で、白人政府は「伝統」をたくみに利用した。そのことを端的に示しているのが、ホームランド内の土地の分配である。ホームランドの運営は、「チーフ」や「ヘッドマン」と呼ばれる首長たちによって取り仕切られていた。彼らは共同体の中から自主的に選出された首長ではなく、白人政府に任命され報酬を与えられた者たちだった。そのような首長たちが、「伝統」の名の下に土地分配の権限を独占し、女たちを土地の権利から排除した。女性は、父や夫に分配された土地を耕作するにすぎなかった。それでいて、土地を耕すことは「伝統」的に女の仕事とされていた。アフリカ社会の男性優位の「伝統」が、アパルトヘイト体制によってたくみに温存され利用されたのである。

そのような男女の社会的分業の「伝統」を利用した支配は、かつて広くアフリカ各地の植民地で行なわれた。南アフリカでも、アパルトヘイトの成立をはるかに遡る、一七世紀半ばに始まる植民地支配の中ですでにそのような現象が見られた。

南アフリカに定住した最初のヨーロッパ人であるオランダ人たちは、自らの宗教（オランダ改革派教会）やそれと不可分の家父長的な社会関係を植民地の場にも持ち込んだ。そのことは、この土地で奴隷制を成立させ、その中から人種的階層秩序を作り出す上で大きな役割を果たした（永原、1995,96ff.）。この初期の植民者たちはもっぱら単身の男たちであり、アフリカ人女性を自らの性的欲望の対象とすることをいとわなかった。白人の男が黒人の女性をほしいままに扱う関係はそのときから始まった。植民者たちは、そうした関係の必然的な産物である「混血」を自らとは別の「カラード」という人種グループに分離することで、少数の白人社会の「純潔」を守り、支配者としての地位を確保しようとした。「白人」と「黒人」あるいは「植民者」と「原住民」との関係が、男と女の関係と重ね合わされ、植民地支配の体制が築かれていった。

さらに、一九世紀になってこの地を支配するようになったイギリスは、とくにキリスト教の宣教師を通じて、ヴィクトリア朝のジェンダー・イデオロギーをアフリカ人の間に浸透させた。彼らを通じて、アフリカ人の女たちは「家庭を守る」役割を教え込まれた。伝統的な南アフリカ社会では、その他の大部分のアフリカ社会と同様、女たちは生産の上でたいへん重要な役割を果たしていた。南アフリカの大部分を占める農耕・牧畜混合社会の場合、耕作は女の仕事だった。牛以外の小動物の世話もしばしば女の手に任された。また、乾燥した土地での暮らしに不可欠でしかも重労働である水汲みも女の仕事である。それらの生産労働のほかに、子育てが女の仕事であったことはいうまでもない。しかし、いかに重要な役割を果たしていても、共同体の政治において女たちに発言権はなく、女が首長になることもなかった。土地に対する権利は与えられず、父や夫の財産を相続することもできなかった。このように、南アフリカの伝統社会の女たちは、重要な生産労働を担っている点でヴィクトリア朝の女性たちとはまったく異なる位置にあったにもかかわらず、植民者によってもちこまれたイデオロギーが、「伝統的」な女たちの政治・経済上の無権利状態を保持・強化するように機能したのである。植民地支配の構造の中では、人種的・民族的支配とジェンダー支配とは、「庇護」の名の下に他者を従属させる態度において相互に支え合っていた。

解放運動の中の男女関係

「伝統」と植民地支配との長い歴史の中でつくられた女性の社会的役割は、人々の意識を深くとらえ、解放運動のあり方にも大きく影響した。解放運動の中でも「伝統」的な男女の分業が支配していたのである。ただし、そうした事実は、アパルトヘイト時代には知られていなかった。命がけの闘いの中では、男も女も同様にアパルトヘイトの被害者であり、一致して抵抗運動をすすめるべき立場にあると、運動の指導者たちによって強調されていたからである。そして多くの場合、女たちもまたその文化を受け容れていた。反アパルトヘイトの運動において男女の間の矛盾を見せてはいけないという「倫理」に彼女たちも与していたのである。運動内部での女性の抑圧の実態が明らかにされたのは、アパルトヘイトの崩壊後、TRCの調査を通じてだった。

ANCやPACの活動家たちの証言によれば、彼らの間では「女は家を守っていればよい」との考え方がごく一般的で、女性活動家たちには責任ある政治的役割が与えられなかった。たとえば、ある女性の証言者は「私たちの文化では、夫に政治について尋ねることは許されていなかった」と語り、聴衆の共感と失笑を買った。あるいは、ANCの重鎮であるゴヴァン・ムベキは、「警察はいつも(ANCの)集会をやっているのではないかと嗅ぎ回っていた。だから、家を出るときには妻にどこに行くかも言わないようにしていた。家に帰ると家族は寝ていて、食事がストーブの上に乗っていた。女というのは何でも知りたがって運動にやっかいな問題を惹き起こすものだった」といっている(*TRC Report*, I,289)。

それればかりではない。女性に対する性暴力も稀ではなかった。国家の軍・警察と解放運動の武装部隊との間で事実上の戦争が行なわれる中で、解放運動の陣営でも、仲間うちの拘留、スパイ容疑での拷問などが頻繁に行なわれた。それらは、相手が女性である場合には、例外なく性暴力の形をとった[(3)]。そうでなくとも、組織防衛の名の下に行なわれる行為は表沙汰にされにくかったが、性暴力の場合にはなおさらだった。

こうして、女性たちは、アパルトヘイトの体制によって抑圧されていたばかりでなく、体制に抵抗する運動の中でもまた、虐げられた地位に甘んじなくてはならなかった。

四、真実和解委員会と女性

語り始めた女たち

「伝統」とアパルトヘイトとの狭間で生きてきた女たちにとって、TRCはどのような意味をもっているのだろうか。

TRCの最大の目的は、アパルトヘイト時代の人権侵害についての事実を明らかにすることである。そのために被害者自身が名乗り出ることができる点に、TRCの一つのきわだった特色がある。「被害者」に資格はいらない。公開のヒヤリングで、被害者は自らの体験を証言し、メディアを通じてその様子が国中の人々に伝えられる。アパルトヘイト時代には人間として認められてすらいなかった人々が、公けの場に出て語り、それが多くの国民によって共有されるという状況は、この国の社会の根本的な変化を示している。とりわけ女性にとってそれがもつ意味は大きい。

アパルトヘイト体制下で女性たちが受けた「被害」は、必ずしも法的な意味での犯罪によるものとは限らない。彼女たちの受難の背景にあるのは社会のしくみそのものであり、「犯罪」としての性暴力は、そのしくみから生じた人権侵害の、もっとも深刻ではあるが、あくまでも一つの形である。TRCは、裁判が法的処罰（の当不当）を目的とし、したがって加害者を主たる関心の対象とするのとは異なり、被害者の経験そのものに焦点をあてている。女性たちは、現実に体験したことを思い起こして証言する中で、おのずと、社会の中で自身のおかれた位置について語ることになる。委員会が裁くことを目的としなかったことが、女性の社会的位置の総体を俎上にのぼらせることを可能にしたのである。しかも、TRCが運動側の暴力をも調査の対象としたことで、はからずも、性暴力の問題が政治的対立の構図を超えるものであることが明らかにされた。

TRCの設置を定めた一九九四年の暫定憲法は、委員会の精神を「ウブントゥー」という言葉で表わしている。「ウブントゥー」とは、南アフリカのいくつかの言語に共通する単語で、「人間と人間との結びつき」あるいは「人間性」といったことを意味する。この国の伝統的な社会では、何か問題が起こったときには、皆が円陣を組んで坐り、それぞれの考えを諄々と語り、お互いに耳を傾け、いく日もかけて解決を見つける、というやり方を常としてきた。そこでは「語る」ことが非常な重みをもっていた。「ウブントゥー」とは、そのような共同体の慣行を支える理念である。TRCは、この「ウブントゥー」の精神を改めて新しい社会の基礎とし、「語る」ことに新たな生命を与えた。それによって、教育も財産ももたない最底辺の人々、その筆頭である女性たちの固有の体験が丸ごと受け止められる道が開かれた。証言した女性たちの体験が公的に認知されることは、彼女たちの人間としての尊厳を回復する第一歩である。

女性の「被害」

ＴＲＣには、最終的に、約二一、〇〇〇件の「重大な人権侵害」の申し出があった。そのうちの六割近くが女性からのものだった（*TRC Report*, V,285）。女性がおおよそ公的な場から排除されてきた歴史を考えれば、名乗り出た者の過半数が女性であった事実は、それ自体が社会の大きな変化を物語っている。学校教育も受けられずにきた女性たちにとって、人前に出て話をすることは、並々ならぬ勇気を必要とする。周囲の者がそれを快く思わない場合もある。それでも女たちが数々の障害をふりきってＴＲＣの場に姿を現わし、自らの思いを語ろうとしたのは、彼女たちにとって、それが過去に受けた心の傷を癒すことに通ずるからだった。証言をした多くの女性たちが、自分や家族の受けた被害について、何も補償が欲しいわけではない、ただそのような事実があったことが多くの人々に認められ記憶されていくだけで嬉しいのだ、と語っている。

しかし一方、女性たちの証言の内容をみると、それが被害の体験とはいっても、多くの場合、間接的なものであることに気づく。つまり、自分の夫や息子が受けた被害について語る、という形である。女性の行なった証言のうち、自らが被害の当事者であるケースは約四分の一にとどまっている（*TRC Report*, V,289f.）。むろん、殺された者の多くは男であったから、遺族である女たちが証言することに不思議はない。しかし、その他の種類の人権侵害をも考慮に入れれば、女性たちには語るべきことがもっとあったはずである。彼女たちは自らの体験を「重大な人権侵害」ととらえきれずにいるのかもしれない。

ＴＲＣの扱う「重大な人権侵害」とは、具体的には「殺人・誘拐・拷問・極度の虐待」とされている。そのほとんどが、女性にとっては、程度の差こそあれ性暴力と同義だった。たとえば、ある女性は、「私は最初に拘留されたとき――（中略）――女性の黒人囚はパンティをはくことを認められていないことを知りました」と証言している（Krog, 244）。拘置所では「平時」においてそのとおりである。拷問の状況は推して知るべしだろう。

しかし、いかにひどい目に遭おうと、性暴力を受けた女性にとって、それを思い起こし人前で語ることは、それがまた新たな拷問ともなりかねない。ＴＲＣでは性暴力などにかかわる事件の場合、証言者がスクリーン越しに話せるようにするなど、プライヴァシーを守るための工夫をしてはいる。しかし、それでも、「語ることが癒しになる」と簡単にはいえまい。個人的な体験を語ることから出発し、真実を記録しようというＴＲＣの考え方は、女性たちの被害の多くに関しては、ここで壁にぶつかってしまう。

免責《アムネスティ》と性暴力

上のような事情にくわえ、ＴＲＣのアムネスティの手続きが、性暴力を対象から除外する結果となった点も見過ごせない。すでに述べたとおり、「重大な人権侵害」の加害者は、自ら関与したできごとについてすべてを告白すれば、免責《アムネスティ》を認められる。ただし、当該行為が過去の紛争の中での「政治的目的」と結びついたものであることが条件である。その場合の「政治的目的」とは、たとえば、政府・軍の関係者などが上からの命令で行なったもの、あるいはＡＮＣなど解放運動の関係者が組織の行動として行なったものなどとされている。

しかし、「政治的任務としてレイプする」ことが実際にどれほどあったろう？　命令や指示はなくとも、アパルトヘイト体制の権力構造そのものが、警察官や留置所の監視官などに、日常的に、自発的に、女性に対する性的虐待を行なわせていたのではなかろうか。あるいはまた、解放運動の中にまで深く影を落とした女性蔑視の意識が「闘争」の名の下に性暴力をはたらかせたのではないか。「政治的目的」の条件が厳密に適用されるかぎり、女性の受けた多くの性暴力は、アムネスティの対象としての「重大な人権侵害」からはずれてしまう。そして、アムネスティの対象とならない以上、加害者たちは、あえて委員会に名乗り出て自らの行為について告白する理由ももたない。こうして、ＴＲＣにおいて、性暴力が調査の対象となるのは、被害者本人がそれを「重大な人権侵害」として申し出た場合のみとなる。その場合にも、すでに述べたアムネスティのしくみから明らかなとおり、加害者は説明義務を負わされはしないし、まして処罰の対象とはならない。

それでは、「政治的目的」との結びつきを証明できない性犯罪について、今後、検察が一般の犯罪として証拠をみつけて起訴することがあるかといえば、その可能性もいたって小さい。本来、証拠が残りにくい性質の問題である上、それを取り上げるべき今日の法体制が、人種主義からは解放されたとしても、ジェンダーの偏見から解放されていないからである。アパルトヘイト崩壊後の社会変動の中で、犯罪が極度に増加し、とりわけ性犯罪が文字通り日常茶飯事となっている状況の下では、過去の性犯罪に対して毅然とした対処をするような法体制を期待することはむずかしい。

日常化した性暴力

南アフリカのTRCとほぼ同時期に進行したルワンダ内戦後の国際戦犯裁判では、訴追原因となる人権侵害の一つとして「集団レイプ」が挙げられている。[4] ジェンダーの観点に立つ限り、TRCより一歩踏みこんだものに見える。しかし、ルワンダの戦犯裁判において性犯罪が一つの重要なテーマとなり得るのは、それがまさに「集団的」に、組織的に行なわれたためである。「集団」レイプであるからこそ「人道に対する罪」とされるのである。翻ってアパルトヘイト下の南アフリカを考えると、そこには、大規模な集団的性犯罪の事実を見出すことはできない。性犯罪は、日常のあらゆる場面で実行されたが、まとまった「事件」を挙げることはできないのである。

しかし、アパルトヘイト下の性犯罪を単に個別的偶発的な問題の集積というわけにはいかない。アパルトヘイトという体制、さらにその前史としての植民地支配の体制が、その本質において女性を権威主義的に支配するしくみを持っていたからである。そして、アパルトヘイトとそれに抗する運動の拮抗する暴力的な現実の中では、抑圧は容易に暴力の形をとった。あまりにも日常化した性暴力は、そのような社会のしくみの中で必然的に生まれた。これを「集団的」「組織的」暴力といえないのだろうか。

アパルトヘイトは、長期にわたって国家的な体制として存続し、日常生活のすみずみにわたって

「合法的」に人々を支配した。たとえば、黒人居住区での劣悪な生存条件は、人々を白人に比べ圧倒的に早い死へと追いやった。それは緩慢な形の大量虐殺である。死者の数ではホロコーストにとうてい及ばないアパルトヘイトが国際社会によって「人道に対する罪」と難じられたのは、そのような事情からである。同じ論理で、体制から必然的に生まれ、それゆえ社会全体を網の目のように蔽い尽くしていた性暴力もまた、一つの「人道に対する罪」として独自な審判を受けて然るべきではなかろうか。「戦争犯罪」や「人道に対する罪」に関する従来の議論は、そのような集団的な形をとらない性暴力をとらえる上で、限界をもっているように思われる。そのことは、ひとり南アフリカ社会のジェンダーの力関係の問題ばかりではないだろう。

五、結び

TRCは、人種主義と植民地主義そして戦争の下での性暴力に対処する一つの新しい方向を示した。それは性暴力の法的処罰という点では妥協的であるが、それと引き換えに、性暴力にかかわる様々なレヴェルの事実を広く明らかにし、あらゆる種類の「被害」を補償の対象とする道を開いた。むろん、今日、「語り」に大きな比重をおいたTRCの調査がそれだけで歴史の「真実」を明らかにすることができると素朴に信ずる者はいまい。TRCの営みは、あくまでも「真実」の相対性を意識した上で、生きられた体験の中から支配者の言葉とは違うところで歴史を再構成しようとする試みである。そのような留保の上で、法的処罰と「真実」の解明との関係についての新たなとらえ方が示されたのだと言えよう。

私たちが戦争などの下での性暴力に対して法的処罰を求める目的は、いうまでもなく、不正の在処を明らかにすることで正義を回復し、同種の不正を予防することである。そのような目的に奉仕するかぎりで処罰が意味をもつのであり、処罰それ自体が目的なのではない。ＴＲＣは、処罰を断念する代わりに、同じ目的のための別の方法を追求した。そのことは、私たちに、性暴力に対する法的処罰を考えるさいに、それを広く社会全体の動向や歴史的文脈の中でとらえるような思索を可能にしたのではないだろうか。

註

（1）真実和解委員会は、一九九五年四月から九八年七月まで活動し、九八年一〇月に報告書が公表された。ただし、免責（後述）にかんする審議は継続されており、終わり次第、その結果が報告書に追加されることになっている。詳しくは、永原、98b,98c,99。また、ＴＲＣのホームページ（http://www.truth.org.za/）および関連のホームページ（http://www.struth. org.za）で報告書や公聴会の記録などを読むことができる。

（2）「黒人」という肌の色に基づいた「人種」の呼称は人種主義の産物であるので本来避けるべきであろう。しかし、今日南アフリカなどで代わりに使われる「アフリカ人」との表現は日本では馴染みが薄くわかりにくい面があるので、ここではやむを得ず「黒人」「白人」の表現を使う。煩雑さを避けるため、括弧なしで使う。「人種」についても同様。

（3）男性に対しても拷問の一種として性暴力が行使されることがあったが、本稿ではその問題にふれる余裕はない。

（4）ＴＲＣでも、最終報告書では、「極度の虐待」の例として、「レイプ」や「性的暴行・虐待・嫌がらせ」を挙げている（*TRC Report*, IV, 81）。しかし、ＴＲＣの設置にかんする法律では、その点についての明示はなかった。なお、ルワンダ国際戦犯法廷については、そのホームページ（http://www.ictr.org/）に詳しい。

参考文献

・*Truth and Reconciliation Commission of South Africa Report*,5vols., (Cape Town, Juta, 1998) (*TRC Report*).

・Asmal,Kadal/Louise Asmal/Ronald Suresh Roberts, *Reconciliation through Truth. A Reckoning of Apartheid's Criminal Governance* (Cape Town,David Philip, 1996)

・Botman,H.Russel/Robin M.Petersen(eds.), *To Remember and To Heal. Theological and Psychological Reflections on Truth and Reconciliation* (Cape Town,Human & Rousseau, 1996)

・Coleman,Max(ed.), *A Crime Against Humanity. Analysing the Represseion of the Apartheid State* (Cape Town, David Philip, 1998)

・Krog, Antjie, *Country of My Skull. Guilt, Sorrow, and the Limits of Forgiveness in the New South Africa* (New York,Times Books, 1999)

・Minow, Martha, *Between Vengeance and Forgiveness. Facing History after Genocide and Mass Violence* (Boston,Beacon Press, 1998)

・Nuttal,Sarah/Carli Coetzee(eds.), *Negotiating the Past. The Making of Memory in South Africa* (Cape Town,Oxford University Press, 1998)
・Soyinka, Wole, *The Burden of Memory, the Muse of Forgiveness* (New York, Oxford University Press, 1999).
・永原陽子（1995）「南アフリカ戦争とその時代」歴史学研究会編『強者の論理―帝国主義の時代』（「講座世界史」5、東京大学出版会）七九～一一五頁。
・同（1998a）「もう一つの『過去の克服』―南アフリカにおける真実と和解」『歴史学研究』七〇七号、四一～五二頁。
・同（1998b）「喜望峰からの世界史」（前）・（後）『歴史と地理』五一〇号、一二五～一三三頁、五一三号、一二三～三二頁。
・同（1998c）「アパルトヘイトから『和解』へ―南アフリカ真実和解委員会の挑戦」『世界』六五三号、一五八～一六七頁。
・同（1999）「南アフリカの真実和解委員会」『アフリカレポート』二八号、三四～三八頁。

第11章　ラテンアメリカ
——人権侵害と加害責任

大串和雄

一、はじめに

本章が扱うのは、戦争犯罪というよりは人権侵害である。すなわち、ラテンアメリカでは国家間戦争における戦犯が問題にされているのではなく、内戦中および独裁政権下における人権侵害の傷跡にどう対処すべきかが問われているのである[1]。

もう一つ留意すべきは、ラテンアメリカでは国際裁判は二義的な重要性しか持たなかったという点である。旧ユーゴスラビアやルワンダと異なって、ラテンアメリカでは国際法廷は設立されなかったし、そのような法廷の設立は議論に上っていない。ラテンアメリカで人権侵害の加害者責任を追及しようとする動きは、基本的には国内の司法制度や真相究明委員会を舞台としてきたのである。

このようにラテンアメリカに国際法廷は存在しないが、それは国際的関与がないということではない。ラテンアメリカの人権侵害の加害者責任の追及には、さまざまな形で国際的主体が絡んでいる。

第一に、人権侵害の責任追及に向けて国際人権団体や外国政府の圧力が存在する。

第二に、エルサルバドルとグアテマラの和平プロセスと真相究明委員会には国連が関与している。

第三に、ラテンアメリカには米州諸国の地域的人権保障体制が存在する。その車の両輪は米州人権委員会と米州人権裁判所である。前者は、毎年各国の人権状況について報告書を作成し、人権保護に関して各国政府に勧告を行なうほか、一定の条件の下に個人の人権救済の申し立てを受理することができる。委員会の勧告に拘束力はないが、委員会は適当と認めれば事件を米州人権裁判所に付託することができる。米州人権裁判所の判決は、同裁判所の管轄権を承認した国（二〇〇〇年二月現在一九カ国[2]）に対して拘束力を持つ。

第四に、人権侵害の被害者が外国人であった場合や、ラテンアメリカ人の被害者が外国に亡命して帰化した場合、および独裁政権のテロ行為が外国の地で行なわれた場合には、外国の裁判所に責任追及の訴えが起こされることがある。チリのピノチェト（Augusto Pinochet）元大統領がスペインの司法当局の要請によって一九九八年一〇月にイギリスで逮捕されたのは、そのような訴えが実を結んだ例である。軍事政権の元首班が外国の地で逮捕されたことは、ラテンアメリカだけでなく世界の人権侵害責任追及にとってきわめて大きな意味を持つ新展開である。

第五に指摘しておきたい点は、ラテンアメリカの人権保障における国際的関与は、今後ますます大きくなることが予想されることである。その背景として、冷戦の終結を受けて人権と民主主義のテーマが国際的に大きくクローズアップされていること、ピノチェト逮捕や国際刑事裁判所条約採択に象徴される国際人権保障強化の動き、米州人権システムが強化される傾向、ラテンアメリカのほとんどの政権が民主主義と人権の価値を少なくとも公に支持していることなどが指摘できる。

二、ラテンアメリカの「免責」

一九七〇年代のラテンアメリカでは、多くの国が独裁政権によって支配され、誘拐、拷問、虐殺など、激しい人権侵害が行なわれた。また、グアテマラ、エルサルバドル、ニカラグアの中米諸国では、東西冷戦の文脈で内戦が行なわれたが、とりわけグアテマラとエルサルバドルでは、非戦闘員に対する人権侵害が系統的に行なわれた。内戦といっても、これら二国における死者のほとんどは、軍・警察や政府系民兵勢力の弾圧による一般市民の犠牲者である。

今日ではラテンアメリカのほとんどの独裁政権は選挙で選ばれた政権に取って代わられたし、東西冷戦によって増幅された中米諸国の内戦も和平協定によって終結した。これらの展開によってラテンアメリカの人権侵害が根絶されたわけではないが(3)、多くの国で人権状況が改善されたことも事実である。そこで浮上してきたのが、旧独裁政権下や内戦中に犯された人権侵害の責任をどう追及するか(またはしないか)という問題である。

人権侵害の加害者は、ラテンアメリカにおいては罰せられないことが多い。犠牲者の遺族や人権団体の努力によって、ボリビア、ホンジュラス、パラグアイ、チリなどいくつかの国で、人権侵害を犯した軍人や警察官が有罪判決を受ける例が出てきているが、処罰されるのはまだ氷山の一角であるし、量刑も甘いものが多い。

人権侵害の加害者の追及には多くの障害が横たわっている。加害者は軍人や警察官であることが多いが、クーデターが繰り返されてきたラテンアメリカでは、政府指導者は軍に対して及び腰になる。多くの国で軍人や警察官が軍事法廷という仲間内の裁判にかけられることも、軍人の「免責」を助長している。また、民政移管や内戦終結の際に、過去の人権侵害を不問にする恩赦法が多くの国で制定されている。さらに、加害者責任を追及しようとする者が暗殺の脅迫にさらされることも珍しくない。

三、罰するべきか許すべきか

またそもそも、過去の人権侵害の責任をどこまで追及すべきかについて、ラテンアメリカ諸国の中でコンセンサスが存在しない。一方では、主として以下のような論拠によって、加害者の処罰に反対する意見がある。

①過去の人権侵害の責任追及は民主化や和平を危うくする。昔のことをつついてせっかくでき

た民主体制や平和を危うくするよりも、過去のことは忘れた方がよい。
②処罰は国民の和解にマイナスである。処罰を追求すれば人権侵害の加害者集団やその支持者の敵対を招くし、被害者側も、加害者の一部しか訴追されないことや量刑が甘いという理由で不満を持ち、社会の亀裂がいっそう悪化する。和解は過去を忘れることによってのみ可能である。
③加害者とされる人々の可罰性に疑問があるか、少なくとも情状酌量の余地がある。第一に、人権侵害は、ゲリラ討伐に付随する「行き過ぎ行為」のように、やむを得ない目的のために行なわれたのかも知れない。第二に、加害者は上官の命令に従っただけかもしれない。

以上の議論に対して、人権侵害の加害者の処罰を主張する人々は、主として以下の理由を挙げている。

①加害者の処罰こそ正義の原則にかなう。
②加害者の処罰は国際法上も国家の義務である。
③過去の人権侵害を処罰しなければ、人権侵害をしても処罰されないという前例を重ねることになり、将来人権侵害が繰り返される可能性を大きくする。この悪循環を断ち切らなければならない。
④加害者の処罰によってのみ、弾圧の犠牲者やその家族の傷が癒され、国民の和解が可能になる。正義を行なわずして和解はない。

詳しくは省略するが、ラテンアメリカでは東欧やアフリカの諸国と比べて、法的・倫理的には訴追に有利な条件が存在する。[4] そのように相対的に有利な条件があるにもかかわらず、ラテンアメリカで人権侵害加害者の刑事訴追は稀であった。それは何よりも、「民主体制」や「平和」を不安定にしないという「現実政治」上の考慮の結果であり、人権侵害を行なった勢力やその同盟者に対する譲歩であった。というのは、ラテンアメリカの「民主化」にせよ和平にせよ、それは旧勢力を打倒して生まれたものではなく、一般に妥協による「民主化」、交渉による和平だったからである。過去の人権侵害の免責は交渉の（少なくとも一方の）当事者の重要な関心事であったし、「民主化」、「和平合意」後も、軍などの人権侵害責任者は一定の力を保持し続けている。つまり民主勢力にとって訴追の断念は自発的な選択ではなく、課せられた制約だったのである。

このように人権侵害の加害者に対する刑事訴追が困難な中で、それに代わる（あるいは少なくともそれを補完する）措置としてますます注目されているのが、人権侵害の実相を明らかにする公式の真相究明委員会の設立である。[5] 真相究明委員会は、①人権侵害を社会の教訓にして、二度と同様の事態が起こらないようにする、②真相究明という人権侵害犠牲者の遺族の切実な要求を満たす、③人権保障と法の支配へのコミットメントを示すことによって、新体制の権威と正統性を高める、という目的に資するものと考えられる。第二の目的に付言すれば、ラテンアメリカでは強制的失踪が多かったという事情がある。犠牲者のほとんどは死亡していると考えられるが、家族の間では、死亡に至った事情を知りたいという欲求や、遺体を回復して自分たちの宗教に従って弔いたいという欲求が非常に強い。また、国家が人権侵害の事実を認め、犯罪の汚名を着せられた人々の名誉を回復することで、犠牲者やその遺族の心が癒されるという効果も期待される。それまで無視されてきた被害者や家族にとっては、国家が設置した真相究明委員会のスタッフに聞き取り調査の過程で耳を傾けてもらえるということ自体が、癒しの効果を持ちうる。

真相究明委員会設置のほかにも、犠牲者・遺族への国家賠償、政府による謝罪、記念碑建立などの措置が、過去の人権侵害に対してとられることがある。これらの措置は加害者への訴追と両立しないわけではない。しかしラテンアメリカの多くの場合には、これらの多様な選択肢の組み合わせは、刑事上の訴追をあきらめながら単純な忘却を拒否するという、訴追の代替措置として行なわれてきたのである。

四、ラテンアメリカ各国の経験

アルゼンチン

本節では、人権侵害の責任追及をめぐるラテンアメリカのいくつかの経験を紹介しよう。

アルゼンチンは、ラテンアメリカの中では例外的な事例である。というのは、多くの国では軍事政権と民主化勢力との妥協によって民政移管が達成されたのだが、アルゼンチンでは一九八二年のフォークランド（マルビナス）戦争敗北によって、軍事政権が瓦解したからである。したがってアルゼンチンの軍事政権には長い交渉を行なう余裕がなく、民主化勢力と何の合意もないままに政権から撤退せざるを得なかった。またアルゼンチンでは、戦争に負けたことに加えて軍事政権が大規模な人権侵害を行ない、かつ経済の運営にも失敗したため、軍に対する国民の支持がほとんど存在しなかった。

このような事情のために、一九八三年一二月に登場した新文民政権のアルフォンシン（Raúl Alfonsín）大統領は、政権引き渡し間際に軍事政権が制定した自己恩赦法を取り消し、軍事政権の責任者を戦争の不手際と人権侵害の罪で裁判にかけるという、ラテンアメリカでは画期的なことを為しえたのである。こうして一九八五年の裁判で、軍事政権のトップを構成した五人の将軍・提督が終身刑を含む有罪判決を受けた。他方でアルフォンシンは、新政権発足後まもなく、著名な作家エルネスト・サバト（Ernesto Sábato）を委員長とする失踪者調査委員会を組織した。「二度と再び」（Nunca más）と題されたこの委員会の報告書は、国内外に大きなインパクトを与えた。

アルフォンシン大統領の意図は当初から、ごく少数のトップの軍人を裁くことであったが、彼の意図とは無関係に、さらに数百人の軍人が犠牲者の遺族や人権活動家によって告訴された。軍内に高まる反発を恐れたアルフォンシンは、裁判の拡大を抑えるため、一九八六年一二月に終止符法（Ley de Punto Final）を制定し、法案成立後六〇日以内に起訴されなかった軍人を裁くことを禁止した。しかし、遺族や人権活動家がかけ込みでさらに多くの訴えを起こし、証拠を提出し、裁判所も休暇を返上して告訴の処理に努力したために、期限までに約四五〇人の将校が起訴される結果となった。

一九八七年四月には陸軍の中堅将校と下士官が反乱を起こし、アルフォンシンの恐れは現実化した。この反乱は短期間で収拾されたが、その二カ月後にアルフォンシンは正当な服従法（Ley de Obediencia Debida）を制定した。この法律によって、ほとんどの軍人は上官の命令に従っただけであると推定され、罪に問われないことになった。

一九八八年にはさらに二回の反乱事件が勃発し、その後一九八九年七月に登場したメネム（Carlos Menem）政権は、同年一〇月、裁判中の将校に特赦を与えた。さらに、一九九〇年一二月に四回目の反乱事件が鎮圧された直後には、政府は服役していた軍事政権のトップまですべて特赦してしまった。こうして、画期的な処罰に始まったアルゼンチンの試みは、免責に帰結したのである。

ただしアルゼンチンでは、一九九五年になって、軍首脳が過去の人権侵害を自己批判するに至っている。また軍事政権中には、獄中で生まれた赤ん坊や親と一緒に拘禁された乳児が養子として軍政関係者に密かに横流しされたが、一九九八年以降にはそのことを理由として軍事政権時代のトップが再び勾留されている。子どもの誘拐はアルフォンシン時代に公布された恩赦法でカバーされていなかったからである。

ウルグアイ

ウルグアイでは一九七三年から一九八五年まで軍政が敷かれたが、一九八四年に政府と諸政党が海軍クラブで民主化交渉を行なった。その際に軍事政権の人権侵害の責任を問わないことが少なくとも暗黙に約束され、一九八五年の民政移管を可能にしたと言われている。しかし人権団体等はこれに構わず、軍人を人権侵害の罪で告訴した。そして一九八六年には、文民司法当局が軍の将校を人権侵害容疑で召喚したことから、軍内の緊張がさらに高まった。軍の暴発を恐れた政府は、事態を収拾するために恩赦法（通称「終止符法」）を制定した。この法律に対する世論の反発は大きく、すぐさまこの法律を廃止するための国民投票を求める運動が起こされた。国民投票を阻止しようとする政府や選挙裁判所の努力にもかかわらず、まもなく国民投票に必要な登録有権者の二五％の署名が集められた。しかし終止符法の廃止は結局、国民投票で僅差で否決されてしまう。国民はようやく手に入れた民主体制をクーデターの危険から守るために、人権侵害の責任を不問にすることを選択したのである。

チリ

チリは一九七三年九月から一九九〇年三月までピノチェト軍事政権に支配された。軍事政権の人権侵害が最も激しかったのはクーデター直後の数年間であったが、軍事政権は一九七八年四月に、それまでの人権侵害を免責する一種の自己恩赦法を公布した。

軍政後に登場したエイルウィン（Patricio Aylwin）政権は反軍政派の中道・左派連立政権であったが、最終的に恩赦法の廃止を断念した。そこで政府が主張したのは、恩赦法が適用される人権侵害の加害者は処罰できないが、真相の究明は行ない、犠牲者の遺族には国家賠償を支払うということであった。真相究明によって国民が過去の経験を深く考えることが国民の和解には必要だが、責任者の処罰まではしないというこの立場は、過去への向き合い方の一つのモデルとして国際的に注目された。

この目的に沿って政府は、元チリ弁護士会会長で元上院議員のラウル・レティヒ（Raúl Rettig）を委員長とし、死亡と強制的失踪を対象とする「真実と和解のための国家委員会」を設立した。しかし、犠牲者の死体の隠し場所など人権侵害の実相を最も知っている軍・警察は、調査に協力しなかった。

チリ政府の思惑とは別に、人権侵害被害者、遺族、支援人権団体は加害者の訴追をあきらめることなく、チリ内外の裁判所に訴えを起こした。一九九八年一〇月のピノチェト将軍逮捕は、その一つの成果であった。

ピノチェト逮捕は国際人権保障をめぐる一大事件として世界中で議論を巻き起こしたが、それだけでなく、チリにおける過去の人権侵害の責任を追及する動きを活性化させた。海外の裁判所においては、人権侵害の犠牲者、その家族、人権団体の働きかけがますます活発になった。イギリスにおけるピノチェト逮捕を受けて、スイス、フランス、ベルギーもイギリスにピノチェト引き渡しを要求したほか、他の諸国でもピノチェト将軍を刑事告発する動きがある。

またチリ国内でも、すでに一九九八年一月以来、人権侵害の被害者や遺族がピノチェト将軍を国内の裁判所に刑事告発する動きが見られたが、この告発は二〇〇〇年二月現在で六〇件近くに達している。また、他の元陸軍高官も、誘拐罪の裁判のために勾留されている。この勾留は、誘拐された者の行方が判明するまでは誘拐行為が継続しているという解釈によるものである。さらに注目すべきことは、人権問題に関する最高裁の判例が変わる兆しを見せていることである。たとえば、チリの司法府はこれまで恩赦法に含まれる期間の人権侵害に関して、詳しい調査をせずに恩赦法を適用してきたが、最近では人権侵害の状況と責任者を特定した上で恩赦法を適用するという方向に変化する兆候を見せている。このように、チリの現状はきわめて流動的である。

エルサルバドル

長年にわたって抑圧的諸政権に支配されてきたエルサルバドルは、一九八〇年から内戦に突入し、一九九二年一月に和平協定で内戦が終結するまでにおよそ九万五千人の死者・行方不明者を出した。この和平協定の交渉過程で真相究明委員会の設置が合意され、一九九三年三月にその報告書が刊行された。和平協定は人権侵害の加害者の刑事訴追を必ずしも排除していなかったが、政府は真相究明委員会の報告書が公表された数日後に恩赦法を成立させ、訴追を不可能にした。

しかしエルサルバドルの真相究明委員会は、いくつかの顕著な特徴によって国際的に注目を浴びた。第一は、国連の関与である。エルサルバドルの和平プロセスには国連が仲介者として参加したため、真相究明委員会は国連の委員会として設置された。第二に、エルサルバドルの真相究明委員会は、加害者が疑いの余地なく明らかになった場合にはその名前を報告書で公表するという、他にほとんど例のないことを行なった。第三に、真相究明委員会の勧告の履行が義務的であるという点でも、エルサルバドルの事例は特異なものであった。もっとも実際には、委員会の勧告の多くは政府によって無視されている。

グアテマラ

ゲリラ鎮圧の過程でエルサルバドルと同様に苛酷な無差別虐殺が行なわれたグアテマラでも、和平交渉で真相究明委員会の設置が定められ、内戦は一九九六年一二月に終結した。グアテマラではゲリラの勢力がエルサルバドルより弱かったこともあって、真相究明委員会の権限は弱かった。和平協定に基づく真相究明委員会の作業にあまり大きな期待が持たれなかったため、カトリック教会が中心になって大規模な真相究明の努力が行なわれた。歴史的記憶回復プロジェクト（ＲＥＭＨＩ）と名付けられたこの事業は、一九九八年四月に『グアテマラ——二度と再び！』と題された報告書に結実した。(6) その後和平協定に基づく真相究明委員会は、ＲＥＭＨＩの調査を踏まえて、一九九九年二月に予想外に踏み込んだ報告書を発表し、人権団体に歓迎された。もっともグアテマラ政府は、委員会の諸勧告に対して消極的な姿勢を示している。

ペルー

ペルーでは、一九八〇年代初頭に始まる反体制武装勢力のテロ活動に対する鎮圧の過程で、多くの一般市民が軍・警察による誘拐、拷問、虐殺の犠牲になった。[7] 反体制テロ活動が沈静化するにつれて政府側の人権侵害も減少したが、フジモリ（Alberto Fujimori）政権（一九九〇〜二〇〇一）は人権侵害の責任追及には否定的であり、一九九五年六月に恩赦法を公布してそれまでの人権侵害の加害者をすべて免責した。さらに一九九九年七月には、米州人権裁判所でペルー政府に不利な判決が出たのを機会に米州人権裁判所の管轄権から離脱することを宣言し、すでに出された判決にも従わないことを表明した。判決の不履行は明らかな条約違反であるし、裁判所の管轄権離脱についても米州人権裁判所はこれを国際法上無効であると裁定した。本章執筆時点でこの問題の決着はついていないが、ペルー政府の行動はペルーの人権保障のみならず、米州人権システム全体を弱体化させる危険性を孕んでいる。

五、女性に対する暴力

ここまで、ラテンアメリカにおける人権侵害の加害者責任追及問題について述べてきた。ところで、人権侵害の中で女性に対する暴力はどう位置づけられているのだろうか。

ラテンアメリカでは内戦中や独裁政権下で、女性がレイプなどの性的虐待の犠牲になった。性的虐待はきわめて広範に行なわれており、たとえばエルサルバドルでは拘禁された女性のほとんどがレイプされたと言われる。[8] 多くの国では、レイプは単なる治安部隊の暴走ではなく、女性やその家族から情報を引き出したり彼らに恐怖心を植え付けたりするために周到かつ系統的に行なわれた拷問の一手段であった[9]。

女性に対する性的暴力は、人権団体の報告書などにおいても指摘されてきている。このように告発の対象になってはいるものの、一般的に言えば、女性に対する性的暴力の責任を特に取り上げて追及するという動きは、ラテンアメリカでは強くない。ラテンアメリカの人権運動において女性が非常に大きな役割を果たしているのに、なぜ女性に対するこの種の暴力を追及する動きが弱いのだろうか[10]。

その一つの理由は、性的虐待が表に出にくいことである。レイプされた女性は、社会や家族、とりわけ夫や恋人にそれを知られるとキズモノという偏見にさらされ、捨てられる恐れがあるので、その事実を隠しがちであったとされる[11]。

もう一つの根本的理由は、人権侵害の加害責任が全体として裁かれていないという事実に求めることができよう。

ラテンアメリカの独裁政権や内戦においては、男性・女性を問わず多くの人が誘拐され、拷問され、虐殺された。その中で、女性に対してはレイプという形の性犯罪が行なわれたし、女性の死体を性的に凌辱することも行なわれた。しかし全体として見れば、女性に対する暴力の方が特に多かったというわけではない。女性に対する性的凌辱の背後にある男性の女性観をフェミニズムの立場から問題にすることはもちろん可能であるが、極限的な暴力を蒙ったのは男性も女性も（さらに言えば老人も子どもも）同じなのである。
また、女性は性的暴力だけでなく、男性と同様に他の種類の人権侵害の犠牲者でもある。女性がレイプされた後殺されたり、殺された後で死体が凌辱された場合には、遺族の怒りは犠牲者が受けた仕打ち全体に向かうであろうが、殺されたという事実を不問にして性的犯罪だけを追及する気持ちにはならないであろう。

つまりラテンアメリカでは、女性に対する性的暴力が忘れられているわけではないが、それは人々が蒙った極限的人権侵害の一部として、一括して責任追及が求められているのである。もしもラテンアメリカにおいて虐殺の加害者が裁かれ、女性に対する性的犯罪だけが裁かれずに残っているとしたら、性的犯罪の加害者責任を追及する声は大きくなっていたかもしれない。しかしすでに述べてきたことからわかるように、ラテンアメリカにおいては、虐殺、拷問など、老若男女に対するあらゆる形態の人権侵害の責任がほとんど追及されていない。このために、女性に対する性的犯罪だけをを取り立てて追及する運動が目立たないのではないだろうか。女性に対する暴力を含めて、ラテンアメリカの人権侵害の責任追及の道のりはまだまだ遠いのである。

＊本章は、拙稿「罰するべきか許すべきか──過去の人権侵害に向き合うラテンアメリカ諸国のジレンマ」『社会科学ジャーナル』第四〇号、国際基督教大学、一九九九年、一三九〜一六〇頁、の一部に加筆・修正を行なったものである。本章では参考文献を最小限にとどめたので、より詳しくは『社会科学ジャーナ

ル』論文の注記を参考にされたい。なお、『社会科学ジャーナル』論文の一部は『世界』第六五三号（一九九八年一〇月）にも発表されている。

註

（1）厳密に言えば、「戦争犯罪」という概念には、内戦における国際人道法の重大な違反も含まれる。しかし一般的には、内戦中のこのような行為には「戦争犯罪」ではなく「人権侵害」という用語が用いられている。ただし、ラテンアメリカをめぐる人権団体や国際人権法学者の議論においては、国家間戦争の戦犯裁判の事例（ニュルンベルク裁判等）もしばしば引照されている。

（2）“Convención Americana sobre Derechos Humanos: Signatarios y estado actual de las ratificaciones.” 〈http://corteidh-oea.nu.or.cr/ci/PUBLICAC/DOCS_BASICOS/Tabla_Convencion.htm〉による（二〇〇〇年二月二八日アクセス）。ただし、ペルーに関しては後述。

（3）ラテンアメリカにおける人権侵害の現状の短い概観は、拙稿「世紀転換点のラテンアメリカ政治」一七五～一八二頁（清水透編『南から見た世界　第五巻　ラテンアメリカ』大月書店、一九九九年所収）を参照されたい。

（4）前掲拙稿「罰するべきか許すべきか」一五二～一五三頁参照。

（5）真相究明のために設置される委員会の正式名称は多様であるが、本章では総称して真相究明委員会と呼ぶことにする。なお、真相究明が国家の手で充分に行なわれない場合には、民間の人権活動家の手で真相究明が試みられることがある。ブラジル、ウルグアイ、パラグアイ、グアテマラでは、カトリック教会やカトリック系の人権団体によって人権侵害の白書が編纂されている。

（6）このプロジェクトは一九九八年度の多田謡子反権力人権賞を受賞した。この報告書の要約版は岩波書店から翻訳刊行の予定である。

（7）ペルーの場合には、反体制武装勢力センデロ・ルミノソも非常に多くの一般市民を虐殺している。

（8）Lynn Stephen, *Women and Social Movements: Power from Below*, chapter 2, University of Texas Press, 1997.

（9）アルゼンチン、チリ、ウルグアイの事例について以下の文献を参照。Ximena Bunster-Burotto, "Surviving Beyond Fear: Women and Torture in Latin America," in June Nash et al., *Women and Change in Latin America*, pp.297-319, Bergin & Garvey Publishers, 1986.

（10）以下に述べる内容は、ペルー、チリ、ウルグアイ、エルサルバドル、グアテマラ、コロンビアの人権活動家から筆者に寄せられた私信を参考にしているが、あくまでも筆者自身による暫定的解釈であることを強調しておく。なお、筆者が接触した何人かの人権活動家は、ラテンアメリカにおいて女性の権利についての意識が充分に高まっていないことも、性的暴力の追及が弱いことの理由として挙げている。筆者はこの解釈を否定するものではないが、本文で述べる理由、とりわけ二番目に述べる理由が重要なのではないかと考えている。

（11）エルサルバドルに関してはStephen前掲書第二章、チリに関しては人権活動家R氏の筆者に対する私信による。付言すれば、エルサルバドルでは男性も拷問の過程でレイプされたが、男性は女性以上にそのことを隠す傾向があったという。Stephen前掲書四七頁。

第12章　国際刑事裁判所
――二〇世紀の人類がたどりついたもの

東澤　靖

一、国際刑事裁判所の成立

国際刑事裁判所規程は、一九九八年七月一七日のローマ全権外交会議で感動のうちに成立した。一六〇カ国と三一の国際機関、一三九のNGOがローマの地につどい、最後には、米国や中国の反対を押し切ってまでの採択であった（賛成一二〇、反対七、棄権二一）。

これは戦争の世紀と呼ばれた二〇世紀、そして九〇年代を迎えてもなお世界各地で繰り返される虐殺や非人道行為に対し、人類が出した一つの回答でもある。国際刑事裁判所規程は、その成立までの長い苦難の道のりとその歴史的意味を振り返れば、「将来の世代への希望の贈り物、そして普遍的人権と法の支配の前進のための巨大な一歩」（翌日の式典におけるアナン国連事務総長の演説）と評価することができよう。

国際刑事裁判所規程は、また、これまでの国際条約では断片的にしか語られなかった武力紛争下における性暴力を、意識的に国際犯罪として浮かび上がらせる努力でもあった。武力紛争下における性暴力をどのように処罰し、そのためにどのような手続が確保されなければならないか、国際刑事裁判所規程は、そのための一つの体系的なシステムを創り出すこととなった。

しかし、国際刑事裁判所がはたして将来の犯罪を実効的に処罰し、あるいは抑止することができるかどうかは、各国の批准や協力も含めて今後の国際社会の動向によらざるを得ない。旧ユーゴスラビア国際刑事法廷の裁判長であったガブリエル・マクドナルド判事は退任にあたって、法廷における裁判の長期化や真の責任者を法廷に連れ出せていない問題点を指摘した上で、その解決のためには国際社会の援助が必要であり、国際刑事裁判所は同じ過ちを繰り返してはならないことを指摘している（一九九九年一一月八日国連総会での演説）。

自らの警察力を持たない国際刑事裁判所は、同じ刑事裁判とはいっても、具体的な権力を背景に国内の秩序を維持し、ときには国家の利益の名のもとに市民を抑圧する装置ともなりうる国内の刑事裁判とは、自ずから性格を異にする。しかしながら、そのような警察力ではなく、国際社会の協力に支えられなければならない国際刑事裁判所は、逆に、武力紛争や非人道的行為に対して、これまで国際法が予定してきた報復や外交交渉ではなく、裁判というシステムを適用することの意味を問いかけるものである。

二、国際刑事裁判所とは何か

国際刑事裁判所にいたる道のり

今回設立に向かう国際刑事裁判所は、国際人道法のもとでの一定の犯罪を犯した個人を起訴し、処罰するための、常設の国際裁判所である。ローマ会議で成立を見た国際刑事裁判所規程（Statute）は、一三章一二八条からなり、国際刑事裁判所規程の組織、権限及び手続などを定めている。

戦争犯罪人を裁く法廷としては、第二次大戦におけるナチスの犯罪や日本軍の犯罪を裁くものとして、ニュルンベルク軍事法廷と極東軍事法廷があった。これらの法廷は、後に述べるように戦争犯罪人を国際法廷で裁くという点でも、従来から認められていた戦争犯罪のみならず「平和に対する罪」「人道に対する罪」という新しい犯罪類型を加えた点でも、画期的なものであった。その反面で、これらの法廷は、戦勝国である連合国が敗戦国の戦争犯罪人を処罰する点や、戦後に設立された裁判所であるという点から、必ずしも理由のあるものではないものの、裁判の公平さや事後法による処罰禁止という点から、繰り返し批判が加えられてきた。

このような批判にこたえて普遍的な処罰制度を模索し、戦後の国際連合は、常設の国際刑事法廷の設立を試み、国際刑事裁判所の存在を予定した条約（ジェノサイド防止処罰条約）も作られた。しかし、東西冷戦の深刻化とともに一九五四年にその作業は停止される。東西両陣営が相互を敵視する状況では、いずれか一方が支配するかもしれない国際機関に、強力な刑事司法権を認めることは困難であった。

しかし、冷戦の終結とともに、国連総会は九一年、国際刑事裁判所の検討再開を決議し、国際法委員会にその検討を委ねた。九四年に国際法委員会が作成した国際刑事裁判所規程草案を土台にして、国連総会は準備委員会を設置し、検討が続けられた。その過程で相次いで起こった旧ユーゴスラビアとルワンダでの残虐行為は、国際刑事裁判所を求める国際世論をさらに駆りたてた。そして、国際刑事裁判所規程を条約として確定すべく設定された九八年のローマ外交会議で、国際刑事裁判所規程は大差で採択された。

国際刑事裁判所規程は、六〇カ国の批准によって発効し、裁判所はオランダのハーグに置かれることになるが、二〇〇一年六月二一日時点で、一三九カ国が署名を終え、そのうち三五カ国が批准している。東アジア地域では、韓国が署名をすませているが、日本は署名していない。

旧ユーゴ、ルワンダ法廷との違い

国連総会で国際刑事裁判所規程が検討されている間、相次いで起こった旧ユーゴスラビアとルワンダでの残虐行為に対応するために、安全保障理事会は、九三年には旧ユーゴ国際刑事法廷（ICTY）、九四年にはルワンダ国際刑事法廷（ICTR）を設置し、それぞれ裁判所をオランダのハーグとタンザニアのアルシャにおいた。安全保障理事会は、国連憲章第七章により、加盟国個々の同意をとることなく、軍事的措置を含む強制的手段をとることが認められている唯一の国際機関であるが、これらの法廷はこの国連憲章第七章の権限にもとづくものとされている。また、旧ユーゴ法廷は、九一年以降の旧ユーゴスラビア領域内で発生した国際人道法違反行為、ルワンダ法廷は、九四年一月一日から一二月三一日までにルワンダ領域内及び近隣国でのルワンダ国民による国際人道法違反行為を取り扱うものとし、裁判管轄権の及ぶ範囲が地理的及び時間的に限定されている。

これに対して、国際刑事裁判所規程は、国際法委員会草案の時から多国間条約の形をとるものとされ、事実、多国間条約として成立した。このような条約という形態をとった理由は、先の二つの法廷が特定の紛争に対応する臨時的なものであるのに対し、国際刑事裁判所が適用対象を限定しない常設の裁判所であることがあげられよう。それと同時に、安全保障理事会が五大国の拒否権によって左右されるきわめて政治的な機関であることを考えれば、公平性が必要とされる国際刑事裁判所においては条約という形で広範な国家の支持を基礎とすることが不可欠であったものと思われる。

いずれにしても、国際刑事裁判が臨時的にせよ安全保障理事会によっても担われたという事実は、国際刑事裁判所と安全保障理事会との関係という複雑な問題を残すこととなった。また、条約に基づく場合、条約に加盟しない国家の軍隊による犯罪行為に国際刑事裁判所の裁判管轄権が及ぶのかという問題も生じてくる。これらの問題は後に述べる。

国際刑事裁判所の裁判と補完性の原則

もともと刑事裁判権（あるいは管轄権）、すなわち犯罪を裁く権限は、国家の主権の一権能として個々の国家に専属するものとされてきた。そのような考え方に立てば、何が犯罪であるかを決定すること、その犯罪を裁くかどうかということは、個々の国家の主権に委ねられることになる。もちろんこのような伝統的な立場も、処罰や犯罪人の引渡を相互に義務づける条約によって修正されているが、犯罪を裁くのは国家であるという原則は変わっていない。

これに対して、国際刑事裁判権（あるいは管轄権）は、国際法によって決められる犯罪は、それを裁くのも国際機関でなければならないという考え方によって立つ。国際機関が裁判権を持つ以上、国家が不同意であっても国際機関が直接権限を行使して裁くことになる。このような国際刑事裁判権の考え方は、ニュルンベルク軍事法廷や極東軍事法廷ではじめて実現し、現在では安全保障理事会による旧ユーゴ法廷やルワンダ法廷でも取られている。国際刑事裁判権は、時として、国家の刑事裁判権と衝突することになり、国家が国際刑事裁判権に抵抗するという事態も起こることになる。ちなみに第二次世界大戦後に発展を見せた、戦争犯罪に関するジュネーブ諸条約やその追加議定書は、一定の行為が国際犯罪であることを認めつつ、実際の処罰は締約国である国家に処罰の義務を課すこととしてきた。

国際刑事裁判所は、国家の刑事裁判権と、国際刑事裁判所が持つべき国際刑事裁判権との矛盾を、補完性の原則という形で解決した。すなわち、処罰の対象とされる犯罪を裁くのはまずその犯罪に裁判権を持つ国家であり、国家が裁く意思や能力を持たない場合にのみ、国際刑事裁判所での裁判が補完的に認められる（前文一〇項、一条）。そのため、国際刑事裁判所規程においては、ジュネーブ諸条約とは異なり加盟国に処罰義務が課されるわけではないが、国内裁判所または国際刑事裁判所のいずれかで裁かれるようになっている。このようなシステムは、裁くのは国家か国際社会かという対立の図式で見れば、一見奇妙なものである。しかし次にも述べる、人類や国際社会に対する犯罪はどの国であろうが国際機関であろうが、あまねく犯罪に対する裁判権を認めるべきだという普遍的管轄権（Universal Jurisdiction）の考え方によれば、きわめて自然な制度ということができる。

国際刑事裁判所を支える原則

ローマ外交会議に向けて国際刑事裁判所を推進してきた三つの力があった。一つは、ライク・マインデド・ステイツ（Like Minded States）と呼ばれる諸国であり、ＥＵ諸国やアフリカの国々がその中心であった。身近に体験した旧ユーゴやルワンダの悲劇、そうした事態に効果的に対応できなかったという思いが、積極的な国際刑事裁判所設立への原動力となった。また、世界各地で頻発する紛争での人道的活動に直接従事してきた国連難民高等弁務官事務所（ＵＮＨＣＲ）、国連人権高等弁務官事務所（ＵＮＨＣＨＲ）、国際赤十字委員会（ＩＲＣ）などの国際機関であり、国際政治の影響から独立した国際刑事裁判所（Independent and Effective Court）の設立を求めた。そして、世界中の八〇〇のＮＧＯは、「国際刑事裁判所のための連合」（ＣＩＣＣ）を結成して大きな影響力を各国政府や会議に与えてきた。とりわけ女性、子ども、少数民族など武力紛争下において最も深刻な犠牲を受けやすい者の権利を重視するＮＧＯのコーカスも積極的な活動を行なった。このような国際刑事裁判所の設立を求める人々に共通する原則は、以下のようなものであった。

第一に、ジェノサイド、戦争犯罪、人道に対する罪といった犯罪は、人類及び国際社会の共通の関心事であり、国際機関か各国の国家機関かを問わずそれらの犯罪を裁くことができるという考えである。国際法において、伝統的に海賊など一定の犯罪行為に対しては、たとえその犯罪行為に直接の利害を持たない国であっても犯罪を裁くことができるという「普遍的管轄権」が認められてきた。また第二次世界大戦後、普遍的管轄権は、ジェノサイド、アパルトヘイト、拷問などの人権法、人道法違反の行為に対しても認められることが、条約などで確認されてきた。このような普遍的管轄権の持つ意味は、南米諸国や旧ユーゴスラビアでの拷問行為を米国の裁判所で裁くために用いられてきた米国の拷問被害者保護法、あるいは九八年に英国やスペインがチリの元軍事独裁者ピノチェトを逮捕しあるいは起訴した事件を考えれば明白である。普遍的管轄権が認められる犯罪行為は、いかなる国家や国際機関においても裁くことが正当化される。国際刑事裁判所は、そこで裁かれる犯罪行為については、全人類が共通の利害を持つという普遍的管轄権が前提とされている。

次に国際刑事裁判所に期待されるのは、不処罰（Impunity）と非人道行為の再発という悪循環を、断ち切ることにある。これまで戦争犯罪人などの処罰が国家に委ねられたままでは、国家が処罰の意思や能力を欠くため、あるいは政治的な理由のために、実効性を欠いたり不公平な取扱いが放置されるという問題があった。カンボジアや旧ユーゴのように、大量虐殺の責任者や実行者が裁かれないままでいる事態が、将来においてまた同じ悲劇を引き起こすのではないかという思いがそこにはある。そのために国際刑事裁判所は、公平かつ効果的な（fair and effective）ものであることが求められた。

他方で、処罰の必要性が、処罰される者に国際人権法上認められた権利を侵害するものであってはならない。被疑者や被告人に認められるべき権利はそれ自体侵すことのできない人権であるし、そのような諸権利が保障されないもとでの裁判は、適正手続を欠くものとしてその裁判の正当性が否定されるからである。

さらに国際刑事裁判所は、武力紛争において最も深刻な被害を受けるのは女性や子どもであるという視点から、処罰の対象となる犯罪や訴訟手続において、後に詳しく述べるように多くの考慮が払われている。

三、国際刑事裁判所はどのような犯罪を裁くのか

国際刑事裁判所が裁く四つの犯罪

国際刑事裁判所規程は、罪刑法定主義（何が犯罪となるかはあらかじめ定められていなければならないという原則）の観点から、どのような行為が犯罪となるのか（犯罪の構成要件）を規程の中に定めることとした。その犯罪は、ジェノサイドの罪、戦争犯罪、人道に対する罪、侵略の罪という四つの種類からなる（五条）。

ジェノサイド（集団虐殺）の罪とは、国民的、民族的、人種的または宗教的集団を破壊する意図のもとに、その集団の構成員に対し、殺人、深刻な身体的または精神的害悪、身体を害するような生活の強制、出生阻害、子どもの強制移動などを行なうことである（六条）。ジェノサイドの禁止については、一九四八年に採択されたジェノサイドの防止及び処罰に関する条約があり、そこで禁止された行為の類型が、国際刑事裁判所規程でも採用されている。

戦争犯罪については、一八九九年と一九〇七年のハーグ諸条約や一九四九年のジュネーブ諸条約などで、繰り返し禁止される行為が定められてきた。国際刑事裁判所規程は、ジュネーブ諸条約の重大な違反行為を犯罪とするとともに、新たに、国際紛争における法と慣習の深刻な違反として二六項目の犯罪類型を設けている（八条）。戦争犯罪をめぐって、多くの論争があったのは、国家と国家との争いではない非国際紛争（国内における紛争など）の取扱いである。非国際紛争についてこれまでは、ジュネーブ諸条約の共通三条が一定の行為は内乱においても禁止されると定め、一九七七年の第二追加議定書も非国際紛争における一定の行為を禁止してきた。ローマ会議において、国内に民族紛争や独立紛争をかかえる国々は非国際紛争にかかわる規定の排除や限定を求め、反対に多数の国々やNGOは、とりわけ冷戦後の深刻な犯罪行為が非国際紛争において発生しているもとで非国際紛争を排除しては裁判所が実効的なものとはならないと主張した。最終的に国際刑事裁判所規程は、非国際紛争について、ジュネーブ諸条約の共通三条が禁止する行為の重大な違反、その他、国際紛争における法と慣習の深刻な違反として一二項目の犯罪類型を処罰の対象とした。しかし、処罰の対象となる非国際紛争からは、暴動や孤立した散発的な暴力などの国内的騒擾《そうじょう》や緊張が除かれた。

人道に対する罪は、ニュルンベルク裁判や極東軍事裁判の条例においてはじめて明記された犯罪類型である。その類型は、その後国連総会や国際法委員会で繰り返し確認されたニュルンベルク諸原則や「人類の平和と安全に対する犯罪の法典案」などで精緻化されてきた。国際刑事裁判所規程は、このような先例を踏まえつつ、新たに人道に対する罪の類型として、文民に対する広範または組織的攻撃の一部として故意に、殺人、根絶、奴隷化、強制追放移住、不法な拘禁、虐待、性的暴力、特定集団への迫害を行なうこと、とした(七条)。そしてそれぞれの行為について、詳しく定義がされている。通常の粗暴犯罪とどう区別するのかという点をめぐって多くの議論が交わされたが、最終的な妥協として、「文民に対する広範または組織的攻撃の一部として故意に」という限定がつけられている。

侵略の罪は、ニュルンベルク裁判や極東軍事裁判において、平和に対する罪として裁かれてきた犯罪である。しかしローマ会議では、国連憲章三九条において侵略行為の認定は安全保障理事会の専権とされていることから、米国などの常任理事国をはじめ、国際刑事裁判所に侵略行為の独自の認定権は認めさせるべきではない、そもそも侵略の罪は含められるべきではない、などの主張が出された。結果として国際刑事裁判所は、侵略の罪を対象犯罪に含め、安保理事会などの政治的な判断を前提条件とすることなく侵略の罪を認定できることとなった。しかし、何が侵略の罪かという犯罪類型については合意にいたらず、後の当事国会議で決めることとなっている（五条）。

国際刑事裁判所が対象とする犯罪については、以上の四つの犯罪のほかに、国連の活動に対する罪、国際テロリズム、国際麻薬取引などを含める提案、あるいは戦争犯罪において核兵器や地雷の使用を含めるべきとの提案などがあったが、含められなかった。

なお、国際刑事裁判所は、規程発効後の将来の犯罪行為に対してしか裁判管轄権を持たないので、過去の犯罪行為を裁くことはできない（一一条）。逆に国際刑事裁判所が対象とする犯罪に時効は適用されないことが確認された（二九条）。また、すでに述べたように、補完性の原則のもとで、国家が裁く意思や能力を持たない場合にのみ、国際刑事裁判所が自ら裁くこととされている。さらに、犯罪の成立に関する詳細な解釈指針（犯罪の要件）は、後の当事国会議で採択されることになっている（九条）。

武力紛争下での性暴力は裁かれるのか

国際刑事裁判所に含められた犯罪で特筆すべきなのは、武力紛争下の性暴力が明白に犯罪とされたことである。国際刑事裁判所の設立へ向けて、NGOの集まりである女性コーカス（Women's Caucus）が、第一に求めたのが、武力紛争下での性暴力の諸形態を、明確に国際犯罪とすることだった。

これまでの戦争に関する条約で、紛争下の性暴力は、「家の名誉」を侵害する行為（ハーグ陸戦規則四六条）、女子の「名誉に対する侵害」（ジュネーブ文民保護条約二七条）として禁止され、第一追加議定書では、「女子は、特別の尊重の対象とし、かつ特に強姦、強制売いん及び他のあらゆる種類のわいせつ行為から保護するものとする」（七六条一項）とされていたが、戦争犯罪として処罰義務が課される重大な違反行為には含められていなかった。また、ニュルンベルク裁判や極東軍事裁判において、強姦行為が「非人道的行為」として処罰されたことはあるものの、一般に紛争下の性暴力が国際犯罪であるとの認識は、長い間国際社会で形成されなかった。しかし、九〇年代に入り、「慰安婦」という性奴隷制の犯罪性が国際社会の批判の対象となり、あるいは旧ユーゴスラビア紛争で民族浄化の名の下に大量の強姦や強制妊娠が行なわれたことが明らかとなり、性暴力は、人間の尊厳と身体の完全性に対する攻撃として、国際犯罪として明記されるべきことが求められるようになった。

国際刑事裁判所規程は、「強姦、性奴隷、強制売春、強制妊娠、強制避妊措置、または同等の重大さを持つ他の形態の性暴力」を、戦争犯罪と人道に対する罪の類型に加えている（八条二項b22、d6、七条一項g）。なお、これらの行為類型のなかで強制妊娠については、民族の人口構成に影響を与えたり、その他重大な国際法違反を遂行することを目的とするものであることという限定が加えられている（七条二項f）。

また、人道に対する罪のほかの犯罪類型である、特定集団に対する迫害には、政治、人種、国籍、民族、文化、宗教と並んで、ジェンダーに基づく集団への迫害もこの罪に含められ（七条一項h）、同じく人道に対する罪である奴隷化には、女性や子どもの人身売買が含まれている（七条二項c）。さらに、ジェノサイド罪においては、特定集団における出生を妨げることを意図した措置を強制することが含まれている（六条d）。

このように、武力紛争下の性暴力の諸類型は、国際社会が関心を持って処罰されるべき国際犯罪であることが明らかとされた。しかし、性暴力犯罪をめぐる議論が常にそうであったように、何をもって強制とするか、あるいは被害者の意思や行動は犯罪の成立にどのような影響を与えるかという問題など、後に作られる犯罪の要件や実際の裁判所の解釈に残された問題もある。

国際刑事裁判所は誰を裁くのか

国際刑事裁判所で裁かれるのは、以上の犯罪を実行し、命令し、教唆し、勧誘し、または幇助した人の行為であり、未遂犯も処罰される（二五条）。ここでいう人とは、個人を含むことは明らかだが、法人も排除されていない。国家は国際刑事裁判所で処罰の対象とはならない。しかし、国家の元首や議員など、国内法などで免責特権が認められるような役職者であっても、国際刑事裁判所規程はそのような例外を認めず、平等に適用される（二七条）。なお、一八歳未満の者はこの裁判の対象とはされない（二六条）。

国際刑事裁判所規程は、指揮者や上級官であった者の責任も詳しく定めている（二八条）。軍隊の指揮者、あるいは名目を問わず実際上指揮にあたっていた者は、軍隊の犯罪行為が、その影響力のある指揮や権威によってコントロールされていた場合や、適切なコントロールがなくとも指揮者が犯罪行為を知りまたは知るべきであった場合、防止のため必要かつ合理的な措置をとらなかったことや、調査・訴追のための措置をとらなかったことについての責任を問われる。上級官についても、部下に対し影響力のある指揮や権威によってコントロールしている場合には（コントロール欠如の責任は問われない）、右の指揮者と同様の責任が問われる。

逆に国際刑事裁判所規程は、命令に従った部下を免責する場合がある（三三条）。犯罪を行なった者が、政府や上級官の命令に従うべき法的義務を負っており、命令が違法であることを知らず、命令が一見明白に違法とは言えない場合には、免責されることがある。これは、命令に従ったことは免責の理由とはならないとするニュルンベルク原則からは、後退するものである。しかし、このような定めがあっても、紛争下の性暴力などの非人道的行為が免責される可能性は少ない。規程では、ジェノサイドや人道に対する罪に該当する行為は、一見明白に違法な行為にあたるとされているからである（三三条二項）。

四、国際刑事裁判所はどのように裁くのか

国際刑事裁判所の手続

国際刑事裁判所は、国家の代表ではなく専門的資格によって選ばれた一八人の常勤裁判官からな

り、これらの裁判官が、予審裁判所、公判裁判所、控訴裁判所を構成する（三四条）。また、事件を捜査し、公判で訴追するために検察官事務所が置かれる。裁判官の選任においては、男女の公平が考慮されるほか、女性や子どもに対する暴力に関する専門家を裁判官に含めるべきとされている（三六条）。

国際刑事裁判所の権限や手続を決めるに際しては、米国などのように海外に軍隊を配置する国家が自国の軍隊への影響を少なくするために、あるいは安全保障理事会の常任理事国などが武力紛争に介入する権限を保持するために、国際刑事裁判所の権限を限定すべく、さまざまな提案を行なった。効果的で独立の裁判所を作りたいとする国々、国連機関、ＮＧＯなどは、そのような圧力に抵抗し続けたが、最終的にはいくつかの妥協の上に、国際刑事裁判所は成立せざるを得なかった。

事件の捜査は、加盟国や安全保障理事会が事件を付託した場合のほか、検察官自らの判断によって開始されるが、検察官の判断は予審裁判所の監督を受ける（一三、一四、一五条）。裁判所が手続を開始するためには、事件の発生した国または犯人が所属する国のいずれかの同意を必要とされるが、例えば事件の発生した国が同意すれば、犯人の所属する国が未加盟であり反対していても手続を開始することができる（一二条）。なお、戦争犯罪については、経過措置として、国際刑事裁判所規程に加盟した国は、七年間に限り裁判所の手続を拒否することができる（一二四条）。安全保障理事会は、必要な場合その決議によって（常任理事国の拒否権があれば成立しない）、一二カ月間、裁判所の手続を停止できる（一六条）。

実際の捜査は、検察官が、予審裁判所の許可や関係国の協力を受けて、犯人の逮捕や証拠保全を行なう（一五条）。予審裁判所は、犯人に対するヒアリングを実施し、犯罪があったと信ずる十分な証拠があると判断した場合は、容疑者を公判裁判所に起訴する（六一条）。公判裁判所における公判は、被告人の在廷が原則とされ、欠席裁判は認められていない（六三条）。公判は、原則として公開とされ（六四条七項）、被告人が有罪答弁を行なった場合には、簡易な手続がとられる（六五条）。

刑罰は、死刑は存在せず、例外的な終身刑を除き、三〇年を上限とした有期禁固刑が科される（七七条）。また罰金や没収を併科することができ、あわせて裁判所は、被害者に対する賠償を命じることができる（七五条）。これらの判決に対しては、終審である控訴裁判所への控訴と再審が認められている（八一条以下）。刑の執行は、裁判所が加盟国に委託して実施する（一〇三条、一〇九条）。

被害者の権利と証人の保護

武力紛争において残虐行為の被害者となるのは立場の弱い子どもや女性であるという事実と、被害者や証人の効果的な参加なしに裁判での正義は実現できないという認識は、女性コーカスや子どもコーカスなどに参加しているNGOのみならず、効果的で独立した裁判所をめざす国や機関に共通したものであった（前文三項）。旧ユーゴスラビア国際法廷でも、被害者が途中で証言をあきらめそのために訴追を断念しなければならないという事態もあった。そのため、国際刑事裁判所規程は、被害者の権利や被害者・証人の保護のために多くの規程をおいている。

被害者は、起訴を決定する予審裁判所での陳述、申立許容性をめぐる裁判での見解の提出、公判における自らまたは弁護士を通じての見解表明などを通じて、手続への参加の機会が保障されている（一五条三項、一九条三項、六八条三項）。有罪判決において裁判所は、被害者への賠償を命ずることができ、賠償に関する判決を不服とする被害者は弁護士を通じて控訴することができる（八二条四項）。裁判所には、罰金や没収によって集められた財産によって、被害者やその家族のための信託基金が設けられる（七九条）。

被害者や証人を保護するためには、国際刑事裁判所の事務局に被害者・証人部局（Victims and Witnesses Unit）が設けられる（四三条六項）。この部局は、被害者や証人、その他証言によって危険にさらされる人々に、保護や安全の措置、カウンセリングなどの援助を与えるもので、性暴力などによるトラウマについての専門家をおくこととしている。検察官は、被害者や証人の利益や環境に配慮し（五四条）、予審裁判所は、必要に応じ被害者や証人に保護や身分秘匿の措置を与えるほか（五七条）、実際の公判でも裁判所は、様々な形で被害者や証人の保護の措置をとり（六八条）、また関係国に協力を要請することとしている（八七条、九三条）。

このように国際刑事裁判所規程においては、被害者に当事者に準ずる地位を与え、また被害者や証人の保護について多くの規定を設けている。しかし、その詳細や具体的な内容は、今後定められる手続証拠規則（五一条）や、実際の裁判所の運営に委ねられる部分も大きい。すなわち、被害者や証人の匿名性をどのような場合にどの程度まで認めることができるか、あるいは性暴力の犯罪をめぐる裁判において常に問題となることであるが、被害者に対する弁護側からの反対尋問や反対証拠の提出をどこまで認めるのか、といった問題が残されている。

被疑者、被告人の権利

国際刑事裁判所規程は、他方で、被疑者や被告人の権利についても、多くの規定がおかれている。すなわちこの法廷で適用される法や解釈は、国際人権法と矛盾するものであってはならないとの原則が宣明され（二一条）、罪刑法定主義や遡及処罰の禁止（犯罪として定められる前の行為をさかのぼって処罰できないという原則）など刑事法の諸原則の適用が明らかにされている（第三部）。さらには、捜査段階も含めて資力のない被疑者、被告人に無料の弁護人をつけることや、取調に弁護人を立ち会わせる権利、法廷に提出される文書の無料の翻訳、自らに有利な検察官の手持ち証拠の開示を受ける権利、不法な逮捕・勾留、誤判などに対する損害賠償請求権など、国内の刑事手続ではまだ実現されていない最先端の権利も保障されている（五五、六六、六七、八五条など）。

NGOの参加

国際刑事裁判所規程の成立においては、すでに述べたように、多くのNGOが、「国際刑事裁判所のための連合」や女性や子どもの権利のためのコーカスを結成して大きな影響力を各国政府や会議に与え、現在も手続証拠規則案などの作成のために国連総会が設置した準備委員会に向けて活動を続けている。その影響力は、国際刑事裁判所規程にも盛り込まれ、NGOは、検察官が追加情報を求める相手として（一五条）、あるいは裁判所が専門的協力を受けるべき対象として（四四条）、国際刑事裁判所の手続において果たすべき役割が認められている。

五、国際刑事裁判所は何のために裁くのか

こうした国際刑事裁判所のシステムは、冒頭にも述べたように、加盟国をはじめとする国際社会の協力なしには、実際に機能することはできないし、国際刑事裁判所を生み出した国際社会は、今後このシステムをどのように実効的なものとするかという課題を負っている。しかし他方で、そうした課題を持ちつつも、国際社会が国際刑事裁判所というシステムを選択したこと自体の意味を強調したい。

武力紛争とりわけ国家間のそれに対し、諸国家がこれまでとってきた手段は、武力による報復や外交的交渉であり、最終的には対立する国家や政治勢力の間の力関係や政治的妥協によって処理されてきた。そのような枠組みの中では、紛争の中で実際に被害を受けた個人、そしてそのような被害に責任を持つ個人は、国家や政治勢力の背後に隠れてしまわざるをえない。国際刑事裁判所は、なによりもまず被害者あるいは加害者として具体的な顔を持つ個人に、国際人道法と正義を適用しようとするものである。一九九八年以来日本で相次いで出されている性奴隷制や戦時補償に関わる

判決で裁判所が、国際法は国家間の法であり、個人は国際法のもとでの請求権を持たないとの判決を出し続けていることを考えるとき、個人に対し法が適用されることの重要性が痛感される。

それでは武力紛争下での個人の犯罪と被害に対し、法を適用して裁くことの意味はどこにあるのか。もちろん、国際刑事裁判所は、処罰のがれと非人道行為の連鎖を断ち切ることにその第一の目的があり、そのことが将来の再発や報復を抑止することにもなる（前文五項）。しかし実際の処罰の有無とは離れて、犯罪が公のもとで裁かれること自体の意味がそこには存在する。とりわけ性暴力の被害において、被害者は被害にあった自らを責め続けることが決して少なくない。そのような被害の事実を裁判において確定し、国際法で禁じられた犯罪によるものであったことを宣言すること自体が、一つの救済となりうることを、国際刑事裁判所の持つ意味として忘れることはできない。

さらに、武力紛争後の実際の処理に関わっている国連難民高等弁務官事務所や国際赤十字委員会が、繰り返し強調していたのが、武力紛争後の国民的あるいは民族的な和解を進める上での国際刑事裁判所の重要性であった。武力紛争、その中で遂行される無数の非人道的行為は、いったん発生してしまえば、被害を受けた国家や民族による報復、あるいは戦勝国による報復や処罰に対する報復という形で、無限の憎悪の連鎖の扉を開いてしまう。それをとどめることができるのは、被害者側が非人道行為に対しては力ではなく正義が支配すること、また加害者側としても適正な手続のもとに正義が実現されていることを、確信することでしかない。そのような確信だけが、憎悪の無限の連鎖を断ち切ることができるのである。国際刑事裁判所は、そのような確信を国際社会に創り出すものとして存在しなければならない。

国際刑事裁判所がこのような確信の結実であり、日本もまたその確信を共有しようとするのであれば、過去の非人道行為に対し正義を適用するという過程をとおらざるを得ないであろう。

参考文献

国際刑事裁判所について

・国際刑事裁判所規程　Rome Statute of International Criminal Court (A/CONF. 183/9 17 July 1998)（原文は、国際刑事裁判所外交会議ホームページ　http://www.un.org/icc/　で入手できる）。

・東澤　靖「二〇〇〇年の設立に向かう国際刑事裁判所」日本弁護士連合会『自由と正義』五〇巻一号、一九九九年。

・特集「国際刑事裁判所の設立」『ジュリスト』一一四六号、一九九八年、小和田恒・芝原邦爾「ローマ会議を振り返って」、長嶺安政「国際刑事裁判所規程の成立」、真山　全「国際刑事裁判所の対象犯罪」、松田　誠「国際刑事裁判所の管轄権とその行使の条件」、名取俊也「国際刑事裁判所規程における刑事手続の概要」、山口幹生「国際刑事裁判所に対する国の司法上の協力について」。

・藤田久一「国際刑事裁判所規程の草案に関して」『国際人権』6号、四二頁。

・芝原邦爾「国際刑事裁判所の設立」『法学教室1』一九四号、六八頁、一九九六年。

武力紛争下の性暴力について

・Women's Caucus for Gender Justice in the International Criminal Court「GENDER JUSTICE AND THE ICC」、一九九八年。

・VAWW-NET Japan編訳『戦時・性暴力をどう裁くか——国連マクドゥーガル報告全訳』凱風社、一九九八年。

第13章　裁くこと、判断すること

――二〇〇〇年女性国際戦犯法廷によせて

高橋哲哉

一、はじめに

――いよいよ二〇〇〇年、二〇世紀最後の年だ。きみは男性ながらVAWW-NET Japan《バウネット・ジャパン》（「戦争と女性への暴力」日本ネットワーク）の会員で、今年の注目は「日本軍性奴隷制を裁く女性国際戦犯法廷」だと盛んに言っていたけど、その後、どう？　準備はうまくいってる？

――うん。実際に準備を進めていくといろいろ難しいことが出てきて大変なんだけど、中心になって活動している女性たちがとってもアクティブで前向きなので、なんとか実現できるだろう。僕も会員の一人として、微力ながら協力している。

――だけど、問題は技術的なことだけじゃないだろう？　一九九〇年代後半の日本では、経済不況の長期化や社会全体の先行き不透明感が背景にあるにせよ、直接には「慰安婦」問題への反発という形で新しいナショナリズムが台頭してきた。「戦争責任の話はもうウンザリだ」という雰囲気が一般にも広がっている気がするし、そんな中で「戦犯法廷」といっても、はたしてどれだけの支持が得られるのか、僕には疑問なんだ。

――たしかに、雰囲気としてはよくないね、世論もメディアも含めて。戦争責任や植民地支配責任を露骨に否認する歴史修正主義が強まっただけじゃなく、国際法に照らした責任者処罰などと言えば、「なにもそこまでしなくても」とか、「一方的な正しさに立つ主張は反発を生むだけだ」とか、そんな反応が出てくる土壌は変わっていない。でも、だからこそ、ここで誰かが新たな一歩を踏み出さなければ、日本はいつまで経っても変わらないし、変わるチャンスを永遠に逸してしまいかねない。

――「戦犯法廷」と言っても、現実に法的実効力をもつわけではなく、象徴的なものにすぎないんだけれども、それでも「新たな一歩」として大きな意味がある、と言うんだね。

――うん。「裁き」というのはジャッジメント（judgement）つまり、根源的には「判断する」ということだ。自国の起こした戦争や植民地支配についての判断がいつまで経ってもできない、明確にできないということが、戦後日本社会に大きな歪みをもたらしてきたし、近隣諸国や国際社会との関係でもそうだ。今年の「法廷」は、現実の裁判ではないとしても、市民が法律家や歴史家やその他の専門家の協力を得て、日本軍「慰安婦」制度の犯罪性について初めて明確な「判断」を下し、それを記録に残すという点で画期的な意味をもつ。

――その辺りのことについて、僕はまだ正直言って納得できているとは言えない。君の考えを少し詳しく聞かせてもらっていいかい?

――もちろんだ。僕は法律家じゃないし、歴史家でもない。その方面の詳細については専門家に聞いてもらうしかないけど、「いま、なぜ〈法廷〉なのか」という根本的な問題については、僕の考えも参考になるかもしれない。

二、「人道に対する罪」

――いま君は、「裁き」は「判断」の問題だ、と言ったね。でも日本人には、もともと善悪、正不正の判断をはっきりさせない、曖昧にしておく傾向があるうえに、特に歴史については、「過去は水に流す」と言って判断を忌避する傾向が強い。昨今のネオナショナリズムの中心人物の一人が、「慰安婦」問題の責任を否認する著書に『歴史を裁く愚かさ』という書名を付けているのは象徴的だね。

――「日本人」のステレオタイプな「民族性」などを理由に、犯罪の嫌疑をかけられているケースを見逃すわけにはいかないだろう。「過去は水に流す」などということを本気で認めていたら、戦犯裁判以外の裁判も成り立たないし、いかなる犯罪も裁けなくなってしまう。裁きというのは、事の性質からしてすべて事後的なんだから。

――でも、『歴史を裁く愚かさ』って、どこか分かるような気がする。裁判や裁くという人間の行為もそれ自身、歴史の中にあるわけだから、歴史を超えることはできない。そもそも歴史というのは途方もなく複雑なので、単純な善玉・悪玉史観で割り切ることなど不可能だ。

――勘違いしてもらっては困る。問題は、アジア太平洋戦争中の日本軍「慰安婦」制度に係わった責任者とその行為を裁くことであって、「歴史を裁く」などという曖昧なことではない。基本はあくまで、この事件に係わった人々の行為の違法性を主として国際法の見地から明らかにすることであって、だからこそ「法廷」なんだ。歴史を貫く善玉国家、悪玉国家があるわけではもちろんない。ある国家が特定の事件において果たした責任を、それを担った人々の具体的行為に即して判定しようというんだよ。レトリックに惑わされてはいけないね。

――「ある国家が特定の事件において果たした責任を、それを担った人々の具体的行為に即して判定する」か。でも、日本軍「慰安婦」制度はアジア太平洋戦争中のことがらだよね。もう半世紀以上も前の事件だ。当時の関係者で存命中の人がどれだけいるのか疑問だし、法的に見てもとっくに時効になっているんじゃないの?

――時効論は成り立たない。そもそも時効制度は各国が国内法上とってきたもので、国際法には明文規定はなかったし、とくに戦争犯罪と人道に対する罪については、戦後の国際人道法の発展過程で「時効不適用」が明確に原則化されたんだ。フランスや東西ドイツは六〇年代にナチ犯罪に対する時効撤廃を国内的にも決めている。そして一九六八年一一月二六日、国連総会で「戦争犯罪および人道に対する罪への時効不適用に関する条約」が採択された。その前文には、「戦争犯罪および人道に対する罪については時効期間が存在しないという原則を、この条約を通じて、国際法において確認し、ならびにその普遍的適用を確保することが必要かつ時宜にかなったものであることを認め」ると明記されている。

——日本はその条約を批准してる?

——批准はしていないが、討論の過程でその内容に一度も反対しておらず、むしろこの条約の趣旨と骨子について同意していたと見られている。それに、この条約を批准していない国でも、こうした犯罪に対する時効不適用の原則に異議を申し立てている国はない。かりに、日本は批准していないからこの条約の適用を受けないことを認めたとしても、条約によって「確認」される以前から存在してきた国際慣習法上の時効不適用原則の適用を受けざるをえない、と考えられるんだ。

実際、欧米では現在でもナチ戦犯の訴追、処罰が活発に行なわれていることは、君も知っているだろう。

——そうだね。フランスは戦勝国なのに、ヴィシー政権下でユダヤ人迫害に加担したフランス人官僚モーリス・パポンを裁き、九八年に有罪判決を下した。君に聞かされて驚いたのは、クロアチアの親ナチ政権下でヤセノヴァッツ強制収容所の司令官だったディンコ・サキッチという男が、九九年にアルゼンチンからクロアチアに引き渡され、「人道に対する罪」で自国の裁きを受けたということ。

――クロアチアは旧ユーゴの解体過程で、セルビアに勝るとも劣らぬようなナショナリズム政策を取ったんだけど、独立後、早くEUに入りたいから、ナチ的なものの清算に熱心にならざるをえなかったんだね。逆に言えば、ヨーロッパでは時効なしに「人道に対する罪」を裁くということが共通の尺度として定着している。そしてその動きは今日、明らかに世界化しつつあるんだよ。

――でも、日本ではナチの例を持ち出しても、「ナチの犯罪と日本軍のやったこととは違う」「ホロコーストは言い逃れのできない絶対悪だけれども、日本軍は普通の戦争をしただけだ」という人がいるよね。

――もちろん、ホロコーストと日本軍「慰安婦」制度が同じでないことは明らかだ。あらゆる歴史的出来事は、それぞれみな違っているわけだけど、問題はどんな観点からそれを評価するかだ。ナチのホロコーストと日本軍「慰安婦」制度は、事件としては異なるけれど、法的観点から見るとどちらも「人道に対する罪」に当たる、ということなんだ。

――日本軍の重慶爆撃とヒロシマ、ナガサキの原爆投下は、種々の点で異なるけれど、無差別戦略爆撃という点では共通している。オスマン・トルコのアルメニア人迫害と、旧ユーゴスラビアの「民族浄化」は、いろいろ違っていても、ともにジェノサイド（集団殺害）という点では同じだ。

――そしてそれらはすべて、法的見地から言えば「人道に対する罪」に当たる、と考えられることが肝心なんだ。

ついでに言えば、ホロコーストと日本軍の戦争犯罪の違いを必要以上に強調する人たちは、ほとんどが日本の戦争責任を否認しようとする意図をもっている。しかも、ユダヤ人絶滅作戦が通常の国家間戦争ではないことを強調するあまり、ホロコーストと戦争を切り離そうとするんだけど、それはおかしい。ドイツが侵略戦争の結果、ヨーロッパを支配下においたからこそ「ヨーロッパ・ユダヤ人の絶滅」を企図できたのであって、戦争がなければホロコーストもなかったことは明らかだ。「南京市民は戦争がなければ虐殺されなかったが、アンネ・フランクはユダヤ人だったから戦争がなくてもナチスに殺されるはずだった。だからナチスは絶対悪で、南京虐殺は〈普通の〉戦争」と言う人がいるんだけど、アンネはオランダからアウシュヴィッツに、つまり占領地から占領地に移送されたんだから、やっぱり戦争の結果なんだよ。

——なるほど。でも「人道に対する罪」って、やっぱりホロコーストがモデルになっているんだろう?

——「人道に対する罪」(crimes against humanity)の観念が国際社会に登場したのは、オスマン・トルコのアルメニア人迫害を非難したフランス・イギリス・ロシアの共同宣言(一九一六)の時だ。それが「実定化」された、つまり法的実効力をもったのは、たしかにニュルンベルク裁判の時で、ナチのユダヤ人迫害がモデルになってはいたんだけれど、その定義は初めからかなり広いものだった。細かい点を無視して引用すると、「戦前または戦中の一般住民に対するすべての殺人、殲滅、奴隷化、強制的移送その他の非人道的行為、もしくは政治的・人種的または宗教的理由にもとづく迫害」と列挙されている。「強かん」(rape)がここに明記されるのは、旧ユーゴとルワンダの国際戦犯法廷の規定が初めてなんだけど、「奴隷化」(enslavement)や「強制的移送」(deportation)その他の非人道的行為」を挙げたニュルンベルク条例からしてすでに、日本軍「慰安婦」制度に「人道に対する罪」の嫌疑がかかるには十分だろう。

三、「東京裁判」で裁かれなかった「慰安婦」犯罪

——でも、それならば、どうして戦後半世紀にもわたって処罰されずにきたんだろう? そもそも東京裁判ではどうして裁かれなかったの?

——東京裁判で裁かれなかったことは、重大なポイントだ。ただし、「慰安婦」犯罪が戦後まったく裁かれなかったわけではない。よく知られているのは、オランダのバタビア軍事法廷で裁かれたスマラン慰安所事件(一九四八年三月二四日判決)で、七人の将校と四人の慰安所経営者(軍属)が有罪になっている。ところが、このバタビア裁判にもまた、戦後この犯罪がきちんと裁かれてこなかった要因の一つが看て取れるんだ。

——どういうこと?

——日本軍「慰安婦」制度がきちんと裁かれてこなかったのは、一つにはやはり女性差別が原因だ。第二次世界大戦以前から、強かんや「強制売春のための婦女子の誘拐」を戦争犯罪と見なす考え方はあったし、「慰安婦」制度は、国際慣習法としての奴隷制禁止、強制労働禁止条約、いわゆる

「醜業条約」など、当時すでに存在していた関連のいくつもの国際法や国際条約から見ても違法だったことは、最近の国連人権委員会マクドゥーガル報告に至るまでくりかえし指摘されてきたんだけれども、それなら、なぜこれまで裁かれてこなかったのか。やはり、女性の受けた被害に対する認識が甘い、女性軽視がまずあった。被害者に沈黙を強いる圧力を含めて、加害者である男性支配、女性差別の社会構造が、これらの法の厳格な適用を妨げてきた最大の要因の一つであることは、もはや常識に属する。

もう一つは、法の適用におけるヨーロッパ中心主義、アジア軽視の民族差別だ。国際法がもともと帝国主義諸国間の取り決めであり、植民地主義的性格を抜け切れなかったことに関係している。バタビア裁判は、インドネシアの元植民地宗主国オランダによる裁判だったため、オランダ人「慰安婦」の被害だけを問題にし、インドネシア人「慰安婦」の被害はまったく問題にしなかった。たぶんここに、東京裁判でなぜ「慰安婦」犯罪が裁かれなかったかのヒントもあるだろう。

——東京裁判も欧米中心、アジア軽視だったということ?

——その通り。東京裁判もBC級裁判も、日本の植民地支配を受けていた朝鮮や台湾の戦争被害を問題にしなかった。それどころか、朝鮮人や台湾人も「日本人」として戦争法規違反を問われ、処罰されたんだ。欧米中心といっても、判事を出していた中国やフィリピンの「強かん」被害はかなり取り上げられたんだけど、朝鮮人女性が被害者の多くを占めていた「慰安婦」制度はまったく問われなかった。実は日本軍による「強制売春」の証拠があがり、議論されたにもかかわらず、アメリカ側から「捜査に対する包括的な検閲と禁止が課せられた」という連合軍戦争犯罪捜査員の証言もある（本書第4章参照）。

——アメリカが東京裁判で、自国の政治的思惑で昭和天皇や七三一部隊を免責したのは有名だけど、「慰安婦」制度の免責にも関与していた疑いがある、というわけか。アメリカ司法省は、最近になって七三一部隊や「慰安婦」制度の戦犯容疑者を入国禁止にしたんだけど、ずいぶんいい加減な話だね。

——いずれにせよ、自分たちも植民地宗主国だった欧米諸国中心の連合軍が日本の植民地支配を不問に付したことが、「慰安婦」制度の不処罰の大きな要因だったことは否定できない。日本軍「性奴隷」制は、女性差別と民族差別が二つの大きな要因となった犯罪だけど、戦後それが不処罰となった要因としても、やはり女性差別と民族差別が大きかったと言える。

——ＶＡＷＷ‐ＮＥＴ Ｊａｐａｎ《バウネット・ジャパン》は「東京裁判のやり直し」と言っているけど、そこにはそんな意味もあるんだね。終戦直後には見えなかった問題、明るみに出されなかった問題が、今だからこそ問えるという面がある。

——そうそう。だから僕は、「戦後半世紀も経ったのに、何で今さら」というよくある反応に対しては、「戦後半世紀も経ったのだから、今こそ」と応えることにしているんだ。戦後すぐの日本人の意識では、たしかに天皇制の呪縛から逃れることは困難だったかもしれない。でも、戦後半世紀も経つのにいまだに天皇制を批判しきれないとしたら、その責任はあげて現在の日本人にある、と言わざるをえない。それと同じように、戦後すぐの国家・民族間の力関係、女性差別意識からすれば、「慰安婦」犯罪を裁くことは困難だったかもしれない。でも、戦後半世紀を経て状況がすっかり変わった今、裁きを回避する理由はまったくない、と言わざるをえない。

——「東京裁判のやり直し」と言っても、「東京裁判は勝者の裁判」と言い募る人たちとはずいぶん違うんだね。

——東京裁判が「勝者の裁判」であることは自明だ。ニュルンベルク裁判だってそうだよ。「勝者の裁判」だから問題がある、と言い募る人たちが自らの主張を貫こうとすれば、占領終了後、二つのことが考えられた。一つは、東京裁判の判決を全否定し、世界に宣言すること。でも日本は、東京裁判の判決を受諾することによって初めて主権を回復し、国際社会に復帰できたのだから、そんなことをすれば再び孤立し、世界を敵に回すことになる。これは不可能。もう一つは、「勝者の裁判」ではない国際裁判を自分たちで組織するか、それができなければ自国の司法によって戦犯裁判をやり直すこと。ところが、「勝者の裁判」と言い募る人たちは、結局日本の戦争責任を否認したいのだから、これも不可能。国際法に照らして裁く限り、日本の侵略責任や戦争犯罪の事実は否定しようがないし、全否定すれば結果は最初と同じになる。

——いずれにしても、東京裁判の全否定は不可能なんだ。

——東京裁判が「勝者の裁判」だと言い募る日本人は、国際裁判であれ国内裁判であれ、国際法に則って自分たちで戦犯裁判をやり直すか、少なくともやり直す努力をすべきだっただろう。それをまったくしないのでは、「勝者の裁判」を非難する資格もない。

――やはり「勝者の裁判」を受けたドイツはどうだったの？

――日本とドイツの戦争責任の取り方はよく比較されるけれども、僕は責任者処罰の点にこそ決定的な違いがあると思う。ドイツは占領終了後、西でも東でもナチ時代の誤りを公的に認め、ドイツ人自身の手で戦犯追及を継続した。

戦後ドイツはこれまでに、十万件を超えるナチ戦犯捜査を行ない、六千件を超える有罪判決を下しているんだ。ドイツの戦犯追及が完璧であるなどとはもちろん言えないけれども、ともかく自ら裁いているところに意味がある。ところが日本は、まったくのゼロだよ。ただの一件も自ら捜査したことがなく、ただの一人も自ら裁いたことがない。

――あまりにも対照的だね。

――戦争責任の取り方というと、政治家の謝罪とか補償とかがよく問題になるけど、一番はっきりするのは責任者処罰なんだよね。謝罪は言葉だけかもしれないし、お金は払っても罪を認めていないということはありうる。でも責任者処罰となれば、その行為そのものが責任の認知の明白な表明になる。謝罪と補償というのは、言ってみれば民事裁判の発想だよね。問題の事件が「犯罪」だったと本当に認めるなら、刑事裁判が行なわれ、責任者が処罰されなければおかしいはずだ。被害者も納得できないだろう。

四、責任者処罰の可能性

——元「慰安婦」の被害者たちは、これまで責任者処罰を求めてきたの？

——もちろんだ。たとえば韓国では、被害者と支援者のグループがソウルの日本大使館前で毎週「水曜デモ」というのをやってきて、もう何百回にもなるんだけど、謝罪と補償だけでなく責任者処罰がいつも叫ばれている。ビョン・ヨンジュ監督の映画『ナヌムの家』などで知られる姜徳景《カン・ドッキョン》さんは、九七年に亡くなるまで、責任者処罰を強く求めていた人だ。たくさんの絵を描き残しているけど、その中に『責任者を処罰せよ』という、とても衝撃的な作品がある。韓国の被害者と支援団体は、九四年二月に東京地方検察庁に正式に告発状を提出しようとしたんだが、結局受理されなかった。

——え？　正式に告発状を？

——うん。日本のメディアがほとんど報道しなかったから国民が知らないだけで、そこがまた問題なんだよね。メディアが本来の役割とは逆に、隠蔽構造に一役買っている。

——どんな告発状だったの？

——目次だけ紹介すると、こうなっている。一、告発人と被告発人の地位について　（一）告発人「韓国挺身隊問題対策協議会」について　（二）被告発人について　二、被告発人等の犯罪行為について　（一）軍「慰安婦」たちについての犯罪の概観　（二）性的奴隷としての日本軍「慰安婦」

制度　(三)被告発人等の関与と介入の明白性　三、被告発人等の行為の評価に関して　(一)人道に対する罪の国際法的定義　(二)日本軍「慰安婦」犯罪と人道に対する罪　四、捜査と訴追の当為性に関して　(一)時効の不適用に関して　(二)国際慣習法と日本国内法　(三)戦争犯罪ならびに人道に対する罪の犯人を処罰する日本の法的な義務　五、被告発人等の処罰の必要性と切迫性について　(一)癒えることのない苦痛　(二)見捨てられた犠牲者たちの運命と法的救済　(三)人道と正義に東西の別はない　六、告発の契機と意味に関して　(一)告発の契機と日本の検察当局の名誉　(二)告発の歴史的意味——日本の良心に問うわれわれの質問。

——ずいぶん詳細というか、周到だね。

——最後の六(一)の箇所にはこう書かれている。

「国内外を問わず、多数の国際法学者と法律家たちが軍慰安婦制度の設置と運営者たちについての刑事告訴と処罰が今も可能であるとの結論を下しているにもかかわらず、われわれは刑事告発を遅延させてきた。それはまず、この問題が日本と韓国をはじめとする被害国家との間で、従来われわれが要求してきた基本的事項を受容するという合意ができるだろうと期待したからであった。しかし、これらすべての期待と希望は水の泡と変わってしまった。日本政府は最後までついに事実を隠し、歪曲して、事態の本質的な解決に誠意を示さなかった。われわれはこれ以上、日本政府に何かを期待することは不可能だということを悟るに至った。……われわれは正面から日本の責任を追及するこの方式をこれ以上遅らせる理由がなくなった。今、この残酷な犯罪を犯した者を捜し出して法廷に立たせ、彼らに応分の処罰をせよということである」。

――日本政府の側で、明確な責任の受諾に向けて自主的な行動をとってほしかったけど、それが得られなかったということだね。でも、告発状の提出先も日本の検察だ。検察なら信頼できると思ったんだろうか？

――いや、「日本の検察がはたして、従来の日本政府の態度と違うであろうかという疑惧心」は当然あるけれども、「そのような疑いや危惧の念を解消してくれる機会」を日本の検察に与えよう、というんだ。

――結局、日本の検察は動かなかった。

――残念ながらね。「すでに時効だ」（！）とか、「犯罪事実の特定がない」とか、「被告発人の特定がない」とか、「適用すべき国内法がない」といった理由を挙げて、告発状の受け取りそのものを拒否したんだ。

ところが、かえってその後、国連の人権委員会関係で採択された報告書は、責任者処罰の必要性をくりかえし確認することになる。クマラスワミ報告（九六年）に続いて、とくにマクドゥーガル報告（九八年）は、日本政府の主張を逐一論破しながら、責任者処罰の必要性と可能性を詳細に論証している。

――たしかに、マクドゥーガル報告書はすごいね。あえて「これまで日本政府が確認した事実のみに基づいて」、日本政府が負っている法的責任を明らかにしてみせたわけだから。

——マクドゥーガルさんは、「ヨーロッパの戦争に関しては、戦犯を裁くということにずっと重点が置かれ続けてきたのです。ところが、奇妙なことに、アジア太平洋戦争では、同じように裁くべき残虐行為が犯されたにもかかわらず、これまでほとんど不処罰のままでした。その点が私には何よりも不可解でした」と語っている。責任者処罰に関して、ドイツと日本、ヨーロッパとアジア太平洋地域の間にあるあまりにも大きなギャップが、やはり問題だと思われているんだね。

九四年の告発状の理論的基礎の一つは、韓国の朴元淳《パク・ウオン・スン》弁護士の書いた「日本の戦争犯罪処罰、いまでも可能か」という大論文にあるんだけど、その朴さんも同様のことを述べている。「日本の戦争犯罪と人道に対する罪が、西洋における同じ罪とは異なった扱いを受けるべき理由を見つけることはできません。正義の女神に二つの顔があるわけではありません」。

五、報復と「正義」と

——「正義の女神」ね。責任者処罰を求める人々が掲げるのは、やっぱり「正義」の御旗ということ?

——なぜ「人道に対する罪」が裁かれなければならないのか。それを突き詰めていけば、当然、それが最も深刻な「不正」の一つだから、ということになる。「正義」の要請があることを否認することはとうていできない。

——でも、日本では、「正義」を掲げる運動は評判が悪いよね。「正しすぎるのは怖い」とか、「純粋まっすぐ正義君は偽善だ」とか、「〈外向きの自己〉がいくら正義を掲げても〈内向きの自己〉の反発を招くだけだ」とか。

——たしかに、「正義」の理念そのものへの冷笑が日本ほど広まっている社会は珍しいだろう。いまの日本社会で、「正義」を語るほど嫌われることも少ないし、「正義」を茶化すほど受けのよいこともない。マス・メディアは、「被害者の正義」すなわち「声高な糾弾・告発」といったイメージをふりまいているし、「正義」と聞けばとにかく腐すことが今風の知的身振りだと思いこんでいる言論人も多い。でも、考えてもみてくれ。「正義」の要請がまったく否定されているような社会ほど、恐ろしいものもないだろう。そんな社会では、殺人もレイプも何一つ「不正」にならず、そもそも「犯罪」という概念が成立しないだろう。

——日本ではどうして「脱正義論」がうけるんだろう？　特殊な事情があるのかな？

——批判的意識の強い人たちの中には、かつて日本で「天皇の正義」が絶対だったことへの反発から、「正義」に不信感をもっているケースもあるようだ。でも、「正義」と言えば権力的なもの、「お上の正義」しか思い浮かばないのでは、「正義」のイメージが貧困すぎる。『水戸黄門』の影響かもしれないね（笑）。僕のイメージはまったく逆だ。「正義」はたしかに、何らかの法的権力を伴わなければ実効力をもてないけど、その本質は、法的権力から最も遠い「他者」たちの存在を尊重することにある。ここで問題になっている「正義」も、その根源は、あらゆる法的権力からボロ屑のように捨てられてきた元「慰安婦」たちの尊厳を回復し、あらゆる公的歴史から完全に掻き消されてきた彼女らの声を聞くことにあるんだ。

僕は、日本でこれほど広範に「正義」が嫌われているのは、もともと戦争責任の否認の欲望が働いているからではないか、とさえ疑っている。「正義」を言えば、戦後日本社会の起源にある巨大な歴史的不正に直面せざるをえない、そのことが「脱正義論」の蔓延を支えているのではないか。証明はできないけどね。

――「責任者処罰なんて、しょせん被害者のルサンチマンさ。正義の美名に隠れた復讐、報復にすぎない」。大っぴらには言えないけど、そんな「本音の議論」が交されることも多いようだよ。

――いわれなき暴力の被害を受けた人が、怨恨感情をもつのはむしろ自然なことだろう。どんな暴力を受けても、怒りも反発も復讐心も何も感じないというのは、「超人」でもなければできないことだ。でも、だからといって、「正義」や「裁き」をルサンチマンや復讐に還元しようなんて、あまりに乱暴すぎる。

その点を意識して、くだんの告発状もこんなふうに書いている。「今回の告訴と告発は、単純に、戦争の被害者たちが金を欲しがって、富める者となった日本にうるさくねだっているのではないという事実を証明してみせるにとどまるものではない。それはまた、何かの報復や怨恨をはらすための感情から出たことでもない。いま日本軍「慰安婦」制度の被害者たちとわれわれがこのように立ち上がったのは、正義を回復しようという一念からである。そうだ、われわれが真に望み、追求するのは、国際政治の舞台裏で行なわれている妥協でもなく、日本政府が同情によって支給する恩恵的措置でもない。人類が発展させてきた道徳と正義の基準に合わせてこの問題を裁断しなければならないという当然の主張であり、要求である。

いち早く第二次世界大戦直後から全てのナチ将校のファイルを管理するセンターを設置し、止むことなくその後を追うことに一生を捧げたジーモン・ヴィーゼンタールは、その執拗な追跡の動機を問う記者たちにただ一言で答えた。『報復ではない。ただ正義のためだ（Not revenge, but justice）』と。そうだ。われわれのこの告発は報復ではなく、正義に向かっての訴えである。いまや日本の検察、日本の良心が答える番である」。

——うーん、立派な文章だね。でも、正義と報復の違いを具体的に理解するためには、どう考えればいいんだろう？

——僕はその点では、ハンナ・アーレントの議論が参考になると思っている。

——アーレントって、ホロコーストの難を逃れたユダヤ系の女性哲学者だったね。

——うん。彼女によれば、処罰（punishment）は、普通考えられがちであるように復讐（revenge）と並んで赦し（forgiveness）に対立するのではなく、赦しと並んで復讐に対立する。復讐は最初の加害に対する「当然の自動的反応」だけど、それが連鎖反応となっていつまでも続くなら、暴力と対抗暴力の応酬の中で加害者も被害者もどちらも破滅してしまうだろう。処罰と赦しは、この過程に介入し、干渉がなければ際限なく続くだろう何かを終結させるという点で共通している。そして、

「意図的な悪と極端な犯罪」には赦しは適用されず、そのようなケースでは、赦しに代わって処罰が復讐の応酬を断ち切る。したがって、処罰は「赦しの代替物」にほかならない、云々。

――処罰が復讐に対立し、赦しの側にある、というのは新鮮だね。

――でも、冷静に考えてみれば、少なくとも近代的な法の理念に立つ限り、処罰を復讐に還元できないことは見えやすいところだろう。たとえば、ホロコーストを生き延びたアバ・コヴネルというユダヤ人は、ドイツの都市の水道に毒を流して六百万人のドイツ市民を殺害する復讐計画を立て、実行しようとした。

――恐ろしいことだね。真面目にそんなことを考えるなんて。

――でも、「復讐」や「報復」の意味からすれば、六百万人殺されたんだから六百万人殺さずんば止まじ、と考えたとしても不思議はないだろう。そしてこの論理でいけば、日本の侵略で二千万人の死者を出したアジア諸国は、二千万人の日本人の死を要求しても不思議はないことになる。

――うーん。そんなことになれば、憎悪に満ちた殺し合いが無限に続くことになるじゃないか。

――まさにその通りだ。だからこそ、復讐ではない共通の尺度（法的正義）に基づいた責任者処罰が必要になってくるんだ。たとえば、レイプされた女性が怒りのあまり犯人を殺してしまったとする。その女性が怒りに駆られたことを非難できる人はいないだろう。しかし、その怒りが復讐となって発揮されたら、どんな残酷な殺人でもありえないとは言えない。そこに介入し、復讐の過程を断ち切るのが公的な処罰だ。責任者が不処罰（impunity）のままでは、被害者が癒されることもないだろうし、同じ犯罪が繰り返される恐れもある。戦争犯罪だって同じだろう。

――法的正義は、「眼には眼を、歯には歯を」という復讐とは別なんだね。

――歴史的に言えば、「眼には眼を、歯には歯を」でさえ、タリオの法（同害刑法）という法であって、無秩序な報復合戦が許された世界に、被害と等価な罰則という「公平の原理」を導入したとも言える。もちろん、近代的な法の理念から見れば、まだ法と復讐の未分化な「復讐法」的段階のものだけどね。

――そういえば、死刑はどうなっているの？「復讐」のイメージを最も喚起しやすい処罰だからね。

――今日の戦犯法廷では、かつてと違って死刑はほとんどなくなっている。ヨーロッパ諸国はほとんど死刑を廃止しているから、たとえばフランスで裁かれたクラウス・バルビーのような大物ナチ戦犯でも終身刑だった（一九八七年）。現在開かれている旧ユーゴやルワンダの国際法廷でも死刑はなく、「人道に対する罪」の最高刑は終身刑で、九八年にローマで調印された常設の国際刑事裁判所（ICC）条約でも同様だ。かつてアイヒマン裁判のときに、何百万人の死への責任を考慮すると、アイヒマン一人を死刑にしたところで何の意味もないという死刑反対論があったんだけど、今日では、大量殺戮の責任者であっても原則として死刑にはならない。

――処罰と復讐との違いを、ある意味では象徴する事態だとも言えそうだね。

――その違いについては、もう一つ重要な点がある。復讐は本来、被害者によってなされるのに対し、処罰はそうではなく、必ずそこには第三者の介入がなければならないということだ。

――でも、「当事者でなければ判断する資格はない」とか、よく言われるよね。

――アイヒマン裁判のとき、ホロコーストにおけるユダヤ人指導者たちの責任を追及したアーレントに対し、ゲルショム＝ショーレムが「私はその場にいなかったので判断できない」と言って批判した。それに対してアーレントは、「もしそんなことを言えば、裁判も歴史の記述も不可能になってしまう」と反論したんだ。

アーレントのポイントは、判断＝裁き（ジャッジメント）が真に公正なものとなるためには、事件そのものから適切な距離をとることのできる第三者、公的要素が不可欠だということにある。事件に直接巻き込まれた当事者たちが、自分の体験に固着してどうしても乗り越えられない壁を、第三者的・公的視点が乗り越える。判断者＝裁き手（ジャッジ）自身が、公正な判断＝裁きを下すためには自分自身の個人的視点に固着してしまってはならないので、想像力を駆使して当事者たちの視点に立つ努力をする必要があるんだけど、それらの思考を総合して、ある時点で第三者（公的審級）として判断＝裁きを下す。戦犯裁判が当事国の思惑に左右されない国際裁判であることが望ましいこと、当事国が主体となるものであっても、可能なかぎり第三者的・普遍的な視点を取りこむことが大切であるゆえんは、そこにある。

――当事者の判断を軽視してはならないとしても、判断＝裁きには第三者的要素が決定的に重要だ、というわけか。

――その意味では、「戦後世代にはあの戦争を裁く資格はない」どころか、「戦後世代だからこそ、直接の当事者ではないからこそ判断する資格がある」と言っても、決して過言ではない。戦争直後には、戦争直後だからこそ裁けなかったことがある。戦争から距離を隔てた現在だからこそ、より公正に判断できることがある。前にも言った、「戦後半世紀も経ったのに何で今さら」ではなく、「戦後半世紀も経ったのだから今こそ」と言える面が、まさにここにもあるんだよ。責任者処罰に関して、戦後世代の責任はむしろ重いと言えるかもしれない。

六、二〇〇〇年法廷の意義

――そうすると、いま、なぜ責任者処罰が必要か、という問いに対する答えとしては、やはりまず何といっても正義の要請、それに応えることが被害者の癒しにも通じ、二度と繰り返さないことの約束にもなる、と言っていいのだろうか。

――そうだね。正義の要請に応えることの意味を、さらにもう少し付け加えておこう。

まず一つは、東アジア地域における政治的な意味だ。「慰安婦」問題で日本側が主体的に責任者処罰の努力をすれば、かつての侵略を通じて日本が自ら破壊した東アジア諸国からの信頼を回復する手立てになる。女性たちの心身と尊厳そのものを深く傷つけた「慰安婦」犯罪のようなケースに関して、日本と東アジア諸国の間に最も基本的な「正義」観の共有ができなければ、この地域に安定した平和を確立することなどとてもできない相談だろう。これは単に政府レベルでよく言われる信頼回復にとどまらず、東アジア諸国の民衆同士が新しい信頼関係を作っていくプロセスになる。

ヨーロッパでは、第二次大戦時の戦争犯罪と「人道に対する罪」への処罰のプロセスを通じて、ドイツと周辺諸国との間に国際人道法上の共通の尺度が生成し、少なくともEU諸国の内部では二度と戦争を起こさない、二度と「アウシュヴィッツ」を繰り返さないという原則が確立されたように思える。オーストリアのイェルク・ハイダーのような政治家が例外的に出てくると、共同して政治的圧力をかけて無害化しようとする。まったく問題なしとはもちろん言えないけれども、その積極面をだれも否定はできないだろう。

――残念ながら、戦後半世紀を経て二一世紀に入る現在、ヨーロッパと東アジアでは、域内平和に関してあまりにも開きができてしまった。EU内部ではもう戦争はありえないように見えるのに、東アジアにはそういう信頼関係がほとんどない。遅まきながらでも、かつての戦争と植民地支配の責任を明確にすることは、共通の尺度を作っていくことにつながる、というわけだね。

――もう一つは、国際人道法の発展との関係だ。国際人道法は第二次大戦後、まさに「人道に対する罪」への処罰過程などを通じて著しく発展し、すでに触れたように最近では、常設の国際刑事裁判所条約さえ結ばれ、批准のプロセスが始まっている。チリのピノチェト元大統領の訴追に関する国際的な努力は、実現こそしなかったものの、元国家元首でも訴追可能だとする英国上院（最高裁）の決定など大きな収穫をもたらしたし、チリ国内で裁かれる可能性もある。「慰安婦」問題での責任者処罰も、実現すればもちろん、実現しなくてもその努力の過程で、国際人道法に画期的な貢献をなしうる可能性が十分あると思う。

とくにそれは、「女性に対する戦時性暴力」の処罰、抑止という点で言える。これも前に言ったけど、「慰安婦」犯罪が現在まで不処罰のまま来たのは、国際法そのものが伝統的な男性中心主義を克服できず、戦時性暴力に対する認識が不十分だったからだ。旧ユーゴ法廷で初めてレイプが「人道に対する罪」と明記され、ルワンダ法廷のアカイエス裁判で初めて実際にその有罪判決が下されたんだけど、こうした動き自体、九〇年代に「慰安婦」問題を通じて世界的に盛り上がった女性たちの強力な問題提起があったればこそ、とも言えるんだ。軍隊の「性奴隷制」そのものの裁きが実現すれば、この流れの中に決定的な一段階を記すことになる。

――二〇〇〇年女性国際戦犯法廷は、象徴的なものなので実効力はないんだけど、それでもそう言える？

――もちろんだ。バートランド・ラッセルの提唱で、ジャン＝ポール・サルトルを議長として一九六七年に開かれた民間法廷（「ラッセル法廷」）は、ベトナム戦争におけるアメリカ軍の「侵略」と「戦争犯罪」を裁いた。これも法的実効力のない象徴的なものにすぎなかったんだけど、ベトナム戦争に対する世界の見方に与えた影響は無視できない。サルトルは当時、ラッセル法廷はいかなる国家権力とも無縁であるというまさにその「究極的な無力さ」によって、逆説的に「普遍性」と「正当性」を獲得している、と宣言した。

二〇〇〇年女性法廷についても、まったく同じことが言えるだろう。法的実効力はなくても、それは「慰安婦」問題の真相究明と、「軍事的性奴隷制」を「人道に対する罪」とする認識の発展に大いに貢献できる。そして、いかなる法的権力とも無縁の民間法廷であるというその「究極的な無力さ」を、普遍的な「正義」の追求のチャンスに変えることができるんだ。

参考文献

・VAWW-NET Japan編訳『戦時・性暴力をどう裁くか――国連マクドゥーガル報告全訳』凱風社、一九九八年。
・朴元淳「日本の戦争犯罪処罰、いまでも可能か」『歴史批評』一九九三年春号。
・日本弁護士連合会編『世界に問われる日本の戦後処理②戦争と人権、その法的検討』東方出版、一九九三年。
・戸塚悦朗『日本が知らない戦争責任――国連の人権活動と日本軍「慰安婦」問題』現代人文社、一九九九年。
・前田朗『戦争犯罪と人権――日本軍「慰安婦」問題を考える』明石書店、一九九八年。
・吉見義明『従軍慰安婦』岩波新書、一九九五年。
・藤田久一『戦争犯罪とは何か』岩波新書、一九九五年。
・高橋哲哉『戦後責任論』講談社、一九九九年。
・徐京植・高橋哲哉『断絶の世紀 証言の時代』岩波書店、二〇〇〇年。

[巻末資料3-1] UNWCC極東小委員会による「戦犯と重要証人リスト」No.2、5、6]
CHARGES AGAINST JAPANESE　LIST No.2

Ser.No.	Name	Rank and Unit	War Crime	Date & Place	Class
2	AMAYA, Naojiro (天谷直次郎)	Commander of the 40th Division	Rape, Murder, Pillage, Incendiarism, Destruction of property, Rape, Forced labor	Nov.6, Dec.20, 1939.Yang Sin Hupeh Prov. June 17, 41. Yu Shan Huang Tung, Shan District, Hupeh Prov. Jan 2, 4,41. Chagsha Hunan Prov.	A-2 B
3	AOKI （青木）	Platoon Commander, 2d Company, 90th Bn, 17th. Mixed Brigade	Murder, and Massacre. Pillage, Torture, Rape	Nov.12 to Dec. 19th, 43. Chung yang, Hupeh Prov.	A-1
4	AOYAMA, Tomitaka (青山幸高)	Regiment Commander, 101st Division	Murder, Rape	Apr. 22, 39. Hsin Chien Kiangsi prov.	A-1
8	EMOTO（江本）	Private, AOKI's 2d Company, 90th Bn, 17th Mixed Brigade	Rape, Murder and Massacre pillage	July 20, 43. Chung Yang, hupeh Province	A-1
13	HASUBA（荷葉）	Unit Commander, 6th Division	Pillage, Rape, Murder and Massacre	July, Aug, Nov 27, 38. Teh An kiangsi Prov.	A-1
17	HIRANO（平野）	Commander of the Hirano Unit of the Japanese Army	Murder, Rape, Pillage	Aug 1938, Feb 39, July 39, June 40, Feb 29, 41, Feb 12, 42, Mar 42, Sep 28, 42, Teh An, Kiangsi Province	A-2
22	IDA（井田）	Sergeant, 8th Brigade Japanese Army	Murder and Massacre,Rape Destruction of property	Jan 9, 43 Kao Yi, Hopei Province	A-2
24	INOUE（井上）	Platoon Commander 90th Unit, 17th Mixed Brigade	Murder, Pillage Massacre, Rape	Nov 12, Dec 19, 43. Chung Yang Hupeh Province	A-1
25	IWAHIDE, Takesaburo (石秀竹三郎)	Commander of Jap. gsarrison forces and Magistrate of Tsi Yuan District	Murder, Rape, Pillage, Torture, Forced Labor, Illegal confiscation	Aug 29, 39, Sin Yang, Hon-an Prov. June 28, 43, Tsi Yuan, Honan Province	A-1
31	KAWA, Seijiro（川政次郎）	Sub-sergeant, 118th Bn, 30th Brigade. Immediate Officer:ITO, Yoshi	Pillage, Rape	May 8, 41. Fou Shan, Shansi Province	A-1
32	KAWAMURA（川村）	Private, 90th Unit, 17th Mixed Brigade	Murder, Massacre, Pillage, Rape	Nov 12, Dec 19, 43. Chung Yang, Hupeh Prov.	A-1
34	KAWAZAKI（川崎）	Private, OKI's 2nd Company, 90th Bn, 17th Mixed Brigade	Rape, Murder, Massacre, Pillage	July 20, 43. Chung Yang, hupeh Province	A-1
35	KIMINARI（公成）	(may be an alias) Chief of gendarmes garrisoning section between Tung Ke Chon and Tan Tze Chieh	Rape, Murder, Torture	Feb 20, 44, Jan 5, 44, Feb 18, 44, Feb 28, 44, Chu District Anhwei Prov.	A-1
36	KIYOSHI, Saburo（木義三郎）	Platoon Commander, 13th Division	Rape, Murder, Massacre, Destruction of property	Nov 29, 42, Han Shou, Hunan Prov.	A-1
37	KIYOZAKI, Takesaburo (清崎武三郎)	Segeant in charge of squad of soldiers stationed at Kiukiang	Rape, Murder	Dec 8, 42. Knukiang, Kiangsi Prov.	A-1
38	KOITO, Koichi（鯉登行一）	Commander of 7th Division	Rape, Pillage, Murder	Jan 2, 42. Changsha, Hunan Prov.	B
44	KUROKI, Eiji（黒木栄志）	Captain, Kuroki Unit, 8983rd Nishikawa Army Corps, Matsui Division	Exaction of illegitimate or exorbitant contributions. Abduction of women and girls.	Sep 2, 41. Peng Chow Hsiang, Kwangtung Prov.	A-1
51	MIYAZAKI（宮崎）	Private, AOKI's 2d Company, 90th Bn, 17th Mixed Brigade	Rape, Murder, Massacre, Pillage	July 20, 43. Teh An, Kiangsi Provi.	A-1

Ser.No.	Name	Rank and Unit	War Crime	Date & Place	Class
52	MORI, Sueshiro (毛利末廣)	Commander of 58th Division	Rape, Murder, Massacre	June 28, 44. Siang Tan, Hunan Prov. Nov 44, King-chengkiang, Kwangsi Prov.	B
53	MORIO (彬尾)	Private, Propaganda section, Detachment of garrison forces under command of SUMI, Fukayama	Murder, Rape	Aug 5, 42. Yu Kan, Kiangsi Prov.	A-1
60	NAGANO, Jiro (永野次郎)	Lieutenant, 34th Division	Murder, Massacre, Pillage, Rape, Destruction of property	June 5, 43. Yi Yang, Kiangsi prov.	A-1
65	NISHIOI, Rishi (西生李斯)	Captain of a Battalion	Rape, Murder	Oct 18, 43. I Tu, Hupoh Province	A-1
66	NOGI, Ichiro (野木一郎)	Platoon Commander, 83rd Regiment, 59th Brigade	Rape, Murder	Aug 29, 42. Won Snui, Shansi Prov.	A-1
68	ODA (太田)	Private, 90th Unit, 17th Mixed Brigade	Murder, Massacre, Rape, Pillage	Nov 12, Dec 19, 43. Chung Yang, Hupeh Prov.	A-1
74	OMURA (大村)	Private, 90th Unit, 17th Mixed Brigade	Murder, Massacre, Rape, Pillage	Nov 12, Dec 19, 43. Chung Yang, Hupeh Prov.	A-1
82	SHIRATORI (白鳥)	Captain, Shiratori Battalion, 27th Div. 34th Div., 68th Div.	Rape, Pillage, Murder, Massacre	Aug 1938, June 28, 41, Nov 12, 41, June 29, 43, Teh An, Jan 42, Juichang, Kiangsi Prov.	A-2
90	TAKAHASHI (高橋)	Japanese soldier, Commanding Officer was NAKAYAMA, Jun, commander of 68th Regiment	Rape	Oct 19, 42. Kiukiang, Kiangsi Prov.	A-1
91	TAKAHASHI (高橋)	Unit Commander, 6th Division	Murder, Massacre, Rape, Destruction of property	May 18, 38. Lin Siang, Hunan Prov.	A-1
93	TAKASHIMA (高島)	Infantry Captain, 5th Division	Rape, Destruction of property, Confiscation, Pillage	Jan 28, 38. Meng District Honan Prov.	A-2
96	TAKEHARA (竹原)	Sergeant-Major, AOKI's 2nd Company, 90th Bn, 17th Mixed Brigade	Rape, Murder, Massacre, Pillage	July 20, 43. Chung Yang, Hupeh Prov.	A-1
97	TAKESHITA, Yoshiharu (竹下義晴)	Commander, 27th Division	Rape, Murder, Massacre	Aug 5, 44. Li Lin, Hunan Province	A-1
99	TAMURA (田村)	Private, AOKI's 2nd Company, 90th Bn, 17th Mixed Brigade	Rape, Murder, Massacre, Pillage	July 20, 43. Chung Yang, Hupeh Prov.	A-1
113	YAMAMURO, Munetake (山室宗武)	Commander, 11th Division	Rape, Murder	Feb 1938. Hai Men, Kiangsu Province	B
116	YOKOYAMA, Isamu (横山勇)	Commander, First Jap. Army	Murder, Rape	May & Winter 1943. Nan District, Hunan, Tsin Shin Hunan Prov.	A-2
120	YOSHIMOTO (吉本)	Off. Interpretor, to Major Onkin, Bn. of Jap. propaganda section in Yang Lou Tung, Hupeh Prov.	Murder, Massacre, Rape	May 4, 41. Pu Chi, Huneh Prov.	A-1

CHARGES AGAINST JAPANESE LIST No.5

Ser.No.	Name	Rank and Unit	War Crime	Date & Place	Class
4	ANAMI, Koreiki (阿南惟幾)	Commander, 11th Army	Devastation & Destruction of property. Torture, Pillage, Rape, Murder	Sep 41. Changsha Hunan Province	B
5	AOKI, Seiichi (青木成一)	Commander, 40th Division	Rape, Abduction Internment of civilians, Muder	Mar, May 44. Changteh, Hunan Prov	B
6	AOYAMA, Kazuo (青山和夫)	Platoon Commander, 3rd Independent Brigade	Forced Labor, Rape, Murder, Massacre	June 15, 27, 41. Lo Ning, Honan	A-1
7	BAN, Tateo (伴建雄)	Commander, 34th Division	Rape	Sep 44. Ling, Ling, Hunan	B
8	ECHIGO (越後)	2nd Lt., Detachment Commander. Cavalry of 34th Division	Rape, Destruction of property, Pillage	Aug 10, 40. Yung Hsiu, Kiangsi Prov	A-1
18	HASHIMOTO, Kumago (橋本熊吾)	Commander, 68th Regt. 3rd. Div.	Rape, Murder, Destruction of property	Dec 1, 43. Changteh, Hunan Prov.	B

Ser.No.	Name	Rank and Unit	War Crime	Date & Place	Class
20	HIRANO, Giichi（平野儀一）	Commander of Regt. Superior off: ANAMI, Koreiki, Commander of 11th Army	Torture,Murder, Pillage, Rape, Devastation & Destruction of property	Sep 41. Changsha, Hunan Prov.	A-2
29	INABA, Shiro（稲葉四郎）	Commander, 6th Division	Rape, Murder	Aug 38. Yun Mong, Hupeh Prov.	B
36	KAWAGISHI, Fumisaburo（川岸文三郎）	Sec.Commander, 20th Division	Torture, Rape, Pillage, Devastation & Destruction of property	Feb 27, 28, 38. Fun Hsi, Shansi Prov. Mar 12, 41. Fun Hsi Shansi Dec, 38. Pu District, Shansi	B
41	KITAJIMA（北島）	Chief, Millitary Intelligence atchid to 116th Division	Rape	Nov, 42. Shao Hsin, Chekiang Prov.	A-2
44	KOBAYASHI, Nobuo（小林信男）	Commander, 60th Division	Pillage, Rape, Murder	Jan 7, 43. Kai Feng, Honan	B
49	KURASHIKI, Yoshikazu（倉識美一）	Corporal, Unit of Gendermes, Peiping, Comded by Tanaka	Rape, Murder, Massacre, Torture	Jul, 40. Peiping	A-1
60	MURAICHI, Taro（村一太郎）	Commander, Kanai Unit	Murder, Massacre, Attempted Rape	Jul, 4, 42. Lin Chwan, Kiangsi Prov.	B
65	NIIMIYA（新宮）	Commander, KATSU 6242nd Unit	Rape, Torture, Confiscation	Apr 28, 44. Jun 20, 44. Li Shih Shansi	A-1
75	NAKAMURA, Seiichi（中村誠一）	Corporal, Garrison Forces, Commanded by SATO	Rape, Pillage	May 5, 39. Hwang Kang, Hupoh Prov.	A-1
78	SAKAI（酒井）	Commander, 1st Bn., 68th Regt, 3rd Division	Rape, Murder, Destruction of property	Dec 1, 43. Changteh, Hunan Prov.	A-1
85	SEKI, Kameji（關亀治）	Commander, 34th Division	Rape, Destruction of property, Pillage, Murder, Massacre	Aug 10, 40. Jan 5, 41. Yung Hsiu, Kiangsi Prov.	B
87	SHICHIDA, Ichiro（七田一郎）	Sec.Commander, 20th Division	Torture, Pillage, Murder, Rape, Devestation and Destruction of property	Feb 27, 28, 38. Fun Hsi, Shansi Prov. Mar 12, 41. Fen His Shansi, Dec, 38. Pu District, Shansi Prov.	B
88	SHIMADA, Ichiro（島田一郎）	Corporal, 3rd Independent Brigade	Forced Labor, Rape, Murder, Massacre	Jun 15, 41. Jun 27, 41. Lo Ning, Honan	A-1
90	SHIMOMOTO, Kumaya（下元熊彌）	Commander, 106th Division	Rape, Pillage, Murder, Massacre, Destruction of property	Mar 15, 38. Dec 8, 44. Ta Ning Shansi Province	A-2
93	SUMIDA, Reishiro（澄田レイ四郎）	Commander, 33th Division	Rape, Murder, Massacre	Nov 20, 43. Chih Kiang, Hupeh Prov.	B
97	TAKAHASHI, Tagaji（高橋多賀二）	Commander, 3rd Division	Murder, Massacre, Torture, Pillage, Rape, Forced Labor, Destruction of religious charitable, educational, & historical bldgs & monument	Nov 30, 43. Sep, 44. Heng Shan, etc, Hunan Prov.	A-2
105	TANAKA（田中）	Commander of Company, Garrison. Superior Off: NIKAIDO	Rape, Murder, Destruction of property	Sep 10, 41. Yung Hsiu, Kiangsi Prov.	A-1
106	TANAKA, Seiichi（田中静一）	Commander, 13th Division	Rape, Murder	Dec 17, 39. Tsien Chiang, Hupeh, Prov.	B
108	TERAUCHI, Juichi（寺内寿一）	Commanding Officer, Forces in North China	Rape, Pillage, Murder, Massacre, Destruction of property	Mar 14, 38. Dec 8, 44. Ta Ning, Shansi Prov	A-2
113	USHIJIMA, Sanetusne（牛島實常）	Sec.Commander, 20th Division	Torture, Murder, Pillage, Rape, Devastation and Destruction of property	Feb 27, 28, Dec,38. Fen His, Pu District, Shansi	B
118	YAMAMOTO, Mitsuo（山本三男）	Commander, 3rd Division	Pillage, Rape, Murder, Massacre, Torture, Destruction of property, Forced Labor	Dec 1, 43. Changteh, Dec 3, 43. Li & Nan District, Dec5, 43. Ling Li , Dec 8,43 Hwa Jung, Hunan Province	A-2 B
119	YAMAMOTO, Shiichi（山本志一）	Corporal, 39th Division, 11th Army	Rape, Murder, Massacre	Nov 20, 43. Chih Kiang, Hupeh Prov.	A-1
121	YOKOYAMA, Isamu（横山勇）	Commander, 11th Army	Rape, Murder, Massacre	Nov 20, 43. Chih Kiang, Hupeh Prov.	B
123	UNKNOWN	of 3rd Division	Pillage, Murder, Massacre, Rape, Torture, Forced Labor, Destruction of property	Dec 3, 43. Li & Nan District, Dec 5, 43. Ling Li, Dec 8, 43. Hwa Jung, Hunan Province	A-1
125	UNKNOWN	of 34th Division	Rape	Sep, 44. Ling Ling, Hunan Prov.	A-1
128	UNKNOWN	Superior Officer: MURAICHI, Taro	Murder, Massacre, Attempted Rape	July 4, 42. Lin Chwan, Kiangsi Province	A-1
132	UNKNOWN	of 13th Division	Rape, Murder	Dec 17, 39. Tsien Chiang, Hupeh, Prov.	A-1

Ser.No.	Name	Rank and Unit	War Crime	Date & Place	Class
133	UNKNOWN	Superior Officer: INABA, Shiro	Rape, Murder	Aug, 38. Yun Heng, Hupeh Province	A-1
141	UNKNOWN	Unit: 20th Division	Torture, Murder, Pillage, Rape, Devastation and Destruction of property	Feb 27, 28, 38. Mar 12, 41. Dec, 38. Fen Hsi, Pu District, Shansi	A-1

CHARGES AGAINST JAPANESE　LIST No.6

Ser.No.	Name	Rank and Unit	War Crime	Date & Place	Class
2	AMAGAWA, Izumi（天川泉）	Commander of garrison of 34th Cavalry Regt., 34th Div.	Devastation and Destruction of property, Rape, Murder	Nov.7, 1942, Yun Sui, Kiangsi	A-1
3	AMIGURA（網倉）	Private, 4th company 88th battalion, 17th independent mixed brigade	Rape, pillage, murder and massacres	Aug 3, 1943. Tsung Yang, Hupeh	A-1
5	AOKI（青木）	Private, 3rd company 1st battalion, 135th regiment, 40th Army Division	Rape, murder	July 15, 1943. Tsung Yang, Hupeh	A-1
7	AOTA（青田）	Private, 3rd company 1st battalion, 135th regiment, 40th Army Division	Rape, murder	July 15, 1943. Tsung Yang, Hupeh	A-1
10	ASO（麻生）	Captain of Aso battalion, 27th division	Murder, pillage, rape	Aug 1938, Mar 8, 1939, Mar 20, 1940, Mar 21, 1940, Tch an Kiangsi	A-1
15	FUJIWARA（藤原）	Private, Takashi SAEKI's Battalion, 88th Regiment 17th Brigade	Rape, murder,pillage	Oct 17, 1943, Tsung Yang, Hupeh	A-1
16	FUJIWARA（藤原）	Private, 4th company 88th battalion, 17th mixed brigade	Rape	July 19, 1943, Tsung Yang, Hupeh	A-1
17	FUKACHI（風屈）	Private, 4th company, 88th battalion, 17th mixed brigade	Rape	July 19, 1943, Tsung Yang, Hupeh	A-1
26	HIRODA（廣田）	Lt.Col., unit of Mariness under command of YAMAGUCHI	Rape, murder, massacres	Oct 21, 1938, Canton; Aug 9 1943, Fa Shan, Nan Hei, Kwangtung	A-1
28	IKEDA（池田）	Private, 8th Intelligence Unit, under command of Matsuo	Murder, massacres, torture, rape, exaction	May 1940, July 1941, Foochow, Hukian	A-1
30	IMORI（井守）	Battalion commander of Imori Unit	Murder, massacres, torture, pillage, rape	Sep 1941, Teh An, Kiangasi; Sep 12, 1942, Wu ning, Kiangsi	A-1
31	INOUE（井上）	Private, 4th company, 88th battalion, 17th independent mixed brigade	Rape, pillage, murder, massacres	Aug 3, 1943, Tsung Yang, Hupeh	A-1
32	ISHIKAWA（石川）	Private, Takashi SAEKI's Battalion, 88th Regiment 17th Brigade	Rape, murder, pillage	Oct 17, 1943, Chung Yang, Hupeh	A-1
34	ITAGAKI, Seishiro（板垣征四郎）	Commander of 5th Division	Rape, murder	July 10, 1938, Tung Shon, Kiangsu	B
40	KANAI（金井）	Private, 4th company, 88th battalion, 17th mixed brigade	Rape	July 19, 1943, Tsung Yang, Hupeh	A-1
44	KAWAYAMA（川山）	Private, 3rd company, 1st battalion, 135th regiment, 40th Division	Rape, murder	July 15, 1943. Tsung Yang, Hupeh	A-1
46	KOBAYASHI（小林）	Private, 4th company, 88th battalion, 17th independent mixed brigade	Rape, pillage, murder, massacres	Aug 3, 1943. Tsung Yang, Hupeh	A-1
47	KOFUJI（小藤）	Private, 4th company, 88th battalion, 17th independent mixed brigade	Rape, pillage, murder, massacres	Aug 3, 1943. Tsung Yang, Hupeh	A-1

Ser.No.	Name	Rank and Unit	War Crime	Date & Place	Class
51	KOURA（小浦）	Unit commander 11th army	Murder, destruction of property, attempt rape, forced labour	Sep 1941, Jan 1942, Changsha, Hunan	A-2
54	MATSUI, Takuro（松井太久郎）	Commander 5th division	Murder, rape, destruction of property	Sep 16, 1942, Changsha, Hunan	A-2
55	MATSUO（松尾）	Commander 8th Intelligence Unit	Murder, massacre, torture, rape, exaction	May 1940, July 1941, Foochow, Hukian	A-1
59	NOISHI（野石）	Private 8th Intelligence Unit under command of Matsuo	Murder, massacre, torture, rape, exaction	May 1940, July 1941, Foochow, Hukian	A-1
63	NAKANO, Kawazo（中野川三）	Major, gendarmes stationed at Ping Chuan	Rape, pillage, destruction of property	1942, Ping Chuan, Jehol	A-1
65	NAKAYAMA, Jun（中山淳）	Commander of 14th Independent Regiment 11th Army	Murder, destruction of property, attempt rape, forced labour	Sep 1941, Jan 1942, Changsha, Hunan	A-2
66	NARIMATSU（成松）	Private, 4th company, 88th battalion, 17th independent, mixed brigade	Rape, pillage, murder, massacres	Aug 3, 1943, Tsung Yang, Hupeh	A-1
68	NIIMIYA（新宮）	Noncomissioned officer of SUGIYAMA Unit	Pillage, torture, rape	June 12 and 23, 1944, Feb 23, 1944, Dec12, 1943, Chuang Yang Shansi	A-1
69	NOMURA（田野［ママ］）	Private, 8th Intelligence Unit, under Matsuo	Murder, massacre, torture, rape, exaction	May 1940, July 1941, Foochow, Hukian	A-1
74	OMURA（大村）	Private, Takashi SAEKI's Battalion, 88th Regiment 17th Brigade	Rape, murder, pillage	Oct 17, 1943, Chung Yang, Hupeh	A-1
75	OMURE（大群）	Private, 8th Intelligence Unit, under command of Matsuo	Murder, massacre, torture, rape, exaction	May 1940, July 1941, Foochow, Hukian	A-1
76	OMOTO（大本）	Private, 3rd company, 1st battalion, 135th regiment, 40th army division	Rape, murder	July 15, 1943. Tsung Yang, Hupeh	A-1
77	ONO（小野）	Private, 8th Intelligence Unit, under command of Matsuo	Massacres, murder, torture, rape, exaction	May 1940, July 1941, Foochow, Hukian	A-1
80	OTSUKA（大塚）	Private, 8th Intelligence Unit, under command of Matsuo	Murder, massacre, torture, rape, exaction	May 1940, July 1941, Foochow, Hukian	A-1
81	OYA（大矢）	Private, 4th company, 88th battalion, 17th mixed brigade	Rape	July 19, 1943, Tsung Yang, Hupeh	A-1
95	TAKADA（高田）	Private, 3rd company, 1st battalion, 135th regiment, 40th army division	Rape, murder	July 15, 1943. Tsung Yang, Hupeh	A-1
97	TAKEDA（武田）	Commander of mopping up unit of Japanese Army	Rape, pillage	May 12, 1944, Yin Shang, Anhwei	A-2
100	TAMURA（田村）	Platoon commander, 4th company, 88th battalion, 17th independent mixed brigade	Rape, pillage, murder, massacre	Aug 3, 1943, Tsung Yang, Hupeh	A-1
105	TSUCHIHASHI（土橋一次）	Commander of 22nd Division	Rape, abduction, use of deleterions and asphyxiating gases	May 4, 1941, Shan District, July 13, 1942, Huang Kon Section, Shangtung	A-1
106	TSUCHIYA（土屋）	of Tsuchiya Unit 11th Army	Murder, destruction of property, attempt rape, forced labour	Sep 1941, Jan 1942, Changsha, Hunan	A-2
108	WATANABE, Kumi（渡邊部）	34th Division	Murder, rape, torture	Sept 26, 1943, Feb 11, 1944, Nanchang Kiangsi	A-1
117	YOSHIKAWA（吉川）	Private 3rd company, 1st battalion, 135th regiment, 40th division	Rape, murder	July 15, 1943, Tsung Yang, Hupeh	A-1
119	YOSHINO, Okuda（吉野奥田）	Campany commander, 14th independent brigade	murder, massacre, rape, pillage, destruction of property	June 1942, Tsin Sien, Kiangsi	A-1
122	UNKNOWN	Belonging to garrison unit stationed in Huang Pi, member of 3rd division	Rape, pillage, destruction of property, murder, massacres	June 1940, Huang Pi, Hupeh	A-1
127	UNKNOWN	Soldier of 5th division	Rape, murder	July 10, 1938, Tung Shon, Kiangsu	A-1

侵略戦争の遂行										第二類 殺人 宣戦布告前攻撃の殺人							俘虜・一般人および軍隊の殺害									第三類 通例の戦争犯罪および人道に対する罪			
27 満州事変以後の侵略戦争の遂行	28 支那事変以後の侵略戦争の遂行	29 アメリカに対する侵略戦争の遂行	30 フィリピンに対する侵略戦争の遂行	31 イギリスに対する侵略戦争の遂行	32 オランダに対する侵略戦争の遂行	33 フランスに対する侵略戦争の遂行	34 タイにタイする侵略戦争の遂行	35 ソビエト連邦に対する侵略戦争の遂行（張鼓峰事件）	36 蒙古人民共和国及びソビエト連邦に対する侵略戦争の遂行（ノモンハン事件）	37 一九四〇・六・一〜一九四一・一二・八における殺人罪及び殺人の共同謀議	38 不法戦争の開始による殺人の共同謀議	39 真珠湾不法攻撃による米国軍隊と一般人の殺害	40 コタバル不法攻撃による英国軍隊の殺害	41 香港不法攻撃による英国軍隊の殺害	42 上海（ペトレル号）不法攻撃による英国軍人の殺害	43 ダバオ不法攻撃による米比軍隊及び一般人の殺害	44 占領地における大量虐殺の共同謀議	45 南京における大量虐殺	46 広東における大量虐殺	47 漢口における大量虐殺	48 長沙における大量虐殺	49 衡陽における大量虐殺	50 桂林、柳州における大量虐殺	51 ノモンハンにおける殺害	52 張鼓峰における殺害	53 戦争法規違反のための共同謀議	54 戦争法規違反の命令・授権・許可	55 戦争法規遵守の義務の無視	訴因合計数
●	●	●	●	●	●	●	●	●	●								●	●	●	●				●	●	●	●	●	41
●	●	●	●	●	●	●	●	●	●								●	●	●	●				●	●	●	●	●	41
●	●	●	●	●	●		●		●								●	●	●	●	●	●	●	●		●	●	●	39
●	●	●	●	●	●		●										●												26
●	●	●	●	●	●		●			●	●	●	●	●	●	●	●									●	●	●	39
●	●	●	●	●	●		●			●	●	●	●	●	●	●	●									●	●	●	39
●	●	●	●	●	●		●			●	●	●	●	●	●	●	●	●	●	●						●	●	●	43
●	●	●	●	●	●	●	●	●	●	●	●	●	●	●	●	●	●	●	●	●	●	●	●	●	●	●	●	●	54
●	●	●	●	●	●		●			●	●	●	●	●	●	●	●									●	●	●	39
●	●	●	●	●	●		●		●								●				●	●	●	●		●	●	●	35
●	●	●	●	●	●		●			●	●	●	●	●	●	●	●				●	●	●			●	●	●	42
●	●	●	●	●	●	●	●	●									●				●	●	●		●	●	●	●	37
●	●	●	●	●	●		●			●	●	●	●	●	●	●	●									●	●	●	39
●	●	●	●	●	●		●										●												25
●	●	●	●	●	●		●	●	●	●	●	●	●	●	●	●	●	●	●	●				●	●	●	●	●	49
●	●	●	●	●	●	●	●	●	●	●	●	●	●	●	●	●	●							●	●	●	●	●	49
●	●	●	●	●	●		●	●	●	●	●	●	●	●	●	●	●							●		●	●	●	44
●	●	●	●	●	●	●	●		●	●	●	●	●	●	●	●	●				●	●	●	●	●	●	●	●	50
●	●	●	●	●	●	●	●			●	●	●	●	●	●	●	●									●	●	●	41
●	●	●	●	●	●		●										●	●	●	●						●	●	●	33
●	●	●	●	●	●		●	●	●								●	●	●	●	●	●	●	●	●	●	●	●	41
●	●	●	●	●	●	●	●	●	●	●	●	●	●	●	●	●	●	●	●	●				●	●	●	●	●	52
●	●	●	●	●	●	●	●	●		●	●	●	●	●	●	●	●	●	●	●					●	●	●	●	48
●	●	●	●	●	●	●	●	●		●	●	●	●	●	●	●	●								●	●	●	●	45
●	●	●	●	●	●		●	●	●								●	●	●	●				●	●	●	●	●	38
●	●	●	●	●	●	●	●	●	●		●	●	●	●	●	●	●							●	●	●	●	●	42
●	●	●	●	●	●		●										●									●	●	●	29
●	●	●	●	●	●	●	●		●	●	●	●	●	●	●	●	●	●	●	●				●		●	●	●	48

[巻末資料3-ⅱ　訴因一覧]

第一類　平和に対する罪

	訴因／被告名	侵略戦争の共同謀議					侵略戦争の計画準備												侵略戦争の開始								
		1 一九二八～四五年における侵略戦争の共同謀議	2 満州に対する侵略戦争の共同謀議	3 中華民国に対する侵略戦争の共同謀議	4 太平洋諸国に対する侵略戦争の共同謀議	5 世界支配のための独伊との共同謀議	6 中華民国に対する侵略戦争の計画準備	7 アメリカに対する侵略戦争の計画準備	8 イギリスに対する侵略戦争の計画準備	9 オーストラリアに対する侵略戦争の計画準備	10 ニュージーランドに対する侵略戦争の計画準備	11 カナダに対する侵略戦争の計画準備	12 インドに対する侵略戦争の計画準備	13 フィリピンに対する侵略戦争の計画準備	14 オランダに対する侵略戦争の計画準備	15 フランスに対する侵略戦争の計画準備	16 タイに対する侵略戦争の計画準備	17 ソビエト連邦に対する侵略戦争の計画準備	18 中華民国に対する侵略戦争の開始（満州事変）	19 中華民国に対する侵略戦争の開始（支那事変）	20 アメリカに対する侵略戦争の開始	21 フィリピンに対する侵略戦争の開始	22 イギリスに対する侵略戦争の開始	23 フランスに対する侵略戦争の開始（北部仏印進駐）	24 タイに対する侵略戦争の開始	25 ソビエト連邦に対する侵略戦争の開始（張鼓峰事件）	26 蒙古人民共和国及びソビエト連邦に対する侵略戦争の開始（ノモンハン事件）
1	荒木貞夫	●	●	●	●	●	●	●	●	●	●	●	●	●	●	●	●	●	●	●				●		●	●
2	板垣征四郎	●	●	●	●	●	●	●	●	●	●	●	●	●	●	●	●	●	●	●				●		●	●
3	梅津美治郎	●	●	●	●	●	●	●	●	●	●	●	●	●	●	●	●	●	●	●							●
4	大川周明	●	●	●	●	●	●	●	●	●	●	●	●	●	●	●	●	●	●								
5	大島浩	●	●	●	●	●	●	●	●	●	●	●	●	●	●	●	●	●			●	●	●		●		
6	岡敬純	●	●	●	●	●	●	●	●	●	●	●	●	●	●	●	●	●			●	●	●		●		
7	賀屋興宣	●	●	●	●	●	●	●	●	●	●	●	●	●	●	●	●	●		●	●	●	●		●		
8	木戸幸一	●	●	●	●	●	●	●	●	●	●	●	●	●	●	●	●	●		●	●	●	●	●	●	●	●
9	木村兵太郎	●	●	●	●	●	●	●	●	●	●	●	●	●	●	●	●	●			●	●	●		●		
10	小磯国昭	●	●	●	●	●	●	●	●	●	●	●	●	●	●	●	●	●	●								●
11	佐藤賢了	●	●	●	●	●	●	●	●	●	●	●	●	●	●	●	●	●			●	●	●		●		
12	重光葵	●	●	●	●	●	●	●	●	●	●	●	●	●	●	●	●	●	●					●		●	
13	嶋田繁太郎	●	●	●	●	●	●	●	●	●	●	●	●	●	●	●	●	●			●	●	●		●		
14	白鳥敏夫	●	●	●	●	●	●	●	●	●	●	●	●	●	●	●	●	●									
15	鈴木貞一	●	●	●	●	●	●	●	●	●	●	●	●	●	●	●	●	●		●	●	●	●		●	●	●
16	土肥原賢二	●	●	●	●	●	●	●	●	●	●	●	●	●	●	●	●	●	●	●	●	●	●	●	●	●	●
17	東郷茂徳	●	●	●	●	●	●	●	●	●	●	●	●	●	●	●	●	●			●	●	●		●	●	●
18	東条英機	●	●	●	●	●	●	●	●	●	●	●	●	●	●	●	●	●	●	●	●	●	●	●	●		●
19	永野修身	●	●	●	●	●	●	●	●	●	●	●	●	●	●	●	●	●			●	●	●	●	●		
20	橋本欣五郎	●	●	●	●	●	●	●	●	●	●	●	●	●	●	●	●	●	●	●							
21	畑俊六	●	●	●	●	●	●	●	●	●	●	●	●	●	●	●	●	●		●						●	●
22	平沼騏一郎	●	●	●	●	●	●	●	●	●	●	●	●	●	●	●	●	●	●	●	●	●	●	●	●	●	●
23	広田弘毅	●	●	●	●	●	●	●	●	●	●	●	●	●	●	●	●	●		●	●	●	●	●	●	●	
24	星野直樹	●	●	●	●	●	●	●	●	●	●	●	●	●	●	●	●	●		●	●	●	●	●	●	●	
25	松井石根	●	●	●	●	●	●	●	●	●	●	●	●	●	●	●	●	●		●						●	●
26	松岡洋右	●	●	●	●	●	●	●	●	●	●	●	●	●	●	●	●	●						●		●	●
27	南次郎	●	●	●	●	●	●	●	●	●	●	●	●	●	●	●	●	●	●								
28	武藤章	●	●	●	●	●	●	●	●	●	●	●	●	●	●	●	●	●		●	●	●	●	●	●		●

[巻末資料3-ⅲ　判決一覧]（起訴状中に訴追された各訴因についての判定と宣告刑一覧表）

項目	有罪・無罪の判定の対象となった訴因										宣告刑
訴因番号	1	27	29	31	32	33	35	36	54	55	
訴因内容／被告名	侵略戦争遂行の共同謀議	対中国侵略戦争遂行	対米侵略戦争遂行	対英侵略戦争遂行	対蘭侵略戦争遂行	対仏侵略戦争遂行	張鼓峰事件遂行	ノモンハン事件遂行	違反行為の命令、授権許可による法規違反	違反行為防止責任無視による法規違反	
荒木貞夫	●	●	○	○	○	○	○	○	○	○	終身禁錮刑
土肥原賢二	●	●	●	●	●	○	●	●	●	△	絞首刑
橋本欣五郎	●	●	○	○	○				○	○	終身禁錮刑
畑俊六	●	●	●	●	●		○	○	○	●	終身禁錮刑
平沼騏一郎	●	●	●	●	●	○	○	●	○	○	終身禁錮刑
広田弘毅	●	●	○	○	○	○	○		○	●	絞首刑
星野直樹	●	●	●	●	●	○	○		○	○	終身禁錮刑
板垣征四郎	●	●	●	●	●	○	●	●	●	△	絞首刑
賀屋興宣	●	●	●	●	●				○	○	終身禁錮刑
木戸幸一	●	●	●	●	●	○	○	○	○	○	終身禁錮刑
木村兵太郎	●	●	●	●	●				●	●	絞首刑
小磯国昭	●	●	●	●	●			○	○	●	終身禁錮刑
松井石根	○	○	○	○	○		○	○	○	●	絞首刑
南次郎	●	●	○	○	○				○	○	終身禁錮刑
武藤章	●	●	●	●	●	○		○	●	●	絞首刑
岡敬純	●	●	●	●	●				○	○	終身禁錮刑
大島浩	●	○	○	○	○				○	○	終身禁錮刑
佐藤賢了	●	●	●	●	●				○	○	終身禁錮刑
重光葵	○	●	●	●	●	●	○		○	●	禁錮7年
嶋田繁太郎	●	●	●	●	●				○	○	終身禁錮刑
白鳥敏夫	●	○	○	○	○						終身禁錮刑
鈴木貞一	●	●	●	●	●		○	○	○	○	終身禁錮刑
東郷茂徳	●	●	●	●	●			○	○	○	禁錮20年
東条英機	●	●	●	●	●	●		○	●	△	絞首刑
梅津美治郎	●	●	●	●	●			○	○	○	終身禁錮刑
備考	●　有罪と判定された訴因 ○　無罪と判定された訴因 △　判定が下されなかった訴因										

出典）冨士信夫『私の見た東京裁判・下巻』

注）起訴状にあげられた55の訴因のうち、5（日独伊三国の世界支配の共同謀議）、34（タイ王国への侵略戦争の遂行）は、証拠不十分で除外。2〜4、6〜26、28、30、39〜43、45〜52は、別の訴因の認定に含まれるとの理由により除外。37、38、44、53は管轄権がないと認定し除外され、残りの10の訴因について、有罪、無罪の認定がなされた。

川口　博（かわぐち　ひろし）

1957年生まれ。慶應義塾大学法学部卒。フリーライター。旧ユーゴスラビア平和・人権にいがたネットワーク。

芝　健介（しば　けんすけ）

1947年生まれ。東京女子大学教授。ドイツ近現代史専攻。著書に『武装SS』（講談社）、『ヒトラーのニュルンベルク』（吉川弘文館）、訳書に『総統国家』（フライ著、岩波書店）、監訳書に『ホロコースト全史』『星をつけた子供たち』（以上、創元社）など。

清水正義（しみず　まさよし）

1952年生まれ。東京女学館短期大学教授。ドイツ現代史専攻。論文に「ニュルンベルク裁判の成立と『人道に対する罪』」『現代史研究』44号（'99年）など。

永原陽子（ながはらようこ）

1955年生まれ。東京外国語大学教員。南部アフリカ史・帝国主義史専攻。「アパルトヘイトから『和解』へ」（『世界』'98年10月号）、「南アフリカ戦争とその時代」（『講座世界史』5、東京大学出版会）など。

林　博史（はやし　ひろふみ）

1955年生まれ。関東学院大学経済学部教授。現代史専攻。著書に『華僑虐殺』（すずさわ書店）、『共同研究　日本軍慰安婦』（共編著、大月書店）、『裁かれた戦争犯罪―イギリスの対日戦犯裁判』（岩波書店）など。

東澤　靖（ひがしざわ　やすし）

1959年生まれ。弁護士。フィリピン性奴隷訴訟弁護団。共著書に『日本の人権　21世紀への課題』（現代人文社）、『ウォッチ規約人権委員会』（日本評論社）、論文に『2000年の設立に向かう国際刑事裁判所』（『自由と正義』'99年1月号）など。

古田元夫（ふるた　もとお）

1949年生まれ。東京大学大学院総合文化研究科教授。ベトナム現代史専攻。主な著書に『歴史としてのベトナム戦争』（大月書店）、『ベトナムの世界史』（東京大学出版会）など。

渡辺和行（わたなべ　かずゆき）

1952年生まれ。奈良女子大学文学部教授。フランス近現代史専攻。著書に『ナチ占領下のフランス』（講談社）、『ホロコーストのフランス』（人文書院）、『フランス史からの問い』（共著、山川出版社）など。

〈編者代表紹介〉

松井やより（まつい　やより）

フリー・ジャーナリスト。元朝日新聞編集委員。VAWW-NET Japan、アジア女性資料センター代表。主な著書に『女たちのアジア』『女たちがつくるアジア』（以上、岩波新書）など。

〈責任編集・執筆者紹介〉（五十音順）

内海愛子（うつみ　あいこ）

1941年生まれ。恵泉女学園大学教員。「韓国・朝鮮人BC戦犯を支える会」共同代表。主な著書に『朝鮮人BC級戦犯の記録』（勁草書房）、『赤道下の朝鮮人叛乱』（共著、勁草書房）、『泰緬鉄道と日本の戦争責任』（共編著、明石書店）、『東京裁判ハンドブック』（共編著、青木書店）など。

高橋哲哉（たかはし　てつや）

1956年生まれ。東京大学大学院総合文化研究科助教授。主な著書に『戦後責任論』（講談社）、『断絶の世紀、証言の時代』（共著）『記憶のエチカ』（以上、岩波書店）、『デリダ—脱構築』（講談社）、『ナショナル・ヒストリーを超えて』（共編著、東京大学出版会）、など。

〈執筆者紹介〉（五十音順）

新井利男（あらい　としお）

1941年東京生まれ。フォトジャーナリスト。主な著書に『残された日本人』、『長崎市長への7300通の手紙』（写真担当）、『右傾度87％』（以上、共著、径書房）、『侵略の証言』（共編著、岩波書店）、NHK TVドキュメンタリー企画・コーディネート「日本人　中国抑留の記録」。

臼杵　陽（うすき　あきら）

1956年生まれ。国立民族学博物館地域研究企画交流センター助教授。著書に『見えざるユダヤ人』（平凡社）、『原理主義』（岩波書店）、『中東和平への道』（山川出版社）、共著に栗原彬編『現代世界の差別構造』（弘文堂）。

大串和雄（おおぐし　かずお）

1957年生まれ。東京大学大学院法学政治学研究科教授。中南米政治専攻。著書に『軍と革命—ペルー軍事政権の研究』（東京大学出版会）、『ラテンアメリカの新しい風—社会運動と左翼思想』（同文舘出版）。

[編　者]
VAWW-NET Japan（バウネット・ジャパン）
（バウネット・ジャパン、正式名称「戦争と女性への暴力」日本ネットワーク、Violence Against Women In War-Network Japan）
[代表：松井やより、副代表：中原道子、西野瑠美子]
1997年秋「戦時・武力紛争下の女性への暴力をなくすために『女性の人権』の視点に立って、平和を創る役割を担い、世界の非軍事化をめざす」（「東京宣言」）ことを目的に、「戦争と女性への暴力」ネットワーク（VAWW-NET）誕生。98年6月に同日本ネットワーク（VAWW-NET Japan）が結成された。「慰安婦」問題では2000年12月東京で、民衆法廷「日本軍性奴隷制を裁く女性国際戦犯法廷」を被害国などとともに主催した。
連絡先：〒135-8585　東京都江東区潮見2-10-10
TEL/FAX：03-5337-4088
E-mail：vaww-net-japan@jca.apc.org
URL：http://www.jca.apc.org/vaww-net-japan

日本軍性奴隷制を裁く――2000年女性国際戦犯法廷の記録　第1巻
戦犯裁判《せんぱんさいばん》と性暴力《せいぼうりょく》

2000年5月30日　初版第1刷発行
2001年7月30日　初版第2刷発行
定価2800円＋税

編　者　VAWW-NET Japan（バウネット・ジャパン）
発行者　高須次郎
発行所　緑風出版
〒113-0033　東京都文京区本郷2-17-5　ツイン壱岐坂
[電話] 03-3812-9420　[FAX] 03-3812-7262
[E-mail] info@ryokufu.com
[郵便振替] 00100-9-30776
[URL] http://www.ryokufu.com/

装　幀　高橋優子
写　植　字打屋
印　刷　長野印刷商工　巣鴨美術印刷
製　本　トキワ製本所
用　紙　木邨紙業
E750（TE2750）

ISBN4-8461-0006-5　C0030